잡동사니

잡동사니

조택수 산문집

신아출판사

| 작가의 말 |

평생 생업으로 살아온 경영 일선에서 물러난 지 수많은 세월이 쏜살같이 흘러 지나가니 허망하다.

그동안 살아온 삶의 배경을 글로 담아 보고 싶어, 퇴임 후 J대학교 평생교육원에 등록하였다. (K박사의 권유도 많은 도움이 되었다.) 새로 만난 수강생들도 나와 비슷한 생각을 가지고 있었다. 그렇게 시작한 지 10년이 지났지만, 이름난 명산에 오르지 못한 채 동네 뒷산 잔등에 맴돌고 있는 느낌이다. 몇 년 전 겁 없이 덜컥 수필집『외갓집 유자나무』를 출판하여 부끄러운 줄도 모른채 1천 권을 씨앗 뿌리듯 돌린 적이 있다.

무식한 사람이 일을 저지르고 본다. 한동안 글도 잘 써지지도 않아 제자리를 맴돌고 있다. 우리 동네 농수로 잠수관에 쌓인 스티로폼 같기도 하다. 게으른 자가 어느 땐 수필, 어느 땐 향토사 글 한 편, 두 장르 글이 메모리칩에 제법 모이니 슬그머니 철없는 욕심이 생겨 일을 내기로 작정하였다. 어설프지만 용기를 내어 만든 문집이다.

자신의 건강하고 행복한 '제2의 인생'을 그동안 살아온 삶의 배경을 글로 담아 보고 싶었다.

지금 우리나라는 발전을 이끌어 왔던 세대가 본격적으로 은퇴하기 시작하면서 급격한 고령화 사회로 접어들고 있다. 평균수명이 지속적으로 늘어나면서 '인생 100세' 시대가 현실로 다가오고 있다.

십여 년 전 은퇴하면 운전대를 놓아야지 했는데, 70까지, 75세까지, 이제는 대중교통이 불편한 곳에서는 쉽게 놓지를 못한 채 몰기를 계속... 얼마 전에는 고령자 운전면허 갱신까지 했다. 남은 여생을 어떻게 건강하고 보람 있게 보낼 수 있는지가 중요한 문제가 되었다.

앞으로도 건강한 날까지 운전대를 잡고 글쓰기를 배우러 수강실로 가려 마음먹고 있다.

시간 나면 좋아하는 국내외 여행을 하며 부모님이 계시는 산소 밭을 핑계 삼아 아내가 좋아하는 고구마를 심고 텃밭에는 양념 채소를 가꿀 것이다.

그렇게 소박한 일상 속에서 남은 날들을 건강하고 의미 있게 살아가고 싶다.

2025 겨울

소정 **조 택 수** 올림

차례

2부 해바라기와 거울의 만남

둘째 마당 **땅의 기억**

1부 백제 가요 정읍사(井邑詞)

2부 하멜이 정읍을 지나갔어?

3부 세시풍속과 여정의 조각들

첫째 마당

수필

1부 / 길 위의 인생

어머니의 지게발

추석 명절이 지나니 새벽바람은 싸늘해지고, 한낮의 햇볕은 따갑다.

그래야 곡식이 여문다는 옛 어른들의 말씀이 생각난다. 휴일에 집에 있는 날은 텃밭이나 들에 나간다. 일주일에 한 번 이상은 나가봐야 한다. 일주일을 넘기면 잡초가 주인 행세를 하고 작물을 못살게 군다. 그뿐만이 아니다. 병해충이 가만두질 않는다. 주인이 먹기 전 벌레가 먼저 먹어치운다.

오늘도 텃밭에 나가보니 김장용으로 파종한 배추와 무가 뿌린 대로 싹을 틔워 수북이 자랐다. 아내는 더 크기 전에 솎아낸다고 뽑는 사이, 나는 가지와 호박을 딴다. 아내가 하기 힘든 일은 내가 하는 셈이다.

어린 시절 어머니는 무밭 한편에 왜 무시(단무지용 무) 한 접 분량을 꼭 심으셨다.

단무지는 어려웠던 시절 도시락 반찬으로 자급자족할 수 있는 김치 다음의 식품이었다. 김치는 겨울철이 지나면 동이 나거나, 있어도 시어 터져 먹을 수 없지만, 단무지는 오래 먹을 수 있다. 소금물에 노란 치자물을 일정 비율로 섞은 다음, 쌀겨에 묻어 보관하다 김치가 떨어질 즈음 실력을 발휘한다. 가정 형편이 어려운 아이는 도시락을 챙겨오는 일도 힘들었지만, 있는 집 아이들은 반찬부터 다르다.

중학교 1학년 가을이었던 것 같다. 집에 오니 어머니가 안 계신다. 집 안에 없는걸. 보니 먼 밭에 가신 것 같다. 아침 식사 자리에서 서리 오기 전 왜무시를 뽑아야겠다는 말이 생각나 책가방을 마루에 던져놓고 헛간으로 가서 지게를 꺼냈다. 어른 지게에 바작까지 얹으니 장난이 아니다. 어머니는 뜰 안의 텃밭에 양념용 채소를 심고 먼 밭에는 보리나 콩, 고구마 등 식량작물과 고추와 김장용 채소를 심어왔기 때문이다.

등에 업은 어린아이 추기듯이 질질 끌리는 지게를 추켜올리며 한달음에 달려가니 예상대로 어머니는 왜무시를 뽑고 있었다. 어머니는 '뭐 하러 왔냐.'라면서도 내심 반가운 눈치다. 지게를 한쪽에 세우고 합세하니 금방 뽑았다. 짚으로 한 다발씩 묶고 있으니 어머니는 저녁밥을 하러 먼저 가신단다. 해는 벌써 설픗히 서산에 기울고 있었다. 어머니는 한 다라 가득 머리에 이고 먼저 가시면서 나머지를 지게에 담고 있는 내가 안쓰러웠던 모양이다.

가을 해는 지기 무섭게 어두워가니 무서운 마음이 들었지만, 호기롭게 어서 먼저 가시라고 하였다. 어머니가 먼저 가신 다음 뒷정리까지 하고 나니 날은 벌써 땅거미가 지고 있었다. 서둘러 지게를 지고 일어서니 휘청거린다. 앞으로 넘어지려는 걸 겨우 잡으면 뒤로 넘어갈 듯하여, 다시 바로 서면 좌우로 춤추듯 한다. 어른이 쓰는 지게가 어린 내게 맞을 리 없다. 겨우 안정을 찾아 집으로 향하니 지게 발이 설레발을 쳤다. 어떻게 밭둑길을 벗어나 고라실 논둑길을 건넜는지 모른다. 바람 쐬러 나왔던 개구리가 놀라 논으로 뛰어든다.

울퉁불퉁하고 꼬불꼬불한 길은 외나무다리보다 아슬아슬하였다. 넘어지거나 꼬꾸라지면 큰일이다. 다시 담아야 하고 몸통이 기다란 왜무시는 동강이라도 나면 단무지용으로 실격이었기 때문이다. 어머니의 호통은 자식 사랑보다 망쳐버린 수확물이 우선이기 때문이다. 진땀을 흘리며 어깨가 빠질 것같이 아프면 언덕바지에 지게를 바치고 쉰다. 마지막 무서운 코스는 동네 뒤에 있는 공동묘지와 상엿집이다.

우리 동네는 앞으로 너른 들이 펼쳐지고 뒤에는 야트막한 구릉의 크고 작은 밭이 이어진 들녘 마을이다. 들판이 텅 빈 농한기가 오면 마을 청년들은 사랑방에 모여 새끼를 꼬거나 다음 해 농사 준비를 하다가 심심하면 술 내기 화투판을 벌였다. 취기가 오르면 서로 잘났다고 우김질하다 누가 상엿집 문고리에 새끼줄을 걸어 놓을 수 있나며 담력 시합을 한다. 심지어는 '내기에 진 누가 상엿집에 갔다가 넘어져 죽었다는 등 확인할 수 없는' 전설 같은 소문도 떠돌았다. 우리는 허름한 초가 토담집인 상엿집은 귀신이 산다고 믿었다. 대낮에 그 옆을 지날 적에 걸음이 저절로 빨라지는 곳이다.

날은 깜깜해졌고, 지게 발은 땅에 끌리니, 마치 누가 잡은 것 같은 두려움이 앞서 빨리 가려 하니 자꾸만 앞으로 넘어지려 한다. 등줄기는 식은땀으로 흠뻑 젖었다. 이런 때 누가 마중이라도 나오면 좋으련만 나올 사람이 없다. 공무원 아버지의 큰아들인 나에겐 어린 여동생들 뿐이었다. 지금 생각하면 아버지는 모범 공무원이셨다. 당시 아버지는 쉬는 날이 없었다. 일요일 집에 계시기라도 하면 방바닥에 문서가 한 보따리였다.

행여 넘어질세라 마음뿐인 어머니는 우선 식구들 저녁밥이 시급한 문제라 땔감을 사용하는 부엌 밖을 나올 수 없었다. 여동생들은 어머니를 도와 정지일이나 빨래 거두기, 방 청소를 분담하여 숙제할 틈도 없던 시절이었다. 밖으로 도는 아버지 대신 어머니는 집안일은 물론 농사일까지 하는, 상일꾼도 그런 상일꾼이 없었다. 어머니는 집안에 우물이 없어 동네 공동우물에서 양동이에 물을 이어 날랐다. 부엌 한쪽에 묻어 둔 물 항아리가 다 찰 때까지 이어 날랐다.

힘든 어머니를 날마다 봐야 했던 나는 헐거워진 함석 두레박에 뭇질하다가 아예 물지게를 만들기로 하였다. 물지게는 다리가 없다. 재료를 찾다 울타리 옆 아버지가 심어놓은 감나무가 눈에 들어왔다. 몸통을 잘라 물지게를 만든 다음 아버지가 아끼시는 사류배낭끈으로 어깨끈을 달았다. 집안일을 등한시할 수밖에 없는 아버지의 꾸중을 각오하고, 어머니를 위한 마음이었다.

겨우 집안으로 들어설 때는 어둠은 짙게 깔리고 방안의 호롱불빛에 안도할 수 있었다. 나도 모르게 어머니를 악쓰듯 부르며, 놀라 튀어나온 어머니에게 마중도 안 나왔다며 대성통곡하였다. 놀란 어머니는 "그러니까 뭐 하러 와서, 숙제나 하지"하면서 지게를 잡아주며 다독거린다. 지게 발만 내 키에 적당히 맞았더라면 악을 쓰듯 울지 않아도 될 일인지 모른다. 그런 지게 발이 야속하였다.

어머니는 가난한 삶의 지게에 남편과 자식들을 지고 있었다. 지게 멜빵은 어머니 일생의 어깨를 짓누르고 허리를 조였다. 공직자의 부인은 자기 하기 나름이었다. 집안 살림의 여유를 떠나 어머니는 평생을 지게 발로 땅 금을 그으며 살아오셨다. 아버지에 대한 불평을 속으로 삭이는 한숨 소리에 일찍 철든 아들은, 어머니를 조금이라도 지탱해주고 싶은 마음에 어머니의 곁을 떠나지 못하고 주위를 맴도는 강아지처럼 떠났다가 다시 돌아와 곁에 있었다.

길 위의 인생

매주 수요일이 오면 가슴이 뛴다.

오늘도 10시에 강의를 시작한다. 9시 반까지 입실하면 되지만 햇볕을 안고 가기 때문에 두 시간 먼저 집을 나선다. 옛날 같으면 한나절이 걸리던 길을 자동차 전용 도로를 이용하니 놀며 가도 한 시간이면 간다. 시간 여유가 생기면 전주천에서 열리는 난장에 구경을 간다. 여러 가지 농산물과 수산물이 나오기 때문에 구경하는 재미가 여간 쏠쏠한 게 아니다.

옛말에 싸움 구경과 불구경은 볼만하다 했지만, 당사자는 위험하고 가슴 아픈 이야기다. 장 구경은 그런 부담이 없으니 진짜 볼만하고 할 만하다. 생산자인 농민들이 직접 기른 채소와 과일 등 농산물과 토끼, 닭, 강아지 등 가금류를 가지고 나와 보는 재미와 사는 재미가 있다. 같은 물건이라도 주인마다 똑같지 않아서이다. 처음에는 순수했던 농민들은 장에 나오다 보니 배우지 않아야 할 짓도 배운다. 품질이 안 좋은 상품을 속박질하거나 눈속임도 한다.

9시가 채 못 되어 효자동 사거리 KT 앞을 지나고 있었다. 요즘 시내는 30~50km로 속도를 제한하고 있으므로 서행을 해야 한다. 직진 차선으로 가고 있는 내 앞에 차 한 대가 가고 있기에 거리를 두고 가는데 빨강 신호등으로 바뀐다. 순간 2차선에서 버스 한 대가 좌측으로 붙이기에 조심스러워 차를 주춤거리는 찰나 틈새 끼어들기를 하며 내 차 조수석을 긁고 지나갔다.

얼른 차를 세우고 내리니 버스 운전기사가 다가와 "괜찮아요? 어디요? 전화번호 불러 봐요? 우리 안전 과장님이 연락할 거요." "머리가 좀 아픈데." 말할 틈을 주지 않고 자기 할 말만 하고 버스에 오른다. 바쁜 사정은 이해가 되지만 어처구니가 없다. 신호가 바뀜에 따라 버스는 떠나 버리고 만다. 황망한 중에 당한 일이라 정신을 가다듬을 새도 없이 버스 뒤를 따라가다 멀어지고 만다.

이러면 안 되지 싶어 정신을 차려 마음을 진정하고 평교로 갔다. 보험사에 전화하니 신고받는 팀이 따로 있어 불편하다. 서로 연락하다 보니 수업에 지장을 주어서 안 되겠기에 강의실을 나왔다. 차를 뒷마당 그늘에 주차한 후 차근차근 전화 통화를 했다. 교수님과 동료들이 알게 되어 걱정을 끼쳐 죄송했다. 버스 회사에서는 연락이 없어 경찰서 교통과에 신고했다.

오후 2시가 지나도 연락이 없어 버스 기사에게 연락하니 회사에 4시까지 들어간다며 기다리라 하고 끊는다. 조금 있으니 버스 회사 안전과장이라는 사람한테서 전화가 걸려 왔다. 버스가 오면 블랙박스를 보고 연락하겠다며 기사가 오면 연락할 터이니 기다리란다. 영업 차량과 사고가

나면 까다롭다는 걸 알고 있었지만, 자기 할 말만 하고 끊는다.

시간이 지나 다시 연락하니, 왜 경찰에 신고했냐며 병원에 입원하면 자기 기사도 입원시킬 테니 병원 가지 말고 경찰에 전화해서 사고 처리도 취소하면 100% 자기들이 수리해 주겠단다. 알았다고 전화를 끊은 후 정비공장에 바로 갈 수 없어 다음날 오전 공장에 가서 전화를 했다. 내게는 차가 얼굴이고 발이니 빨리 수리를 해야 하며 렌터카도 꼭 필요하다 하니, 렌터카는 안 되며 하루 3만 원씩 줄 테니 택시를 쓰든 알아서 하란다.

일방적인 태도도 문제지만 말투도 위압적이다. 정말 화가 나서 당신하고는 그만하자. 너희 회사로 찾아가겠다. 가서 김회장을 만나겠다. 말하고는 전화를 끊었다. 전주 갈 채비를 하는데 다시 전화가 왔다. 렌터카까지 부담한다는 전화다. 처음부터 잘못을 인정하고 절차를 밟았으면, 마음 상하지 않고 신속히 처리할 수 있는 일을 어떻게든 물 타기를 시도하는 태도가 밉다. 내가 강하게 나가니 마지못해 응한 것이다.

3주 전에는 뺑소니 사고를 당했었다.

수업이 끝나 집으로 가려는데 아내의 전화다. 마트에 들러 '우엉'을 사오란다. 온종일 비가 오고 있어 그냥 가고 싶으나 마지 못해 마트에 들려서 집으로 돌아왔다. 다음 날 사무실에 출근하니 오던 비가 멈추고 하늘이 갠다. 밖에 나가 차를 보니 우측 옆면이 거품처럼 묻어 있다. 걸레로 닦으니 긁힌 자국이 나타났다.

광택제로 닦으면 지워지겠지라며 가볍게 여겼는데 장난이 아니다. 어제 주차한 곳은 평교와 마트 두 곳뿐이어서 기억을 되살려 주차 시간과 주차 공간을 메모지에 정리하였다. 평교와 마트에 전화하여 CCTV 확인을 요청하니 개인정보 보호법에 저촉됨으로 알려줄 수 없다며 경찰서에 신고하기를 권한다. 이리저리 신경을 쓰니 열이 오른다. 우리 지역 경찰서를 찾아가 자초지종을 말하니 전주의 담당 경찰서로 가란다. 오후 4시 가까이 지나고 있어 서둘러 전주 경찰서로 찾아가 신고를 하니 돌아가 기다리란다. 집 앞 주차장에 차를 대고 있으니, 전화벨이 울린다. 마트에서 용의 차량이 찍혔다며, 내일 오후 5시까지 경찰서로 소환했으니 조사가 끝나면 알려 주겠단다.

신고하러 갔을 때 담당관에게 전주까지 온 이유를 말하니 칭찬한다. 트렁크에서 내가 만든 시집을 꺼내 주니 옆에 있는 직원도 부탁한다. 뺑소니 때문에 속상한 마음이 구름 걷히듯 풀어진다. 참 좋은 세상이다. 예전에 속도위반으로 하필 친구 아들한테 걸려 '아버님, 제일 적은 놈으로 하나 끊을게요, 앞으로 조심하세요.' 말할 때 쥐구멍이라도 숨고 싶은 적도 있었다.

작년 1학기 첫 개강 날은 좀 늦게 도착하니 주차장이 만원이다. 가까운 신용보증기금 공단 주차장에 차를 댄 후 강의실에 앉자마자 관리인이 차 빼달라는 전화다. 고객이라 말해도 막무가내다. 한 시간이 지나 쉬는 시간에 차를 가져다 학교 건물 옆에 차를 붙이고 급히 올라왔다. 겨우 마음 놓고 있는데 전화벨이 다시 울린다. '5886 차주냐? 내려와 봐라.' 한다. 예감이 좋지 않아 내려가니 내 차가 앞으로 굴러 앞차 범퍼를 살짝 대고 있다. 사과부터 한 후 살펴보니 우그러지지는 않은 것 같다.

상대방도 나를 보더니, 안면이 있다며, 호의적이다. 잘 풀리는가 싶은

데 싸움 말기는 놈이 어쩐다더니 옆에 있는 동료가 불을 붙인다. 말 섞기가 싫어 얼른 보험 처리하자며 합의를 했다. 집에 가고 있는데 보험회사 직원이 속상한 전화를 한다. 앞에서는 호의적이던 상대방이 범퍼를 바꾸고, 부속 구하기 어려워 렌터카를 한 일주일을 써야겠단다. 정비공장에 될 수 있는 한 빠른 수리를 부탁했다며 수리비가 많이 나올 것 같으니 마음잡고 있으라는 내용이다.

한국 교통안전공단의 발표에 의하면 작년에 우리 도내에서 발생한 교통사고는 6,451건으로 조사 됐다고 한다. 교통사고 발생률이 높은 건 우리 도가 지역 특성상 노령화 지수가 높고 안전 관리에 대한 지역 범위가 타도와 비교하여 높다고 한다.

'그래 어쩔 거냐, 이왕지사 이렇게 된 거 마음이나 편히 먹자, 그러려고 보험을 든거 아니야.' 자신을 달래며 길 위의 인생은 어차피 내공을 더 쌓아야겠다며 스스로 위안을 해본다.

'하느님 저는 자동차가 얼굴이고 발입니다. 한 팔십 살까지는 같이 다녀야 할 것 같으니, 저를 더 이상 시험에 들지 말게 하소서.'라고 기도하면서.

뜬구름 잡는 칠학년

평생교육원 다음 학기 수강생 모집요강이 우편함에 꽂혀 있다. 세월은 참 잘도 간다. 하루 일과를 마치고 집에 돌아와 간단히 샤워를 마친 다음 우편물을 펴보니 평교에서 2학기 모집자료가 온 것이다.

의자에 한참을 앉아 있으니 허리가 아프다. 전에 있던 소파는 허리가 안 좋다 하여 딱딱한 의자로 바꾸었는데 허리는 좋을지 몰라도 편치만은 않다. 눈을 내려 보니 대나무 돗자리가 나를 부른다. 옳지, 드러누워 봐야지, 하고 누웠는데 신문보다 재미있다. 왜 이렇게 배우고 싶은 게 많지 하며 골라 읽다가 위부터 아래로 마음먹고 차근차근 살펴본다.

먼저 수강신청기간을 까먹을까봐 빨간 볼펜으로 동그라미를 그린다. 지난 동계특강 때 마지막 날 신청했다가 턱걸이 한 적이 있다. 1학기 때는 수요반으로 신청을 한다는 게 목요반에 신청하여 혼란이 왔다. 내 생각에는 내가 아직 쓸 만한 존재인데 물건을 빠트리고 나오거나 약속을 깜박 잊어버려 황당하게 한다. 벌써 치매가 오면 어쩌란 말이냐 건망증

이겠지, 친구들아 그렇지. 다음은 교육기간을 눈여겨 체크를 한다. 스마트 폰의 일정표에 미리 입력을 해 놓는다.

그리고는 수강 신청 예정날짜를 체크한 다음 본격적으로 교육과정을 읽어 내려간다. 읽다 보면 신청에 상관없이 관심이 가는 과목은 빨간 볼펜으로 밑줄을 친다. 수필창작 수요반 수강만큼은 필수다. 촌놈이 일주일에 한 번 대처로 나온다. 열일을 제쳐두고 나온 김에 오후시간을 활용할 수 있는 과목을 찾아본다. 야간반에는 있다. 야간 수업을 받는다면 오후 시간을 어디서 보내야 하며 10시 넘은 야밤에 집까지 야간운전을 한다는 게 부담스러워 포기하고 만다.

제일 먼저 '노래교실'이 눈에 들어온다. 이번기회에 음치 탈출을 해볼까하여 살펴보니 가로 안에(야)가 쓰여 있어 다음으로 넘어간다. 명작기행도 여행을 좋아하니 흥미를 유발하지만 야간이다. 사주명리학은 십여 년 전 다른 대학 평교에 다닌 적이 있는데 두어 학기 다니다 포기한 적이 있다. 일본문화는 지나가고 주역도 조금 하다 포기했으니 지나간다. 풍수지리는 내가 나이를 먹어 해볼 요량으로 입문한 적이 있으나 자주 다니는 답사가 부담스러워 중도에 포기한 적이 있다.

천자문을 보니 그동안 살면서 멀리 할 수 없는 학문이어 눈길을 끈다. 나는 그동안 학교나 서당에서 한문 공부를 가르쳐준 적이 없다. 다행히 초등학교 시절부터 신문을 읽은 덕분에 한자 문화권인 중국, 일본, 대만 등을 여행하거나, 한자로 쓰인 자료를 보면 대충 읽기는 하나 써보라 하면 막히고 만다. 문예창작은 대여섯 학기를 다닌 덕분에 시문학에 등단을 하여 시집 두 권을 출간할 수 있었다. 지금도 한 권 분량 넘게 준비 됐는데 망설이고 있다.

뭘 모르는 놈이 일을 낸다고 엉겁결에 여러 권의 책을 출간한 경험이 있으나 지금은 자신감이 빠져나갔나보다. 수필창작은 좋은 교수님을 만나 등단하였고 한권 분량이 모여 출판사에서 세상 밖으로 나올 준비를 하고 있다. 앞으로 준비된 시집과 신문 잡지 등에 투고한 글을 모아 문집을 두 세 권 정도 낼 맘은 있으나 점점 자신이 없어진다. 아무튼 시간 날 때마다 좀 더 다듬어 책을 내는 날이 올 것이다.

디지털 카메라도 한두 학기 수강한 적이 있다. 여행을 좋아하다 보니 사진을 찍고, 답사기를 쓰다 보니 잘해볼까 하는 마음에서 발을 담갔던 적이 있다. 디지털 카메라반은 같이 공부하는 사람들의 장비부터 보고는 주눅이 들어 내자리가 아닌가 싶어 나온 것이다. 자식들이 망원렌즈가 달린 카메라를 사주었지만 한두 번 가지고 다니다 돌려주었다. 처음에는 폼 나게 찍고 싶어 챙겨보지만 시간이 지나면 먼지도 무거워 질 때가 있다. 자연히 손안에 들어오는 디카로 바꾸고 만다.

소형 디카로 찍어도 화소가 좋아 작품전시회에 내놔도 괜찮았다. 잘 찍는다며 교수가 여러 번 함께하자고 불렀으나 응하지 않았다. 스피치반을 보니 옛날 생각이 난다. 과로로 쓰러진 후 똑바른 발음이 잘 안 되어 한 학기 다녔다. 지금도 발음이 명확하지는 않다. 부동산 관련 과목은 진즉부터 눈길이 갔지만 투기를 못하는 쫌보라서 등록도 못했다. 지금은 하라 해도 못한다. 이 나이에 돈 벌어 뭐 할 거냐.

드론은 배워 사진촬영을 하거나 농사지을 때 사용하면 좋은데, 저만치 가고 있는 내 자신을 돌아보며 접는다. 악기도 하나쯤 다룰 줄 알면 얼마나 좋을까. 자식 손자들과 대소사에 만나 신나게 분위기 잡으면 좋은데 다 틀렸다. 아직도 철이 덜 들었는지 바리스타, 요리, 와인 등등 보는 눈이 즐겁다. 골프교실은 다니다 그만뒀다. 시간과 비용이 너무 많이 나가고 운동보다 옷과 장비에 과시하는 분위기도 근검절약이 몸에 밴 내게는 스트레스였다.

댄스스포츠, 전통춤은 TV에 방영된 경연대회를 보면 현란한 동작들을 보고 시력 보호차원에서 눈을 돌렸다. 공예, 동양미술, 서양미술 아래로 내려 읽다보니 무릉도원이 따로 없다. 꿈속을 거니는 기분이다. “여보, 작작 돌아다녀야지 눕자마자 코를 골아. 어서일어나 저녁 먹어야지...” 아내의 큰소리에 뜬 구름 위를 날아다니다 깜빡 잠에서 깨어난다. 상상의 나래를 접으며, 구경 한번 잘했다. 그래, 생각은 자유지만 현실을 알아라. 건강 챙기려면 저녁식사나 맛있게 먹자.

나를 키워 준 이리농림

1962년 12월 어느 날 담임 선생님과 진로 문제로 만났다. 선생님은 대뜸 N고로 진학할 것을 권유하셨다. 3학년 우리 반 담임을 맡으셨던 K선생님은 유달리 나를 챙기셨다. 3학년 전체 학생 시험을 봐 상위권 30명을 선발 특수반을 만들었다. 당시에 시골 중학교에서 할 수 있는 최선의 선택으로 방과 후 따로 남아 보충수업을 실시하였다.

'4-H 클럽'에 발을 들인 나는 젖소 목장이 꿈이었다. 아버지와 담임 선생님은 인문 학교에 진학하여 사범대를 나와 교육자의 길을 가라 하셨다. 청개구리같이 어른들이 하라면 더하기 싫은 것처럼 나는 농고를 가겠다며 고집을 꺾지 않았다. 자식 이기는 부모 없다고 결국 아버지는 포기하시고 담임 선생님은 결국 나의 손을 들어주셨다. 대신 내가 가고 싶었던 J농고보다는 이리농고를 가라며 원서를 써 주셨다.

나는 끝까지 고집할 수 없어 이리농림고등학교를 지원할 수밖에 없었다. 이름은 들어 봤으나, 내가 다니는 학교가 전국 3대 명문 농림학교 (수원농림·이리농림·진주농림) 중 하나라는 것을 늦게야 알았다. 1965년 휴교령으로 무작정 무전여행을 떠나 진주에서 만난 진주농림 출신 과수원 주인 할아버지로부터 들은 이야기다. (그날부터 일행은 묵시적으로 나를 대장으로 삼았다. 일행 네 명은 N고 출신 이었고 나만 이농이었다.)

처음에는 마지못해 들어온 학교지만 다닐수록 동기들과 우정이 깊어지며 훌륭하신 선생님들의 훈육이 세상살이하는 데 큰 용기와 밑거름이 되었다.

나는 내가 태어나고 자란 우리 집안, 고향을 나름대로 자부심을 가지고 이리, 전주에서는 정읍 사람임을, 서울에 있을 때는 전라도사람, 전북사람임을 떳떳하게 밝히며 살았다. 잘 알지도 못하면서 남의 이야기만 듣고 무조건 전라도 사람을 경멸하는 사람들을 보면 어떻게든 잘못된 인식을 바꿔보려 노력하였다. 학생시절 계룡산에서 고시 공부하던 선배와의 만남은 실업학교 학생이라도 무엇이든 도전할 수 있다는 꿈을 심어주었다.

한일회담 반대 데모할 때 교장 선생님은 운동장에 모이게 한 후 '이리농림 학생으로 시내에서 과격한 행동은 자제하고 질서 있게 모범을 보이고 무사히 돌아오라.'는 당부 말씀은 평생 자중해야 할 때는 자중할 수 있는 교훈이 되었다.

우리학교 교훈인 '自立' 정신은 평생 좌우명이 되었다. '남에게 의지만 하지 말고 할 수 있는 데까지 해보라.'는 뜻은 유약하기만 하던 내게 큰 울림이었다. 해보지도 않고 안 될 거야, 하고 주저앉아 버리는 정신을 나무람이었다. 모교는 대학으로 승급되어 사라졌지만 이리농림의 정신은 영원히 계승될 것이다.

그해 여름은 유난히 뜨거웠다

7월의 태양은 이글거려 산야는 뜨겁게 달아오르고 있었다.

5 · 16 군사정권은 긴급조치를 발동하여 병역 미필자와 부랑자들을 잡아들였다. 전국적으로 일시에 검거하여 국토건설단이란 이름으로, 제주도를 비롯한 건설 현장에 투입하였다. 현장에 수용소가 지어지고 군부대를 배치해 군대식으로 관리하였다. 그중에 하나인 섬진강 다목적댐 건설 현장에도 그들을 산업의 역군으로 탈바꿈시켰다. 일정 동안 근무를 마치면 병역 기피자 딱지도 떨어져 사회생활이 보장되었다.

군사정부는 공직사회부터 축첩, 병역미필 공무원 등 차례로 정리, 해고하였다. 그전에는 돈 있고 백 있으면 부인을 두 명 이상 두거나, 군대를 빠질 수 있는 사회였다. 섬진강댐 건설에 강제 동원된 사람은 삼사십대가 주류를 이뤘는데 고생을 별로 안 해본 사람들이 대부분이었다. 공사판의 노동만 힘든 게 아니라 수용소 생활이 너무나 힘들었다. 힘든 나머지 못 견디고 탈영하는 사람까지 생기는 사고가 빈번하였다. 수용소 주변을 철조망 울타리로 막아놓고 감시를 해도 탈영자가 발생하였다. 강진 방면과 칠보 방면 길목에 검문소를 설치하여 주민들의 불법 행위까지 막았다. 남의 물건을 훔치는 절도범, 도벌한 임산물까지 통제하였다. 인근 주민들이 건축자재나 땔감으로 이용한다며 마구잡이로 산을 벌거숭이로 만들고 있었다. 6 · 25 전쟁 이후 삼천리 금수강산은 전쟁의 폐허를 복구하기 위하여 재건 운동이 한창이었다.

김 주사는 승진하여 산내면 부면장으로 발령받아 3개월이 되었다. 별로 바쁘지 않은 시간에는 산간벽지 골짜기마을까지 찾아가 하나하나 살펴보았다. 비포장 산등성이 자갈길을 자전거로 이동하다 보면 얼마 가지 않아 땀으로 등이 다 젖었다.

김 주사는 그날도 출장길에 나섰다. 황토리 마을에 당도하여 모정 옆에 자전거를 세우고 땀을 닦으며 주위를 둘러봤다. 산등성이 밭에서 아주머니 여럿이서 콩밭을 매고 있는 게 보였다. 그곳으로 발을 옮겨가니 잠깐 허리를 펴며 숨을 돌리던 아주머니들이 일제히 약속이라도 한 듯 돌아본다. 그도 그럴 것이 40 초반의 김 주사의 말쑥한 재건복 차림의 건장한 모습은 새로웠을 것이다. 가까이 다가가 인사를 건네니 다들 인사를 건넸다.

그때 어디선가 찢어질 듯한 여자의 비명이 들렸다. 주위를 살펴보니 능선 위쪽으로 원두막 지붕이 보이는데 그곳에서 난듯하였다. 얼른 자리에서 일어나 그곳으로 향했다. 원두막에 당도하니 밀짚모자를 눌러쓴 허름한 중년의 농부가 멱살을 잡힌 채 그 주위로 험상궂은 모습의 젊은이들 너댓 명이 둘러싸고 있다. 아마 부당한 요구를 하다 거절당한 모양이다. 웬만하면 거절하지는 않을 터인데, 여름 한 철을 보고 가꾼 참외 수박 농사가 그리 쉽지도 않거니와 가난한 농부 식솔의 목숨 줄인데 금방 내줄 수 있겠는가.

그들 중 한 사람의 손에 날카로운 쇠꼬챙이가 들려 있는 걸 보니 아저씨의 허벅지를 찌른 모양이다. 그 모습을 마침 간식거리를 이고 오던 딸아이의 눈에 띄어 자신도 모르게 비명을 지른 모양이다. 김 주사는 평소 불의를 보면 참지 못하는 강직한 성품이라 버럭 큰 소리로 말했다. "당신들 누구야, 지금 여기서 뭐 하는 짓이야?" 하는 소리에 놀라 멈칫하던 젊은이들은 일제히 김 주사 쪽으로 몰려온다.

이게 아니다 싶어 당황하여 물러서다 산 짐승으로부터 수박 지키려고 만든 울타리 말뚝에 부딪혔다. 학생 시절 운동선수였던 그인지라 순간 몸을 돌려 참나무 말뚝을 뽑아 들고 그들을 향해 휘둘러 내려치니 뒤로 물러섰다. 황급히 위기를 벗어나 아랫마을까지 달려 내려왔다. 동네 주막집에 설치한 설령 줄 (비상 연락)을 잡아당겨 구조를 요청했다.

섬진강댐 건설 노동자 수용소 탈주자들을 방지하고, 비상시에 줄을 잡아당기면 검문소와 군부대 등에 신호가 울리게 되어 있었다. 정신없이 자전거가 있는 곳에 당도하자 벌써 군부대 차량이 원두막 있는 곳으로 향하고 있었다. 그제야 안도의 한숨을 몰아쉬며 자신을 보니 온통 땀으로 범벅이 되어있다.

다음날 출근하면서 보니 지서(파출소) 건물 한편에 있는 긴 의자에 어제 본 그들이 수갑에 묶인 체 고개를 떨구고 있었다. 고교 후배인 지서 주임이 인사를 건네며 묻지도 않았는데 "어제 황토리 윗마을 원두막에서 이놈들이 행패를 부리는데, 도청 공무원 같은 사람이 마침 출장 가다 보고 신고를 하여, 출동해 붙잡아 오늘 본서로 넘기려 하네요." 한다.

어제 사건 현장에 있던 사람은 도청 공무원이 아니라 이곳 후임자로 온 부면장인 자신이었다고 말하려다 "그래, 수고했네. 망할 놈들."하고 넘겼다. 그들은 탈영한 사람들이 아니고 일정한 거처 없이 떠도는 땅꾼(뱀잡이)들이란다. 김주사는 외근으로 지친 몸을 쉬어야겠다고 마음먹으며 면사무소로 향했다. 아침인데 벌써 한여름 태양은 뜨겁게 달아오르고 있었다.

맷돌 호박

한여름 시원한 소나기가 쏟아지면 처마 밑에 옷 젖은 피난살이 그만하고 개구쟁이들은 잔등 너머 경사진 밭에 나가 빗물이 흐르는 도랑을 찾는다.

금방 쏟아진 비는 골 파진 곳으로 쫄쫄 소리를 내며 재미나게 흐른다. 우리들은 아래쪽에 막는 댐(?) 공사를 한다. 조막손으로 손톱 밑이 까지는 줄도 모른 체 포클레인처럼 흙을 긁어모아 쌓는다. 눈물 콧물 훌쩍이며 막은 댐은 금방 넘쳐흐르고 부지런히 막아봐야 중과부적이다. 할 수 없이 호박넝쿨이 우거진 울타리를 찾아 큰 호박잎을 딴다. 굵고 센 줄기를 잘라 댐 중앙에 통수 관으로 묻어준다. 물의 양에 따다 호박 줄기로 만든 관을 늘리면 안전한 댐이 된다. 풀잎으로 조각배를 만들어 띄우면 곡예 하듯이 신나게 흘러간다. 비를 쫄딱 맞으며 시간가는 줄 모른 아이들은 입술이 시퍼렇게 변한 후에야 저녁이 다가오고 있음을 알고 놀이를 멈추고 각자 집으로 뜀박질을 한다.

호박은 우리에게 흔전만전 가까이 접할 수 있는 채소이다. 호박은 자고 나면 훌쩍 자라나 있다. 포도알만큼 앙증맞더니 다음날 그곳을 지나면 밤사이 주먹만큼 자라고 그다음 날은 머리통만큼 자라니 마치 먹고 자고 순한 아이마냥 신통방통하다.

어렸을 적 이웃집과 경계선은 흙담인 곳도 있지만 거의가 짚을 엮어 만든 울타리였다. 울타리에 많이 심었지만 장소를 가리지 않고 심어만 놓으면 잘 자란다. 제배하기 쉽고 많이 열려 애호박부터 늙은 호박까지 용도가 다양하다. 지지고 볶고 이웃과 나눠먹는다. 오죽하면 하찮은 호박나물 가지고 이웃과 속상한다는 말이 우리의 삶 속에 속담으로 남아 있을까요

먼 밭에 가면 우리 밭 위에 호박밭이 있다.

밭둑에 난 고사리 꺾으러 올라갔다가 이웃 덕이가 심고 남아 밭두렁에 버려진 호박모를 주워왔다. 아깝기도 하여 심기 좋아하는 나는 우리 밭 한편에 심을 요량이다. 기운 빠진 놈처럼 어깨가 축 늘어진걸 보면, 아마 어제 심고 남으니 밭둑에 버렸는가 보다. 그리고 흔한 호박을 많이 심을 리 없다. 구덩이에 물을 길어다 붓고 심었다. 겨우겨우 살아나는가 싶더니 잡초가 우위를 점하여 품 안에 짓눌려 놓고 만다. 심기만 했지 한 개도 못 따 먹었다. 가을에 덕이의 밭에는 누런 호박이 널려 있어보니 맷돌 호박이다.

70년대의 초가을의 농촌은 한가했다. 그때는 비닐하우스 농사가 없어 벼농사 위주이고 부지런한 사람은 이모작으로 논보리를 심었다. 가을 들녘에 나락이 익을 무렵이면 동진강 수로에는 농업용수도 단수하여 물이

졸졸 흐른다. 투망으로 물고기를 잡아놓고 원이 형은 나를 부른다. "지금 뭐 하고 있어 얼른 와." 한, 오리 떨어진 형 집으로 가는 도중 양조장에서 막걸리 한 통을 싣고 불이 나게 달려간다. 형은 어린 풋 호박에 물고기를 따뜻하게 한 냄비 지져놓고 나를 기다린다. 날은 금세 어둑하여 자전거는 끌고 터벅터벅 집으로 돌아온다. 농수로 둑길을 돌아올 적엔 남진이나 나훈아의 노래를 맘껏 부를 수 있었다. 노래를 부른 게 아니라 소리를 질렀다. 관중이 없으니 말이다.

어머니는 칠월칠석이면 솔(부추)을 베어다 애호박을 채 썰어 섞은 호박전을 부쳤다. 지금도 그 시절을 생각하면 그 맛을 못 잊어 입안에 침이 고인다. 애호박 송송 썰어 넣은 돼지고기찌개는 내 배를 키웠던 잊을 수 없는 음식 중의 하나이다.

서리가 내릴 즈음 늙은 호박은 어머니 손에 해체되어 엮어진다. 양지바른 추녀 끝에 매달아 얼었다 녹았다 하며 꼬들꼬들 말려 논다. 명절이나 누구 생일날에는 시루에 넣어 쪄낸 호박 시루떡은 진한 팥고물과 어울려 쫀득쫀득한 맛은 잊을래야 잊을 수 없는 추억의 음식이다. 누가 뺏어 먹지 않은데 크게 한입 비어 물고 야금야금 먹었다.

아내는 얻어온 맷돌호박을 칼로 자르니 발갛고 노란 황금색 속살이 곱디곱다, 팥 넣고 꿀 한 방울 떨어트려 풋대죽(멀건 죽) 같이 끓여 밥 먹기 전 한 접시 먹으면 부드럽고 달짝지근하여 입안에 착착 감긴다.

불 낸 놈

동진강 정우교 양쪽 난간에는 수십 개의 불조심 깃발이 펄럭이고 있다. 온 나라가 불조심을 외치는데 불은 계속 난다. 요즘 강원도가 난리가 아니다. 동시다발적으로 난 산불이 동해와 강릉까지 번지더니 금강송 군락지까지 무너졌다는 뉴스다. 싸움 구경이나 불구경은 한다지만, 타시락 싸움 구경도 아니고 이건 아니다 싶다. 한순간에 피해 면적이 4,000ha(여의도 면적의 13배)에 200여 채의 집이 피해를 보았으며, 수많은 이재민이 발생했다는 뉴스다.

2008년 2월 남대문(숭례문) 화재와 2011년 울산 등지에 산불을 낸 놈은 불낸 놈 중에서도 가장 나쁜 자라는 생각이 든다. 하긴 나도 불낸 놈이라 할 말은 없다. 인공 때 밤이면 회문산 빨치산 부대원들이 우리 동네까지 습격했다. 집집마다 뒤져 곡식이든 장이든 다 퍼서 외양간에 소까지 끌어내 등짐을 지워 끌고 갔다. 아버지는 남자 어른들끼리 멀리 피하고 어머니와 고모들은 뒷집 골방에 호롱불을 끈 채 이불속에서 숨이 막

힐듯한 나는 헤집고 나와 울어댔으니 환장할 일이었다.

그렇게 빨치산이 물러간 후 골목길에 뛰어놀던 나는 기관총 탄피를 주었다. 칼자루만 한 탄피에 석유를 붓고 앞집 영철이와 마당에서 천방지축 불놀이를 하고 있었다. 우리 집은 초가지붕 오두막에 정지(부엌) 앞에 짚으로 까대기를 이어 그야말로 움막집이었으니 어느 사이 불꽃이 튀어 집을 몽땅 불살라 버렸다. 동네 사람들은 물동이를 이고 몰려오고 건장한 남자 어른들은 물동이를 받아 지붕 위로 끼얹는다. 그래서 봄 불은 여시 불이라 하였다.

놀라서 살구나무 뒤에 웅크리고 있는 다섯 살짜리 나를 일으켜 세우고 "야 이놈아! 어디서 불놀이를 해." 야단을 치며 솥뚜껑만 한 손으로 뺨을 철썩 때리며 벌벌 떠는 손아귀에서 기관총 탄피까지 뺏어간 사람은 아랫집 재수 삼촌이었다. 동네에서 제일 큰 거구인 삼촌은 얌전하기로 소문난 청년이었으며, 평소에 나를 보면 예뻐해 줬는데 너무 아프고 서운했다. 움막 같은 우리 집은 불살라 버렸기도 하지만 곱디 고운 새댁이던 어머니 속마음은 새까맣게 타 가슴에 구멍이 뻥 뚫렸겠지.

남도에서 객지에 이사와 시작한 신혼살림이었다. 가난했지만 살림까지 불살라 버렸다. 어머니는 벌벌 떨고 있는 나를 안아다 깨끗이 씻겨 아랫목에 눕혀 다독거려 잠을 재웠다. 그러고 나서야 어머니는 부엌살림과 방안 등을 씻고 닦았다. 아버지는 동네 사람들이 모아 온 볏짚 다발로 여러 사람이 달려들어 해설은 즈음에야 지붕을 덮고 마당 한쪽에 흩어진 잔해를 치웠다. 아버지 어머니에게 놀람과 큰 고통을 안겨준 내게 부모님은 그저 4대 장손 어린 자식을 괜찮다며 호롱불 밑에서 다독였다.

소년 시절 정월 보름이면 앞 동네 아이들과 깡통에 관솔불을 붙여 전쟁놀이하다 짚벼늘을 태우기도 했다. 서울에서 공부하던 시절 남대문 시장에 큰불이 났다는 뉴스를 듣고 택시를 타고 불구경을 갔으나 경찰들이 가까이 못 오게 했다. 하숙집에서 가까운 용문시장에 불이 났을 때는 친구들과 달려가 소방대원들을 도와 시장 건물 돌을 주어다 유리창을 깬 적이 있다. 불을 진압하고 집으로 돌아올 때 온몸은 젖어 새까만 몸이 흠뻑 젖은 줄도 몰랐다.

고등학교 시절 봄이 오면 불조심 포스터를 그려 입선한 적이 여러 번 있었다. 아프리카 남아공에 여행 갔을 때 일이다. 케이프타운 근처를 지나는데 국립공원이 화재로 탄 채 나무들이 나뒹굴고 있었다. 우리나라 같으면 총동원되어 화재 현장을 치우고 숲을 살리느라 야단법석일 텐데 그 나라는 세계인들이 몰리는 관광지 길목을 그대로 내버려 두는 게 이상하여 가이드에게 이유를 물으니 땅도 넓지만, 인위적인 복구보다 그대로 놔두면 시간이 오래 걸려서 그렇지 자연히 치유되고 복구가 돼간단다.

저절로 불이 나기도 하지만 실화로 나는 화재와 인위적으로 불을 지르는 방화는 많은 재산과 인명을 빼앗아 가 우리를 슬프고 안타깝게 한다. 친구 집에 놀러 갔다 옆집에 불이나 지붕 위에 올라가 불을 끄느라 양복을 망쳐버린 적도 있었다. 큰나들이 정월 대보름날 불놀이하다 짚 벼늘을 홀딱 태워 물어준 적이 있으니 자식도 불낸 놈이다. 밭두렁을 태우다 부모님 산에 옮겨붙어 불을 끄느라 안사람까지 혼난 적도 있다.

그래서 나는 불낸 놈이라며 불을 보면 무서워한다

어둡던 시절

오늘은 마음먹고 전주에 다녀오기로 했다.

명절이나 집안 대소사도 시간을 최소화하여 가게 비우는 일이 없도록 노력한다.

“나 다녀올게.”

“응 잘 다녀와요.”

“빨리 다녀와, 술 먹지 말고.”

집사람에게 외출 신고를 마치고 버스터미널에 도착하니 생각지도 않은 검문아닌 검문을 한다.

“조 사장 어디가” 읍사무소에 다니는 선배다.

“예, 안녕하세요. 그런데 어디 가시려고요?”.

“아니 그냥 나와 있어. 조 사장 전주 가려고? 가지 마. 김대중 연설하는데 가려고 그러지?”

“아니요. 사업차 물건 주문하러 가요”

“내가 조 사장의 선배니까 말하는데, 이리 가까이 와봐.”

가까이 가니 귀에 대고 소리 줄여 말한다.

“전주가지마, 안 가는 게 좋아, 자네 경찰서에 이름 올라있어. 그런 줄 알아”

같은 동네, 고등학교 후배, 공무원 가족이니 특별히 챙겨서 하는 말이란다.

60년대 중 고등학교 시절을 보낸 나는 중학생이 되어서 4.19 의거에 참여 하였다. 어린 나이였지만 아버지가 신문을 보기 때문에, 어머니가 사주신 트랜지스터라디오와 더불어 세상 돌아가는 것을 대충 알 수 있었다. 당적을 바꿔 변절한 국회의원을 응징한다며 선배들이 주도한 데모에 따라갔다. “ㅇㅇ당 물러가라,” “못살겠다. 독재자 이ㅇㅇ은 물러가라” 는 선배들의 선창에 구호를 외치며 국회의원 집으로 향했다. 학교에서 십리는 족히 떨어진 그의 시골집은 먼지가 펄펄 날리는 비포장 도로를 한참 걸어서 당도하였다.

그날이 마침 장날이어서 장터를 지날 때는 상인들과 장보러 나온 사람들은 길을 터주며 박수를 보낸다. 그들도 같은 생각이어서 대리만족으로 속이 시원한 모양이었다. 어떤 사람은 양동이 채 물을 가득 들고나와 바가지에 물을 떠서 권한다. 아이스케이크를 사서 나눠주는 사람, 눈깔사탕을 주는 사람, 세상인심이 참 꿀맛이다. 다른 학교 앞을 지날 때는 그 학교 학생들이 수업 중에 우르르 몰려나와 담장 밖으로 깨금발 서서 환호를 보낸다. 그중에는 내 친구도 보고 있을런지 몰라 구호를 더 크게 따라 외쳤다. 나중에 들은 이야기지만 그 학교 교장 선생님이 합류하지 못하게 막았다고 한다. 우리 지역구에서 야당으로 당선한 국회의원이 조금만 참았더라면 하는 마음이 든다. 그 세를 못참고 유혹에 넘어가 당적을 바꿔 독재를 모의하는 의안에 찬성표를 던져 변절자로 내몰리고 말았다. 그 유명한 사사오입 사건인가 그렇다. 조금만 참았으면 얼마 후 4.19가 터지고 민주정부가 들어설 텐데 변절 사건으로 그의 정치생명은 막을 내렸다.

그의 집에 당도하니 식사를하다 말고 담장 너머로 피한 듯, 놋그릇 밥상만 대청마루에 덩그러니 남아 긴박했던 상황을 설명하고 있었다. 흥분한 고등학교 선배는 지붕 위에 올라가 북을 치며 구호를 외치고 있다. 선생님은 ㅇㅇ야! 제발 내려와라 위험하다. 선생님은 질서를 요구했지만 대오 정렬하게 행진하던 질서는 멀어지고 난장판같이 변해만 갔다. 철없는 중학생들은 곳간에 들어가 사과 등을 꺼내먹고, 만만한 거위를 발로 차거나 몰아세워 담장너머로 던저 버린다. 따라온 선생님들은 말리느라 진땀을 흘렸다.

고등학교 진학을 하고 5.16쿠데타가 터지니 나는 공부보다 한일회담 반대운동에 적극 참여했다. 집안 내력이 그래서인지 나는 어려서부터 고집이 세다고 어른들이 말씀하신 적이 있다. 약한 자와 선한 쪽에 섰고 불의를 보면 상관이 없는 일에도 끼어들거나 화가 났다.

결혼 후 아이들은 늘어나는데 경제 긴급조치로 직장마저 부도 나는 바람에 고향집으로 내려오게 되었다. 사는 곳이 농촌이고 농업학교를 나왔기에 허가를 받아 농자재 가게를 차렸다. 비유도 없어 고생문이 보이니 자식이 안쓰러우신 아버지는 반대를 많이 하셨다. 보란 듯이 성공한 모습을 부모님께 보여주고 싶었다. 주경야독으로 낮에는 영업하고 술대접도 하며 책을 가까이하였다. 직업이다보니 농화학에 관련된 제품을 분석하여 공부하였다. 다른 업소와 달리 얼마냐보다 농작물의 병해충에 대한 처방전을 만들었다. 당시 해마다 돌아오는 멸구약 파동 때도 매점 매석을 하지 않았으며 값을 올려 받지를 않았다. 성공을 위해 집중하여 미쳐 살았다.

청년 시절에는 정치 지도자들이 내려온다는 소식을 들으면 전주는 물론 대도시까지 혼자서 조용히 참석했다. 그러면서도 정당과는 거리를 두었다. 동네 이장이 입당원서를 가져와 순탄하게 장사하려면 입당하라면서 은근히 협박 비슷한 권유를 받은 적이 있었다. 우리 읍에는 농약상이 10여 개가 넘었는데 농업학교를 나온 사람은 나 혼자였다. 허가증을 빌려 영업하다가 관계 부서에서 단속하면 이름 빌려준 사람이 미쳐오지 못하면 처벌을 받을 때였다. 그러기에 자격증을 가지고 있는 나는 어떠한 압력에 당당히 맞섰는지도 모른다. 그런 나를 걱정하여 전주 가는 것을 말렸지만, 버스에 오르고 말았다.

물론 내가 찾아간 곳은 회사 지점이 아니고 전주공설운동장이었다.

기차표 예매하러 간 날

오늘따라 마음이 포근해지는 밤이다.

오늘은 토요일이어서 오전 중에 목욕탕에 다녀왔다. 일주일에 한 번씩 대중목욕탕에 간다. 집에서 자주 사우나를 하지만 뜨거운 욕탕에 가야 찌든 땀을 배출해야 시원하다. 목욕탕에 가서 온몸을 뜨거운 물에 담그면 천하가 내 것인 양 편하다. 사람이 살면서 크게 감격할 일이 없어도 소소한 일로 마음이 따뜻해지면 그게 행복이 아닌가 싶다.

저녁식사를 마치고 TV 앞에 앉아 연속극을 보고 있는데 전화벨이 울린다. 밤에 오는 전화는 특히 심야에 울리는 벨소리는 가슴이 덜컥하며 왠지 불안하다. 막냇동생한테서 온 전화다. 동생 장모님이 돌아가셨단다. 어떡하지. 잠깐 생각을 정리해 본다. 내일은 특별한 일이 없어 심심하니 이웃 동네 골동품 경매장에나 구경 갈 계획이었다. 조문은 꼭 다녀와야 할 것 같은데 예전 같지 않다. 마음만큼 몸이 따라 움직여야 하는데 그렇지 못하다.

잠깐 생각이지만 음력으로 섣달이니 차례를 지내야 한다는 게 떠오른다. 생전의 어머니는 집에 기일이나 명절 전에는 궂은곳은 가지 말 것을 권유하셨다. 조의금을 송금할까도 생각이 들었는데 아내는 설은 정월 초하루이니 괜찮다고 자기만의 답을 내놓아 내 마음을 굳혀 놓는다. 그렇다. 하나밖에 없는 남동생인데 다녀오기로 마음을 정하고 동네에 있는 기차역으로 향하였다. 우리 동네 역은 KTX 열차가 지나가지만 멈추지는 않는다.

일제강점기 호남선 기차역이 들어서며 신도시처럼 태어난 우리 동네다. 한창일 때는 2만 6천 명이 넘는 잘 나가는 읍이었다. 농업이 밀리면서 어느 사이 밀물처럼 2만이 빠져나가고 6천 명 선이 아슬아슬하다. 산더미처럼 곡물이 쌓이고 역 앞은 인근 지역에서 몰려든 사람들로 흥청거렸다. 당시 유일한 대중교통 이였다. 열차 이용객을 마중하고, 배웅하는 친지 가족들의 사연은 넘쳐흘렀다. 일제강점기 단신 일본으로 건너갔던 지인의 숙부님이 몇 십 년 만에 처음으로 고향땅을 밟았다. 열차에 내려 처음 하는 말이 "하나도 안 변했네" 였다.

당시 읍내는 한 집 건너 쌀집, 술집, 고기 집에다 열 집 건너 정미소에, 종교는 없는 교회가 없었다. 지금은 그 많던 사람들 북적되던 가게들도 빠져나가 기차역에 가는 동안 초저녁인데 한 사람도 만날 수 없었다. 대합실 매표창구에는 아무도 없다. 매표창구 앞 호출 벨을 누르니 직원이 옆 사무실에서 나온다. 미리 적어간 쪽지를 찾아 내밀었다.

역 직원은 이곳에 3번째 부임한 전직 역장이란다. 아무도 없다 보니 이런저런 이야기를 나눴다. 컴퓨터를 켜 보더니 수원 가는 차표는 좌석은 있어 그렇게 하고, 내려오는 좌석은 없으니 다음 차편을 권하는데 너무 밤중이다. 물론 손님이 없다보니 기차를 띄엄띄엄 배차한 것은 이해는 하면서도 황당하다. 입석이라도 달라하니 나이 많은 분이 어떻게 가느냐며 어차피 입석이니 내일 출발 시에 다시 보잔다. 그때 가서 취소된 좌석이 나올 수도 있단다. 조급했던 마음이 풀어지기 시작한다. 친절한 역무원의 말 한마디가 추운 날씨에 굳어진 몸을 따뜻하게 데운 듯하다.

너무 고마워 감사하는 인사를 마치고 돌아오니 전화벨이 울린다. 좌석을 구해 놨다며 내일 찾아가면 된단다. 나는 서울을 비롯한 장거리 외출 시에는 승용차를 놔두고 대중교통편을 이용한다. 번성했던 우리 동네는 기차역뿐만 아니라 버스터미널도 마찬가지다. 이용객이 없으니 당연하지만 안타깝다. 나이 먹어 초라해가는 가는 내 모습을 보는 것 같다. 어떻게든 내가 사는 이 지역이 무슨 건이 있어 다시 되살아난다면 얼마나 좋을까, 되돌리고 싶은 마음뿐인 불가능한 연민의 정인지도 모른다.

인근에 있는 간이역인 감곡역이나 초강역같이 흔적마저 없어지지는 일은 없겠지만 말이다. 역 주변에 산더미처럼 쌓이던 쌀, 고구마 등 농산물, 화물칸을 오르내리던 인부들은 어디로 갔나. 대한통운 지점 앞에 줄을 서서 대기하던 대형 화물자동차는 북적거리던 다방과 음식점에서 나오는 구수한 냄새. 그 자리는 텅 빈 채로 어쩌다 간간히 오고가는 사람들을 기다리며 졸고 있는 택시 운전자들. 역 건너편 들판에는 이삭 줍는 개오리들의 합창 소리는 어두운 밤하늘의 허공을 맴돈다. 작은 역이지만 한사람이라도 더 찾아 문턱을 녹슬지 않게 밟고 다니면 좋으련만.

2부 / 해바라기와 거울의 만남

나는 정말 몇 살까지 살고 싶을까

"47년생 시아버지가 가장 살고 싶은 나이는 서른하나"라는 제목의 글을 읽으며 뜬금없이 나를 비춰보게 되었다.

보름 전에 운전면허 갱신을 올해 안에 하면 된다는 문자메시지가 떴다. 무슨 일이든 미루지 않은 성격이라 일없는 날을 잡아 바꾸기로 마음먹었다. 40대 초반 차 없이는 경쟁에서 살아남기 힘들어 운전학원에 등록하였다. 면허는 한 달 안에 딸 계획을 세웠다, 1톤 트럭을 구입할까 하다, 6인승 봉고차도 괜찮을 것 같아 계약을 해버렸다. 조급함이 싫어 신중하다 보니 다른 업소보다 한발 느리다. 그러나 계획이 서면 빠르게 움직이는 성격이다. 시골에서 농민을 대상으로 하다 보니 물건을 배달하려면 사업상 차가 꼭 필요하였다. 내 맘대로 한 달 후 면허를 딸 것을 예상하고 차를 계약해 버렸다.

필기시험은 무난하게 합격했으나 코스에서 실패하였다. 마음을 다짐하고 치러진 두 번째 실기시험에 합격하여 1종 면허를 땄다. 차가 미리 도착하는 바람에 그놈으로 학원까지 조심스레 살살 몰고 다녀 실력을 쌓은 덕분이었다. 이론 강의도 안 빠지고 들을 수 있었던 것은, 아내의 덕분이다. 애기업고 장사하며 육아는 물론 자유분방한 남편을 말없이 내조하였다. 봉고차로 시작한 운전경력은 차를 몇 대 바꿔 가며 여든 문턱까지 왔다. 고령자라는 말은 싫지만 비껴갈 수 없다. 경찰서 민원실을 찾아 정확한 정보를 알아봤다. 노인회관 뒤에 있는 치매센터를 찾아 검사를 마치고 온라인보다 실제 경험하고 싶어 전주까지 찾아가 3등급을 받아 무사히 면허 갱신을 할 수 있었다.

50대의 나이에 나를 돌아보면 총회 석상에서 돋보기안경을 꺼내 쓰던 K 선배가 노인인 척하는 것 같아 보기 싫은 적이 있다. 고속도로 휴게소에서 선배랍시고 양보했다가 참느라 살살 제자리 뛰기를 한 경험이 있다. 후배들 앞에서 대접받고 싶어 노인 흉내를 내는 것 같아 나는 그 나이가 되어도 안 그래야지 다짐하곤 했다. 세월이 나를 비껴갈 리 만무하건만 왜 그런 생각을 했는지 나도 잘 모르겠다.

자동차 운전은 60대 중반 퇴임하면서 내려놓고 대중교통을 이용해야지 마음먹었었다. 막상 닥쳐보니 아직은 아니다 싶어 5년 후에 내려놓기로 했다. 타지 생활을 접고 고향으로 돌아오니 대중교통이 열악하기만 하다, 내 마음대로 가고 싶은 곳을 갈 수가 없게 되었다. 지금의 내 생각은 건강이 허락하는 한 운전을 하기로 마음을 고쳐먹었다. 노인일수록 시골 생활은 차가 필요하기 때문이다. 내 발이나 마찬가지가 되어 버렸다. 운전은 건강이 허락하는 한 하려고 하는데 차가 늙어서 유지비가 보통이 아니다. 경제활동은 퇴직하며 멈추니 통장의 잔고가 신경 쓰인다.

마음은 부자이지만 실제로는 지출에 누수가 생길까 봐 신경 쓰인다. 마음 편하고 싶어 아내에게 맡겼던 통장도 어느 날 돈 찾아오라 시키더니 그게 좋다며 나에게 떠넘겨 버린다. "아버님, 초를 정직하게 꽂을까요?" “지난 주말, 준비한 케이크를 들고 시댁에 들렀다. 내일모레면 팔순이신 시아버님의 생신. 며느리는 케이크 위에 초를 꽂으며 장난스럽게 여쭈었다.” 글속의 대화다.

우리부부는 생일이 음력으로 정월에 6일 차이로 연달아 돌아온다. 설 명절이 얼마 지나지 않아 다가오니 멀리 있는 자식들에게 부담스럽다. 설 명절에 어렵사리 다녀간 자식들에게 짐이 될까봐 걱정부터 든다. 부모마음은 다 똑같아 언제나 자식 고생스러울까 봐 마음부터 아리다.

여자가 남편 앞지르면 안 좋다는 어른들의 말처럼, 내 생일 다음에 아내 생일이어서 다행인데, 연이어 생일상을 준비하려는 아내는 부담이 된다. 음식이 남았다며 미역국만 끓이면 된단다. 마주 앉은 사람은 우리부부 단둘이니 아내에게 미안한 마음이 든다.

“젊은 날의 꿈이나 성취보다 지금 이 순간의 평온함이 더 귀하다”는 것을 아버님은 이미 오래전에 알아차리셨던 것 같다. 그 말을 들을 때마다 생각한다. ‘탈함’이란 얼마나 많은 고단함과 성실한 날들 위에 놓인 선물인지. 그 말이 가볍게 들리지 않는 건, 아버지로서 살아온 긴 시간의 무게가 담겨 있기 때문이다. 나는 요즘 몇 년 동안 계획만 세웠지, 이루지 못한 성지순례 이스라엘 여행이 이달 하순에는 이뤄질 전망이다. 맨 처음에는 “코로나19”가 터져 해외여행 금지, 두 번째는 팔레스타인과의 전쟁으로 금지국가로 지정되어 여행이 무산되었다. 최근 휴전으로 확정됐다는 연락이 와서 잔금을 송금하였다.

언젠가는 모든 것이 멈춰질 인생길이 나에게 예외일 리 없다. 백세시대를 다 찾아 먹는다 해도 해는 서산으로 넘어간다,

노년을 덜 추하지 않도록 최선을 다하고 싶은 바람이다.

전기電氣나무

오늘은 성균관 종무회의가 있는 날이다. 시간 맞춰 참석하기 위해 일찌감치 정읍역에서 KTX에 몸을 실었다. 열차가 출발하자 차창밖에 스치는 풍경이 순식간에 지나친다. 내가 태어나고 자란 시절의 뛰놀던 풍경이 아니다.

처음으로 기차 탑승 경험한 것은 초등학교 1학년 여름방학 때였다. 남도 외갓집을 가기위해 기차를 처음으로 만났을 적 시골 소년은 모든 것이 신기하고 놀랍기도 하였다. 당시에는 어린 나뿐만 아니라 성인들도 특별한 이유가 아니면 잘 안돌아 다닐 때다. 같이 동승한 어머니도 정읍으로 이사 올 때와 이번 친정나들이 가 처음이었으니 아마 두 번째가 아닌가 싶다. 직접 물어본 일도 없고 그저 추측할 뿐이다. 처음 타본 기차는 전봇대도 달리고, 마을 초가집도 달려 나가 정말 신나고 놀라 감탄하는 나는 시끄러운 열차 안을 귀요미가 되어 웃음바다를 만들었다.

오랜만에 뒤돌아본 고향의 그 모습은 많이 변하여 생경하다. 하천 고

수부지와 비탈진 산등성이 계곡까지 모자라 공동묘지를 파묘하거나 하면 비어 놓을 땅이 없었다. 땅 한 평 없는 가난한 농부는 작물 한 포기 심을 곳이 있으면 삽과 호미를 들고 달려가던 시절이 있었다.

세월이 가면 강산이 변한다는 옛말이 맞다. 들 한가운데 절대농지에도 축사가 들어서고 나락 심고 콩 심던 곳에 전기장판 깔 듯 태양광 시설이 들어섰다. 아날로그파인 나는 열흘 전 승차권 예매하러 기차역까지 달려가는 동안, 같이 가는 동료는 스마트폰으로 해남 꿀고구마를 주문했다고 자랑한다.

사과나무가 있던 비탈진 과목 장엔 어느새 전기나무를 깔았다. 고생해서 농사지을 필요 없다. 전가세가 통장에 들어오면 먹고 싶은 과일을 사먹는 세상이 되었다.

아들한테 전화 왔다며, 소리치던 앞집 아줌마 목소리를 들을 내야 들을 수 없는 현실이다. 각자 손에 전화기를 들고 있다. 해외에 나가 있는 가족과 얼굴보며 통화하는 세상이다.

기차 안에서, 전철에서, 식당에서는 앉아 있기나 하지 걸어가면서 어떤 사람은 횡단보도에서 유튜브를 보면서 위험천만한 모험을 한다. 사위 오면 씨암탉 잡으러 뜰 앞뒤로 몰고 갈 필요 없다. 전화 한 통이면 먹고 싶은 요리가 방문 앞에 대령이다.

산등성이에는 고압선 철탑이 거목처럼 군림하듯 산림을 호령하듯 한다. 오죽하면 정토사 주지스님이 "정토산 양옆으로 호남선 일반선로와 KTX선로가 지나가며 터널을 뚫고 정토산 7봉, 봉우리마다 고압선 철탑이 세워지며 기가 빠지고 억눌리기 때문에 영험한 신통력이 사라졌다"고

한숨을 쉰다.

자동차 생산 공장에는 사람 대신 포클레인처럼 생긴 로봇들이 양옆에 일렬로 서서 부품조립을 하는 풍경을 볼 수 있다. 누가 우스갯소리로 아무리 좋은 신형을 구입해도 자고나면 구형이 되니 살 필요가 없다고 넉살을 떤다. 틀린 말은 아닌 것 같다. 온화고 따사로운 세상은 서서히 밀려간다. 얼마 전 산불처럼 순식간에 싹 지워버릴까 두렵다.

현대 과학은 우리 인간이 발전시켜 우리를 편리한 삶을 누리게 하면서 어느 땐 우리를 공격할까 두려다. 문득 고등학교 시절 과학 시간에 인간의 미래모습은 어떻게 진화할까 하는 질문에 문어같이 머리가 큰 연체동물로 변하지 않을까? 답하시든 선생님의 말씀이 생각난다.

대성전 공부자 영정 앞에 서니 그저 막막하기 만하다.

해바라기와 거울의 만남

태양을 바라보는 해바라기와 거울 속을 바라보는 자기 모습이 닮아 보인다.

집에 들어섰을 때 거실 문을 열면 시선은 정면에 걸린 대형 거울이 눈에 들어온다. 집을 신축할 때 건축업자가 선물로 벽에 붙여 놓은 대형 거울이다. 처음에는 밖을 드나들 때마다 내 전신 모습을 기웃거려 보았다. 흐트러진 모습을 보면 가다듬을 수 있어 좋았다. 선물을 고마워하며 그렇게 지냈다.

어느 날 우연히 방문을 열면 정면에 전신이 보이는 대형 거울을 다는 것이 아니란 말을 들었다. 그다음부터는 거울을 마주칠 때마다 왠지 좋은 마음이 점차 퇴색되어 간다. 풍수지리에 나온 말이라지만 안 들은 것만 못하기 때문이다. 언젠가는 떼야겠다고 마음먹으니 처리할 곳이 마땅치 않다. 대형 거울을 버린다는 건 아까운 마음부터 들어 집안에는 옮겨 놓을 곳을 이리저리 둘러봐도 걸어놓을 곳이 마땅히 없다.

새마을 사업으로 집 앞 도로가 2차선에서 4차선으로 확장되면서 일이 꼬이기 시작했다. 집이 낡아서 그렇지 주변에서는 꽤 큰 집에 속했다. 가게가 옛날 방앗간 자리인데다 안채가 별도로 있었다. 도로를 양쪽으로 넓히는 것이 아니라 우리 집 쪽으로 한다는 것이다. 보상금이 현 싯가를 적용해도 불만인데 새마을 사업이기 때문에 공시지가를 적용한단다. 너무나 적은 금액이어서 신축하는데 돈이 많이 모자란다. 결국 우리 집은 3분의 2가 들어가니 보상은 그 값만 받고 전부를 철거하게 되었다.

사람이 살면서 나이를 먹을수록 노후가 편하게 살고 싶기 마련이다. 젊어 고생은 사서도 한다지만 평생 고생을 누가 원하겠는가. 삶의 환경이 점차 여유롭게 변하는 것을 원하기 마련이다. 그런 웬 말인가 대지는 많이 줄어들고 남은 땅이 너무 적어 속이 말이 아니다. 평소 잘 지내는 사이인 옆집 선배를 찾아가 50평만 팔아라 하니 칠십이 다 된 사람이 하는 소리가 부모 유산이라 형제들과 상의해야지 임의대로 팔 수 없다고 거절한다.

뒤로 미룰 수 없는 급박한 상황이라 어쩔 수 없이 남은 땅만 가지고 집을 지었다. 2층으로 올렸어도 전에 살던 집보다 공간이 많이 줄었다. 방과 주방을 비롯하여 널찍널찍하고 서재도 가지고 싶었다. 담당과에 그렇게 따졌지만 소용없는 일이었다. 여기저기 비슷한 일에 비교하기 마련이고 차별을 당하다 싶으면 속이 끓게 마련이다. 이미 돌이킬 수 없는 일인데 아리나 쓰나 맘이나 편하게 먹어야지 자신을 위해 종결지었었다.

집에 찾아오는 사람 중에는 거울을 보며 하는 말이 거실 정면에 거울을 설치하면 기운과 행운이 날아가서 설치하지 않는 것이 좋다고 한다.

거실의 모습을 모두 비치는 것은 가족 간 화합에도 지장이 있단다. 물체를 반사하는 거울은 오는 행운마저도 반사한단다. 거울을 거실에 설치할 때 정면에 두지 말고 왼쪽에 두면 금전운, 오른쪽에 두면 출세와 교제운이 상승한단다는 말까지 일러준다. 나는 정면의 거울을 언젠가는 떼어 옮겨야지 하며 볼 때마다 걱정스럽게 지냈다. 차일피일 미루기를 20여 년이 지나던 차, 명절에 내려온 며느리가 어디서 들었는지 갑자기 “아버님 거울을 정면에 걸어놓으면 복이 달아난대요.” 한다.

“나도 그런 말을 듣고 생각하고 있다.”라고 말하며 어떠면 좋을까 의논하다 보니

나는 “거울을 가리고 해바라기 그림을 걸고 싶다.”라고 했다.

“아버님 그러면 제가 알아서 사들여 다음에 내려올 때 설치할게요.” 약속한다.

해바라기 그림을 걸면 재물과 수확이 결합하여 돈과 금을 상징한다고 한다. 해바라기는 생명과 행운 활력을 상징하는 의미까지 있다고 하니 얼마나 좋은가, 해바라기의 노란색은 황금색이니 재물을 뜻하며 빼곡한 해바라기씨는 결실을 만들어 낸다는 뜻이 있다. 해바라기는 8~9월에 개화하는 꽃으로 흔히 집에서 볼 수 있는 꽃이 아니다. 양지나 권력을 좇아가는 사람을 해바라기에 비유하기도 한다.

긍정의 열쇠이며 노란색은 자신감을 높여주기도 하고 마음에 에너지를 주기도 한단다.노란색은 코로나가 만연한 이 시기에 기분을 상쾌하게 해줄 수 있지 않을까? 풍수지리 사상은 무속신앙과 같이 언제부터 우리의 삶 속에 들어와 있다. 집을 짓는다든지 이사를 할 때 손 없는 날 택일

을 한다. 혼인도 물론이요, 묘자리를 마련할 때도 마찬가지다. '집 짓고 삼 년 묘 쓰고 삼 년'이란 말이 전해지는 것만 봐도 알 수 있다. 해바라기 꽃은 풍수학적으로 돈을 상징하는 그림이다. 해바라기의 상징성이 강력하다는 것이 느껴진다. 거실 정면에 걸어두면 금전운을 부르는데, 아주 효과적이라고 한다.

초록색 숲을 보면 안정감과 편안함을 느낄 수 있고, 빨간색이 열정을 상징하듯, 바라보는 그것만으로 인간의 감정과 행동에 영향을 미치며 문화적으로도 여러 상징성을 내포한다.

노란색은 희망, 기쁨, 행복을 주는 색으로 마음을 부양시키는 효과가 있는데, 과학적 측면에서 노란색이 주는 파장이 다른 색보다 특히 길어서 뇌가 눈에 띄게 인식하고 두뇌활동을 자극해 창의력을 높여주기도 한다고 학자들은 말한다. 밝은 생명력을 상징하는 해바라기가 금전운을 상징하는 이유는 눈부시게 샛노란 꽃잎의 색깔 때문일 것이다.

해바라기 그림이 항상 긍정적인 마음을 북돋아 준다는 것인데, 긍정이란 역시 행복을 불러올 뿐만 아니라 하는 일도 술술 잘 풀리게 만드는 비결이 아닌가 생각이 든다.

"태양과 햇빛을, 나는 달리 표현할 수 없어 노란색, 옅은 유황색, 연한 황금빛 레몬색이라 부른다. 이 얼마나 아름다운 노랑인가!" 해바라기 화가 '빈센트 반 고흐'가 한 말이다.

해바라기는 귀한 꽃은 아니지만, 흔히 볼 수 있는 꽃이 아니기 때문에 해바라기꽃을 실물로 만나기는 쉽지 않다. 해바라기의 의미를 알고 나서부터는 달리 보인다. 집안에서 사시사철 활짝 웃고 있는 해바라기를 그림으로나마 보게 되니 좋은 일이 생길 것 같다. 나도 모르게 걱정 하나가 떠난 것처럼 밝은 기분이 든다. 해바라기 그림을 매일 쉽게 볼 수 있는 자리에 걸어놓아 자신감을 높여주기도 하고, 마음에 에너지를 주지 않을까. 작은 행복이다.

전동典洞사무실 시대

호구지책으로 가게를 연 지 몇 년 만에 안정을 찾아갔다. 이제 막 길들고 있으니, 동료들이 전주로 나오라고 부른다. 주식회사를 만들자며 당신이 대표를 맡으면 좋겠단다. 우리는 친목회를 만들어 세미나와 정보교환을 목적으로 소상공인의 힘을 기르고 있었다. 한마디로 거절하고 병원에 한 달간 피하였더니 퇴원하자마자 찾아서는 하든 말든 한번은 나와서 의사를 밝혀달라는 것이 코가 꿰이고 말았다.

분명한 성격에 남에게 폐를 끼치면 절대 안 된다는 신념으로 살아온 내 성격과는 잘 맞지 않는 사업을 시작했다. 그것도 나 혼자가 아니라 각 지역의 업자들을 선별하여 합자(주식회사)하자면서 대표이사로 선출되었다. 그래 남자로 태어나서 남이 알아주면 까짓것 못할 게 뭐 있어, 한번 해봅시다. 사연은 이렇게 시작되었다.

일과는 출근하면서부터 정신적으로 무척 긴장하였다. 경영을 알기 위해 J대학 야간 대학원에 등록하였다. 세무회계를 알아야 결재를 하지,

무조건 대표라고 도장만 찍으면 안 된다는 생각이었다. 입출금의 흐름을 정확히 알지 못하면 까딱하다 누가 실수를 해도 모르면 큰일이다. 경쟁업체인 농협에서 외상 판매를 하니 민간업체로써 대응할 수밖에 없다.

농업의 구조상 수확할 때까지 외상 판매를 하고 농산물을 판매해야 회수하는 소매상에게 물건을 공급해야 한다. 미수금을 상환하면 제조사에 발행한 어음과 당좌수표가 돌아오면 결제해야 한다. 그래야 부도를 막을 수 있다. 소매상이 사고를 치면 보통 억 단 위이다 보니, 1년 365일 긴장의 연속이다.

일과를 마치고 나면 피로가 물밀듯 찾아온다. 동료들과 어울려 사무실 근처의 남부시장 순대 골목을 찾는다. 안주 한 접시에 막걸리 한 잔은 보약이다. 긴장과 피로를 풀어준다. 학교 가는 날이나 특별한 날이 아니면 대폿집을 간다. 대부분 1차에 끝내고 천변 길을 돌아서 퇴근한다. 천변에는 좌판상이 쭉 펼쳐져 있다. 세월의 고단함에 깊게 주름진 할머니들이 옹기종기 모여 앉아 채소 한 보따리씩 늘어놓고 있다. 호박 몇 개, 오이 몇 개, 가지 몇 개, 아니면 상추 시금치 한 소쿠리가 전부다. 생긴 것도 비슷하지만 주인 닮아 다르다. 앞에 전을 벌려 놓고 길 가는 사람들을 부른다.

할머니 앞에 놓여 있는 걸 다 팔아도 돈이 얼마나 될까? 판돈은 어디다 쓰지, 쌀을 팔까, 아니면 고등어를 살까, 아니면 손주 용돈을 줄까, 사용하고 남은 돈은 장판 밑에 숨겨 놓을까? 모아도 몇 푼 안 될 텐데. 앉아 있는 할머니의 모습은 진지하다. 나는 가끔 무얼 사서 집으로 향한다. 고단했던 하루는 시장을 통과하는 동안 자동 세차하듯 개운하다.

다음날 출근할 때는 다른 길인 도청 앞길을 택한다. 도 청사에는 태극기와 새마을기가 펄럭인다. 태극기는 대한민국이 당당한 국민으로 자긍심을 일깨워주고, 새마을기는 바르고 열심히 살아야겠다는 깨우침을 준다. 출근하는 공무원들의 단정한 재건복장의 모습을 보면서 흐트러진 자세를 가다듬는다. 도청 앞을 통과하면 세탁소에 다림질한 것처럼 정신이 반듯이 정돈된다. 내려간 어깨가 올라간다.

한번은 퇴근길에 막걸리 한잔하기로 약속한 친구를 기다리다 심심하여 천변부터 갔다. 대부분 자리를 뜨고 못다 판 할머니들만 듬성듬성 앉아 행인을 부른다. 그중 한 할머니의 허름한 모습이 애처롭게 눈에 들어온다. 검정콩 한 되를 앞에 놓고 콩이 가득한 광목 자루는 할머니처럼 때가 잔뜩 묻어있다. 걸음을 멈추자 한 되박 싸게 드릴 터이니 사라 권한다.

할머니는 집에서 농사지은 콩이니, 날도 어둡고 싸게 주겠단다. 얼마냐니까, 얼마 단다. 다 사겠으니 얼마냐니까, 처음과 말이 달라 더 부른다. “할머니 내가 사고 싶어 살려는 게 아니라 돕고 싶어 사려는데 말이 틀리면 되겠습니까?” 하니 변명하였다.

처음대로 계산하여 전부를 샀다. 집에 오니 웬 콩이냐며 펼쳐본 아내의 말, “이건 수입 콩이잖아, 어디서 이런 걸 사와!” 야단을 친다. 내가 순진한 건지 바보인지 참 난감하다. 자초지종을 들은 아내는 어이없어하면서도 잔소리를 멈췄다.

주차난에다 입주했던 사무실 주인이 바뀌어 한적한 인후동에 사무실을 마련하면서 전동 시대를 마감했다.

굿 보는 사람

요즘 야당 대통령 후보 토론회에서 손바닥에 '王'자를 쓴 것을 역술인이나 무속인이 그려준 부적이 아니냐는 논란으로 세상이 시끄럽다. 코로나19로 고통받는 국민들은 안중에도 없는 모양이다. 대변인을 통하여 지지자가 써준 것이라고 해명했지만 정치권의 논란은 확산되었다. 이유를 떠나 국민 눈높이나 상식적으로 보면 가벼운 처신을 했다는 비평을 받을 수 있겠다는 생각이 든다.

자식들이 학교 다닐 적의 일이다. 잠을 청하려 누웠는데 아내가 옷을 주섬주섬 챙겨입는 소리가 부스럭 거린다. 야밤에 무슨 일인가 싶어 신경이 쓰인다. 거실로 나가더니 아들과 무슨 이야기 나누는가 싶더니 현관문 소리가 난다. 신경끄고 잠을 청하려니 말 안 듣는 아이처럼 잠은 더 달아나 버린다.

다음 날 아침에 일어나 어제저녁 어디 다녀왔느냐니까 주저주저하다 말을 꺼낸다. 아파트 화단에 내려가 아파트 벽을 타고 올라오는 등나무를 베어 버렸단다. 우리가 사는 3층 아파트 창문까지 올라와 기웃거렸던 모양이다. 아내는 대학생 남매와 재수생 막내가 있어 여간 신경이 쓰였던 모양이다. 큰아들을 시켜 시골집에서 톱을 가져와 사람들 몰래 일을 저지른 것이다. 베어버리고 보니 체증이 내려간 것 같아 속이 시원하단다. 아무튼 다음 해 막내아들은 대학생이 되었다.

아내는 절에 다니지만, 신앙이 뚜렷하지 않다. 어쩌다 무슨 일이 있거나 누구와 어울리면 몰래 점 보러 다니거나 하는 모양이다. 자식 손자 이름 지을 때, 항렬자를 무시하고 작명소에 지어 호적에 올려버렸다. 자식한테는 엄격하신 시아버지는 며느리는 예뻤는지 알다가도 모를 일이다. 이미 끝난 일을 가지고 되돌릴 수 없는데 시끄럽게 해봐야 내 속만 편치 않다. 지금도 이름 이야기만 나오면 불만인 나에게 경위를 자세히 말하지 않고 얼버무린다. 아내의 성격은 온순하지만, 고집이 센 편이다. 이웃들과 잘 지내지만, 머리 아픈 일은 않으려 한다. 그래서 남 앞에 나서려 하지 않는가 보다.

어렸을 적, 우리 동네에는 당골집이 있었으며 당골래미 할매가 살고 있었다. 동네 사람들은 정월 보름날이 오면 당골래미 주도하에 당산나무 앞에 쌀과 떡, 북어와 실타래를 준비하여 촛불을 켜고 가족의 안녕과 일년 농사의 풍작을 빌었다. 의료 시설이 빈약하여 병원 문턱이 높았던 시절이어서 가족이 아프면, 중병이 아닌 웬만한 아픔은 당골 할매를 불러 주당맥이를 하였다. 집안에서 빌기도 하지만 마당 한가운데 덕석을 깐 다음, 환자를 눕히고 동네 사람들은 주위에 원을 그리며 징, 꽹과리, 장구로 풍악을 울리고 나머지 사람은 괭이 등 농기구로 바닥을 찍는 흉내를 내며 귀신을 쫓는 의식을 치렀다.

우리 민족의 오랫동안 이어온 민속 신앙은 개화기 서구 문물이 들어오며 미신으로 밀리고 말았다. 지금도 주택가를 지나다 보면 솟은 장대 위에 '卍'자가 쓰인 빨강 깃발이 펄럭이는 것을 볼 수 있다. 대학가에는 철학관이 많은 것을 보면 젊은이들이 불확실한 미래에 대한 불안감으로 점 보는 것을 선호하지 않는가 생각한다.

동서양을 막론하고 나라마다, 지역마다, 민족마다 나름대로 신앙과 종교를 가지고 있다. 종교를 가지고 내가 믿든, 남이 믿든, 서로의 믿음을 가지고 공격하는 것도 어찌 보면 유치하다. 절에 가는 아내나 교회에 가는 며느리에게 종교에 대하여 이래라저래라하지 않지만 미치면 안 된다고 말한다. 과격한 언행을 일삼는 지도자가 문제지 민속 신앙이나 풍습은 보전하였으면 하는 생각이 든다.

제비

강남 갔던 제비가 겨울이 지나니 잊지 않고 우리집에 지어 놓은 자기 집을 찾아온다. 도착하자마자 곧바로 헌 집을 옆에 두고 새 보금자리를 짓는다. 아직 쓸 만한데 새집을 짓는다고 흙이나 오물 따위가 가게 앞에 떨어지니 짜증 난 김 사장은 셔터를 내리고 퇴근해 버린다. 집에 들어갈 수 없는 제비는 전깃줄에 앉아 지지배배 울부짖지만 나는 어쩔 수 없다. 다음날 짐짓 모르는 척 김 사장 내외에게 제비를 거두면 집안이 화목하며 복 받는다고 달래보지만, 고집 센 김 사장은 들은 척도 안 한다.

제비는 필요한 먹이를 조금도 비축하지 않고 날아다니면서 사냥해 그때마다 필요한 먹이를 얻는다. 그러니 이동에 필요한 몸무게를 현저하게 줄일 수 있으며 나는 속도도 빨라진다. 사람들은 마치 곡예 하듯 날아다니는 모습을 보고 날렵한 사람들을 물 찬 제비 같다고 비유하는 걸 보면 틀린 말이 아닌 것 같다. 하루 500여㎞를 날아다닌다니 참으로 놀랄만한 일인 같다.

제비는 우리나라 전역에서 번식하는 대표적인 여름 철새이었는데 요즘 들어 환경의 변화 때문에 도심에서는 보기 힘든 모양이다. 광택이 있는 등은 어두운 청색이고 백색인 앞가슴은 턱시도를 연상케 한다. 동남아시아에서 월동한 후 우리나라를 찾아온다니 태국까지의 거리만 하여도 약 4천㎞ 가까이 되는 머나먼 거리를 날아오니 놀라울 따름이다. 음력 3월 삼짇날을 전후해서 찾아와 번식하고, 10월 하순 겨울이 오기 전에 떠난다.

제비는 가을이 되면 체중을 늘려서 비축한 에너지를 이용하여 장거리 여행을 할 수 있다. 예를 들면, 내가 사는 정읍에서 중국까지 약 500㎞가 넘는 거리를 쉬지 않고 하늘을 날 수 있다고 한다. 지난해에 살았던 집을 잊지 않고 찾아 방문 앞 처마 밑에 둥지를 튼다. 방문 앞은 주인이 자기를 보호하기 때문이란다. 제비집 밑에 진흙과 지푸라기를 섞어 반사발 모양으로 만든다. 새로 둥지를 지을 때는 받침을 마련해 주어야지, 그냥 놔두면 마루나 토방에 오물을 떨어뜨려 한바탕 전쟁을 치러야 한다.

사람들은 대부분 제비를 길조라 여겨 반가워 하지만 그렇지 않은 사람은 둥지를 못 짓게 가림막을 붙여놓는다. 한 번에 대여섯 개의 알을 낳아 교대로 알을 품는다. 보름 정도 품으면 노란 주둥이를 내민 새끼가 나오고 이십여일 이상 곤충을 잡아다 주며 키운다. 어미가 먹이를 물고 돌아오면 서로 달라 아우성친다, 살겠다고 보채는 새끼들을 차례로 먹이는 모성애를 보면 사람이나 짐승이나 본능은 마찬가지여서 마음을 따뜻하게 해준다. 그런 다음 새끼들이 먹고 싼 똥을 물어다 버린다. 새끼는 이십여 일이면 훌쩍 자라 날갯짓부터 시작 밖으로 날아 가까운 빨랫줄에 앉기를 번복하며 떠날 준비를 한다. 홀로 살 자신을 얻으면 다른 보금자리를 만들어 떠난다. 보통 일 년에 두 번 정도 번식을 한다.

제비는 옛날부터 우리나라 사람들과 가까이 살았음은 판소리 흥부전을 봐도 알 수 있다. 줄거리는 어느해 봄, 제비새끼 한 마리가 땅에 떨어져 다리가 부러졌다. 흥부가 불쌍히 여겨 다리를 매어 주니 고맙다고 날아갔다. 그리고 그 이듬해 봄에 돌아올 때 박씨 하나를 물어다 주었다. 흥부는 그 박씨를 심어 가을에 큰 박을 많이 땄는데 그 속에서 금은보화가 나와 큰 부자가 되었다. 놀부는 제비 새끼의 다리를 일부러 부러뜨려 날려 보냈다. 이듬해 봄에 제비가 가져다준 박씨를 심어 많은 박을 땄는데 그 속에서 온갖 몹쓸 것이 나와 집안이 망하게 되었다. 놀부는 잘못을 뉘우치고 착한 사람이 되어 형제가 화목하게 살게 되었다는 이야기다.

흥보전의 본거지는 학계에서 서로 다른 주장을 하며 논란의 대상이 되고 있다. 그동안 흥부전은 모두 삼남(경상 · 전라 · 충청) 지방이거나 허구의 장소가 배경이었다. 다수의 학자들은 '흥부전'의 발상지를 전라도 남원 근방으로 추정해 왔다. 나는 마침 조부 묘 벌초하러 집사람과 큰아들을 데리고 남원을 찾았다. 벌초를 마치고 지리산을 넘어 남원 아영면 성리마을을 찾아갔다. 첩첩산중이지만 내비게이션에 의존하니 어렵지 않았다.

흥부와 놀부의 성(姓)은 박(朴)씨에다 아영(阿英)사람이라며 성리마을에서 제사까지 지내고 있다. 마을 뒷산에서는 흥부의 것으로 추정되는 비석이 발견됐으며 각종 문헌과 주민들의 증언에 의해 아영면 일대에서 주민들이 모여 산신제와 산제에 이어 정월 초사흘 날에 흥부축제를 하고 있지만 그전만 못하단다. 이외에도 평안도 평양, 성은 '박씨', '연(延)씨'가 아니라 황해도를 본관으로 하는 '덕수 장씨'로 기록한 19세기 초 흥부전 필사본을 찾았다고 한다. 한글 고전소설 흥부전 이본(異本)중 가장 시대가 앞선 이 필사본은 1833년 '흥보만보록'이란 제목으로 쓰였다. 지금까지 전하는 40여종 '흥부전' 중에서 최고본(最古本)이라고 한다."

사람들이 살아가는 데는 서로 다른 여러 가지가 있는 것 갔다. 제비를 통하여 사람들이 본받아야 할 점을 가르치고 있는 것 같다. 제비는 부지런한 근면성, 처음 태어나 살았던 곳을 다시 찾아오는 인연과 의리이다. 자기만 알고 사는 세상을 사는 현대인들에게 점점 사라져가는 형제간의 우애와 이웃 사랑을 가르치는 진솔한 삶의 모습이 아닌가 생각해 본다. 특히 출산율이 마이너스로 돌아선 우리나라 현실에 흥부의 많은 자식들(多産)과 제비의 연 2회 번식은 사람들에게 가르침이 되었으면 한다.

귀성열차歸省列車

추석 명절이 다가와 고향에 갈 요량으로 서울역에 나갔다.

서울 생활 1년이 채 안 되었지만, 처음으로 멀리 부모님 곁을 떠나 있었다. 부모 형제를 만난다는 생각에 괜히 마음조차 설렌다. 동네 친구들한테 수돗물 먹고 말쑥해진 내 모습을 은근히 보여주고 싶다. 60년대 서울로 간다는 것은 열에 아홉은 생활이 궁핍하여 취업을 목적으로 시골 청소년들이 몰려가던 시절이었다.

공부만 잘한다고 서울로 갈 수는 없었다. 장학금 제도도 미약하던 때라 뒷받침 없이는 갈 수가 없다. 우리 마을 초등학교 동기생이 30여 명이었다는데 중학교에 정상적으로 진학한 학생은 나 한 사람 뿐이었다는 사실은 한참 후인 동창회 자리에서 알았다. 형편 따라 1~2년 멈추거나 하여 중학교만 나와도 다행이던 시절이었다.

고교 동창인 S는 고향 가는 친구를 배웅한다고 서울역까지 따라 나왔다. 열차표 한 장을 간신히 구하고 나니 한 시간여가 남았다. 개찰구 앞에는 벌써 사람들이 선물 보따리를 이고 지고 와서 줄을 선다. 시간이 지날수록 연신 꼬리를 물고 한없이 늘어서 있다. 나는 줄 서기는 포기하고 친구와 둘은 근처 대폿집으로 자리를 옮겼다.

양념 돼지불고기를 연탄불에 올려놓으니 매캐한 연기가 코를 자극하며 피어오른다. 막걸리 한 주전자를 단숨에 비우고 아줌마를 또 부른다. 며칠 후 다시 만날 텐데 먼 이별이나 하는 사람처럼 이야기가 늘어진다. 기차 시간에 맞추어 술판을 끝내고 나오니 맨 끄트머리 서 있다간 열차에 못 오를 것 같다. 오늘만은 학교에서 배운 반대로 양심을 뒤로 한 채 중간에 끼어들기로 마음먹었다.

줄 선 맨 앞에서부터 끼어들 틈이 있는지 둘러보니 맨 앞에 서기는 끼워줄 리 없지만 염치도 없다. 뒤로 가며 만만한 상대를 물색하였다. 2~30여 명쯤 지났을까? 이웃집 누이 같은 아가씨 두 사람 틈새가 보인다. 아마 서로 모르는 사이 같다. “같이 갑시다.” 염치 불고하고 불쑥 들어가니 놀란 표정으로 어이없어하면서도 틈을 내준다. 순진한 척하는 모습의 당돌한 청년을 매몰스럽게 내치지를 못한 모양이다.

그러는 사이 어디서 담배를 피우다 쫓아왔는 지 한 남자가 뭐 하는 짓이냐며 인상을 쓴다. 미안하다며 변명을 하니 아가씨 오빠란다. 어디까지 가느냐며 불만스럽게 묻는다. 어디까지 간다고 말하니 목적지가 같다며 반가운 얼굴이다.

고향 사람 만났다며 금세 친 한 얼굴로 사는 동네가 어디냐, “내 여동생을 잘 부탁한다.” 호의적이다. 걱정하지 말라며, 친구도, 여자 오빠도 돌려보냈다. 끼어들기에 성공하고 말동무까지 생겼으니 운수 좋은 날이다. 아가씨는 같은 고향이라 그런지 평소 알고 지냈던 사이처럼 살갑게 대한다. 개찰구가 열리자마자 사람들은 봇물 터지듯 목포행 열차를 향해 달려 나간다. 막걸리를 마신 터라 지하도를 내려 오르니 증기기관차가 마냥 숨이 차오른다.

가쁜 숨을 몰아쉬며 열차에 올라 두리번거리며 빈자리를 찾았다. 벌써 세 명이 먼저 와 앉아 있는 빈자리를 겨우 찾았다. 완행열차의 좌석 배치는 마주 보고 3명씩 앉게 되어 있다. 창가에 아가씨를 앉히고 그 옆에 나란히 앉았다. 몇 시간을 같이할 동반자까지 생겨, 마음조차 울렁거리며 기분이 좋아진다. 뒤이어 사람들이 빈자리를 찾아 밀치며 들어온다. 그때 앳된 모습의 여학생이 같이 앉을 수 있냐며 다가온다. 얼른 일어나 여자들끼리 나란히 앉히려니 고향 아가씨가 내 옷깃을 잡아 주저앉힌다. 나는 엉겁결에 양편에 여자를 두고 주인공처럼 가운데 앉았다. 우리는 간식거리를 나눠 먹으며 서로 금방 친한 사이처럼 되었다. 목포까지 간다는 앞자리 아저씨 일행은 지나가는 강생회 아저씨한테 소주와 오징어까지 사서 권한다. 아까 먹은 술에 소주까지 걸치니 쑥스러움은 멀리 가고 말도 많아졌다. 고향 아가씨는 오빠의 조그마한 공장에서 경리를 맡고 있단다. 주근깨가 귀여운 여학생은 낮에는 동사무소에서 사환 일을 하며 야간 고등학교에 다닌단다. 목포에 계시는 외할머니한테 추석 쇠러 간다는 착한 소녀다. 한마디로 사연이 많을 듯한 애틋한 아가씨다. 시끌벅적한 사이 어느새 서대전을 지나며 열차 안은 점점 조용해진다. 다들 떠들 만치 떠들었는지, 잠도 몰려올 시간인가 보다. 양편에서는 여자들이 경쟁하듯 자꾸만 내 어깨에 기대어 졸고 있으니, 진땀이 난다. 앞에 앉은 아저씨는 복 터졌다 놀려대며 재미있어한다. 쑥스럽기도 하여 화장실에 가려 일어나니 여학생이 내 뒤를 따라온다. 우리는 자연스레 비좁은 세면실에서 궁금한 이야기로 소곤거렸다. 시간은 어느새 느린 열차를 밀어내어 헤어질 시간으로 바꿔 놓는다. 서로 상경하는 날짜와 같은 열차를 타기로 약속하며 연락처를 주고받았다. 아쉬운 마음은 목포까지 따라가고 싶었지만, 괜히 뿔이 난 고향 아가씨는 내 등을 밀어낸다.

註: 강생회: 열차 안에서 도시락, 간식거리를 파는 단체

정월대보름

정월보름은 6~70여 년 전 만 해도 농경사회였기에 대보름이라며 민족 명절 중의 하나였다.

우리 집에서는 보름 전날 밤 호롱불 앞에 나물을 준비하는 어머니를 중심으로 형제들은 빙 둘러앉았다. 여동생은 어머니를 도와주며 어린 동생은 옛날이야기를 해달라고 했다. 어머니는 도깨비 이야기며, 호랑이 이야기 등 여러 차례 써먹은 이야기를 다시 들려줘도 새맛으로 구수하였다. 막상 이야기를 주문한 동생은 끝나기 전에 잠들고 만다. 누룽지처럼 맛있는 끝부분이 재미있는데 다 듣지 못한 동생은 또다시 조를 것이다.

이른 새벽 어머니는 준비해 놓은 대나무, 고추대, 가지대 등을 마당 한가운데 모아 놓고 모닥불을 지폈다. 큰아들부터 차례로 불러내어 나이만큼 뛰어넘게 하였는데 한 해 동안 잡귀를 물리쳐 아프지 말고, 건강하여 시험을 보면 백 점 맞게 축원해 주며 뛰어넘으며 따라 하라 했다.

정월 대 보름날에는 집집마다 오곡밥을 하였다. 집안 풍습 따라 형편에 맞추다 보면 잡곡밥의 종류가 달랐다. 자연히 밥맛도 달랐다. 밤이 되면 형 누나들은 끼리 끼리 모여 인심 좋은 집들을 찾아 밥을 얻어와서 땅속에 묻어둔 항아리에서 싱건지를 양푼에 한 바가지 퍼다 같이 곁들여 먹었던 맛과 추억은 아련하다.

욕심 많은 친구는 누가 한 숟가락 더 먹을까 봐 무싱건지를 통째로 욕심껏 거머니 쥐고 입이 찢어지라 몰아넣던 기억이 떠오른다. 남녀 친구들과 아웅다웅하다가 서로 눈이 맞아 동네 결혼까지 하기도 하였다. 이른 아침에 밖에서 친구가 부르면 어머니는 대답하지 말고 내 더위 가져가라고 대꾸하라 했다.

그러면 친구는 소리 없이 물러갔다. 내 더위, 네 더위, 한다고 한여름 더위가 누굴 가려서 찾아갈 리 만무하건만 정월보름 풍습으로 한 해를 점쳐보며 무사안일을 기원했던 것 같다. 낮에는 논두렁에 불을 질러 월동하는 들쥐와 해충을 퇴치했지만, 인근의 볏짚 가지를 태우거나 하여 보상 문제로 어른 싸움으로 번지기도 했다.

보름날 밤 우리 마을과 들건너 마을 아이는 논바닥에 나와 불놀이하였다. 그동안 빈 깡통을 어렵사리 구해다 못으로 구멍을 총총 뚫어 바람이 잘 통하게 만든 다음, 줄까지 매어놓았다. 하교길에 인근 산에 들려 솔방울과 송진 가지를 놀이 할 만큼 넉넉하게 준비해서 나만의 비밀공간에 숨겨 논다. 건넛마을 아이들과 싸움을 어떻게 할 것인가 대장으로 고학년 선배 중 체격이 크고 한 성질 하는 형을 선발한다.

평소에 큰 동네여서 반별로 어울렸지만, 보름날 밤은 온 동네가 연합한다. 건넛마을은 우리 동네보다 훨씬 적은 마을이라 승패는 정해졌지만 만약을 모르기 때문이다. 말하자면 자기 마을 앞에 노는걸 우리 동네 아이들이 쳐들어가 훼방을 놓는 셈이다. 그러면 보다 못한 그 마을 청년들이 개입하고 밀고 밀리는 깡통 불꽃놀이가 자연스레 재미를 불러왔다. 얼굴은 숯검정에 그을리고 한 벌뿐인 옷에 불구멍이 나면 그날은 초상날이다.

겨우내 마을 앞 시냇가 얼음 바닥에서 썰매를 타다 얼음구멍에 빠지면 짚풀 모닥불에 말린다고 양말을 태워 혼날 일에 가슴 졸이기도 했다. 친구들과 연날리기도 겨울방학이 오면 큰 행사 중 하나였다. 귀한 대나무를 얻어다 연살을 만들고 가오리연도 힘들지만, 방패연은 어려워 아버지의 도움이 필요했다. 가오리연은 꼬리 길이를 잘 조절해야 높이 날고 방패연은 더 많은 기술이 필요했다.

초보는 가오리연에 보통 연자세를 쓰지만 고학년일수록 방패연에 4각 연자세를 써야 알아줬다. 연싸움은 요령도 필요하지만 실이 질겨야 줄이 잘 끊어지지 않는다. 들판 건너 타면 지역 아이들과 겨를 때는 새금파리를 주워다 절구에 빻아 풀을 쑤어 짓이겨 바르면 백전백승이다. 처음에는 모르고 실력인 줄 알았으나 수상히 여긴 상대편 아이들 앞에 곧 들통나고 만다.

반칙을 쓰면 비겁한 놈이라고 소문나서 손가락질받기 때문에 동네 아이들끼리는 절대 쓰면 안 된다. 다른 동네 아이들도 마찬가지이기 때문에 막판에 약이 오르면 쓰는 방법이다. 정월 대보름날에는 겨우내 쓰던 연에 불을 붙여 하늘 높이 띄워 보낸다. 함께 뛰어놀던 아이들은 따뜻한 봄이 오면 다른 놀이를 할 생각에 껑충거리며 집으로 향한다.

인격(人格)이 필요한 사회

인간의 성격을 말한다.

우리 민족은 원래 말과 행동이 같고 정직하며 예의가 바르다하여 긍지와 자부심을 가지고 있다. 그런데 요즘 청소년들의 언행을 보면 문제가 있음을 알 수 있다. 말하는 내용과 표현하는 방식에 있어서 비속어나 욕설과 불평 불만의 말을 사용하는 경우를 많이 보게 된다.

우리 미래의 꿈인 청소년들이 가장 순수하고 밝게 성장하여야 할 시기에 순화되지 않은 입에 담기 어려운 말을 거칠게 표현하는 것을 보게 되면 어른으로서 청소년들에게 보여줘야 할 역할을 다하지 못하여 마음이 아프다 오히려 모범을 보여야 할 어른들도 청소년 못지않게 험한 말을 쓰는 것을 볼 수 있다.

조물주께서 사람을 만들 때 동물과 다르게 인간에게는 생각하고 말할 수 있는 능력과 해야 할 행동과 하지 말아야 할 행동을 구분하여 판단할 수 있는 능력을 선사하셨다. 같은 내용의 말이라도 상대방을 배려하여 상처가 되는 말은 삼가하고 우회적인 표현으로 좋게 말한다면 얼마나 좋을까?

우리 인간은 서로가 소통할 수 있는 말과 글을 만들어 사람과 사람사이의 인간관계를 형성하였지만 시대의 흐름에 따름인지 사람다움은 점차 사라지고 이기주의에 갇혀버린 기계화가 되어가는 느낌이다. 병원이나 관공서 등 전산화가 잘 되어 편리도 하겠지만 찾아오는 사람위주보다 그곳에 근무하는 사람들이 관리하기 편하게 되어있다 보니 마치 사람이 만든 컴퓨터 앞에 로봇이 사람을 관리하는 셈이니 오히려 불편함은 말할 수 없다.

서로의 대화는 표현에 따라 기쁨이 되기도 하지만 상처가 되기도 한다. 요즘 청소년들뿐 아니라 많은 어른들까지 어려운 전문용어, 외래어, 비속어, 신조어 등 수많은 말들을 사용해야 많이 아는 것처럼 보이며 일상생활에서 사용되어 남발하고 있다. 이상한 은어와 말들이 유행하여 쓰고 있어 안타깝다. 쉽고 바른 우리말 얼마나 좋은가? 차라리 지역마다 다른 구수한 사투리는 괜찮다. 무슨 말인지도 모를 애매모호한 말, 상대방에게 상처가 되는 거짓말, 폭언 등은 상대방에게 언어의 폭력이며 서로의 단절을 의미하기도 한다.

언어를 사용할 때 좀 더 신중을 기함으로써 자기를 돌아볼 수 있는 시간을 가지는 것이 좋을 듯싶다. 상대방을 배려하고 아끼는 마음에서 서로의 역할에 대한 가치와 기준을 인식한다면 주위와 세상이 다 푸른 숲속에 흐르는 맑은 물처럼 청량할 것이다. 본인 입장만 고집하지 말며 상대를 배려한다면 다툼도 줄어들고 사회는 그만큼 성숙되어 평화로울 것이다. 언어는 사용하는 사람의 외모와 품격, 내면의 세계까지 밀접하게 나타낸다. 겉모양새는 그럴 듯한데 말을 상스럽게 하면 주위 사람들은 그 사람의 됨됨이를 평가하게 되고 실망하여 가까이 하지 않게 된다. 햇살이 따사롭게 비추는 밝은 사회는 우리 하나하나가 힘을 합쳐 만든다.

좋은 말과 바른 행동만 찾아 써도 평생을 다 쓰지 못한다. 다 같이 노력합시다.

중국 산동성山東省 문학기행
– 공자 왈孔子 日 맹자 왈孟子 日

(자子 왈曰 : 선생님이 말씀하시기를… 공자孔子 왈曰 : 공 선생님이 말씀하시기를…)

우리나라 서해안 도서인 왕등도나 어청도에서는 중국 산동반도山東半島에서 닭 우는 소리가 들린다고 어렸을 적 어른들의 이야기를 듣고 자란 나는 산동반도가 우리나라의 1.5배나 큰 땅덩어리의 반도인지는 몰랐다.

큰 비바람을 앞세우고 태풍이 몰아치면 조업하던 어선들은 가까운 항구로 대피하는데 서해 앞바다에서 조업하든 우리 배는 물론 중국 어선들까지 왕등도로 대피하여 폭풍이 가라앉을 때까지 기다리며 선박도 정비하고 물자를 보충하기 위해 물물교환도 이뤄지는 등 섬 주민들은 호황을 누렸다고 들었다. 국교가 단절됐던 시절에도 국제법상 통용됐던 모양이다. 확인할 수 없는 소문이었지만 중국 어부들이 잡은 물고기로 우리나라 TV 냉장고에 중고 자동차까지 교환했다는 이야기가 있었다.

그만큼 서해(황해)를 사이에 두고 우리나라와 가까워 옛날 고대문명 시대부터 문물교류 등 왕래가 활발하였음을 말해준다.

해상왕 장보고가 세운 신라인들이 사는 신라방이며 어청도에 있는 제나라 전횡 장군 사당인 치동묘, 백제와 라 · 당 연합군의 전쟁으로 백제 멸망 후 고관대작 수십만 명이 포로로 끌려갔다는 설 등 많은 유적과 기록이며 이야기가 그렇다.

이번 일정은 공자, 맹자 성지순례를 주목적으로 삼아 군산에서 석도훼리호 편으로 마음의 여유를 가지고 가게 된 것은 정말 뜻깊은 일정인 듯 싶다. 군산 국제항으로 가는 길가에 은행나무는 겨울이 오고 있음을 아는지 마지막 황금빛 자태를 뽐내기라도 하듯 스쳐오는 싸늘한 바람에 예민한 듯 반응하며 고개를 떨어뜨린다. 바람은 길 위에 떨어지기 무섭게 나뒹군 나뭇잎을 이제는 다 잊으라는 듯 인정 없이 나무에서 멀리 떼어 놓는다.

출국 검사를 마친 후 승선하였다. 배타는 절차는 비행기보다 한결 수월하여 좋았다. 방을 배정 받은 후 짐을 내려놓고 선상으로 나와 이곳저 것을 [illegible] 았다. 석도훼리호(17,022t)는 [illegible] 백여 명의 여객과 많은 화물(적재능력 203TEU)을 실을 수 있는 큰 배였다. 일주일에 3회(일, 화, 목)를 운행하며 관광객은 적으나 속칭 보따리상으

석도 훼리호

로 불리는 사람들이 산동반도에서 생산되는 곡물(참깨 콩 잡곡 등)을 제한된 휴대 물량만큼 가져오고, 한국에서는 면세 물품(화장품 담배 양주 등)을 가져간다. 그들은 2~3백여 명이 조직적으로 움직이고 있다.

선상에서 바라본 군산항은 어쩐지 낯설어 보인다. 일제강점기 때만 해도 일본과 들고 나는 물동량이 커서 우리나라에서 몇째 안에 드는 큰 항구였다는데 지금은 농 임산물이 주로 들어오는 항구여서 뒤로 밀려있다. 야경을 보기 위해 밖에 나가보니 날씨는 흐리고 바람까지 세차게 불고 있어 밤바다 구경은 포기하고 일찌감치 잠자리에 들었다.

배는 짓궂은 아이처럼 밤새도록 내 몸을 흔들며 500~600여㎞를 12시간에 걸쳐 서서히 순항하여 아침에야 도착했다. 이유를 물어보니 큰 배를 속도 내어 봤자 아침 9시가 되어야 입국 절차를 밟을 수 있기 때문에 시간 맞추고 식사까지 선상에서 할 수밖에 없다는 말이다.

우리나라와 가장 가까운 해안지역의 반도로써 3천년의 역사와 춘추전국春秋戰國시대 제나라의 중심지였으며 제 · 노 · 금 세 나라가 통합한 제노지향齊魯之響으로 화족, 만주, 몽고족 등 38개 소수민족들이 모여 산다. 평원과 산지와 바다가 어우러진 중국에서 경치가 좋기로 유명하며 역사문화도시가 있어 역사적 가치가 높으나 우리나라 사람들에게는 크게 알려지지는 않았다.

차창으로 펼치는 산천도 우리나라와 비슷하여 낯설지 않다. 드넓은 평원은 구획 정리된 염전과 바다고기 양식장을 한참 지난다. 경지 정리된 밭에는 옥수수 수확이 끝난 옆 밭에는 파종한 지 얼마 되지 않은 파란 밀밭이 펼쳐진다. 그 옆엔 배추밭에서 적게는 2~5명 많은 곳은 2~30명이

트럭을 대놓고 수확하는 농부들의 모습도 정겹다. 큰 고을을 지날 때는 군대 막사같이 지어진 가옥들이 줄지어 있고 근교에는 비닐온실(한쪽 벽은 흙담으로 쌓고 한쪽은 대나무를 걸친 후 비닐로 덮고 연탄으로 난방하는 모양) 이 어설프지만 단지로 설치되어 채소를 생산하고 있다. 이 지역의 하늘이 희뿌연 것은 황사가 아니라 공장이나 가정 비닐하우스까지 무연탄을 연료로 사용하기 때문이란다. 구릉지에는 이탈리아 미루나무가 숲을 이루고 잎사귀를 떨군 채 을씨년스럽게 겨울을 준비하고 있다.

드넓은 평원에 강수량이 적어 물벼 농사는 못 하고 주로 밭작물로 생산되는 밀은 우리나라 라면에 거의 쓰이며 옥수수는 사료로 배추는 중국산 김치로 우리의 농업을 위협하고 있다. 가이드 설명에 의하면 양식된 물고기도 마찬가지이며 참깨는 산둥성에서 나오는 참깨가 제일 좋으며 잡곡 과일은 우리나라와 위도가 같아 기후와 풍토까지 비슷한 데다 한중 FAT까지 체결된 마당에 앞으로가 더 걱정이 앞선다. 과수원의 감나무 사과나무 등 과일도 똑같아 보인다.

중국 속의 작은 유럽으로 불리는 청도는 그 유명한 100년의 역사를 자랑하는 칭다오 맥주가 있다. 1897년 독일에 할양(조차지)된 후 1914년 1차 세계대전 때 일본으로 넘겨주기까지 독일의 영향을 받아 건축물들은 유럽풍으로, 빨간 지붕의 가옥들이 아름답게 운치를 더하고 동아시아에서 제일 크다는 해수욕장에 이국적인 해안 산책로는 왜 유럽의 도시 같다고 하는지 이해가 된다. 백여 년에 걸쳐 원래 작은 어촌마을이 경공업이 발달한 도시로 변모했다.

1973~6년도 등소평 주석이 개혁 개방정책 (흑묘 양묘)을 펼치고 자

식은 한 명 낳기와 공동주택(2~3가구) 건설, 땅은 국가, 건물은 개인소유 허용 농지는 30년, 집은 50년, 아파트는 70년 이용권을 주어 만료 후에는 연장할 수 있다. 맥주 공장과 박물관이 함께 잘 꾸며져 있어 공장의 변천 과정과 발전 과정을 한눈에 바라볼 수 있었다. 박물관 주변 시가지는 맥주를 사고 마실 수 있는 상가단지로 화려하게 꾸며져 손님을 부르고 있다.

해안가에 1891년 건설된 440m의 아름답다는 잔교는 소이산 전망 공원에서 내려다보는 것으로 하고 곧바로 좁은 산책로 같은 오솔길을 걸어 야트막한 정상에 있는 고풍스러운 5층 팔각정에 오르니 어둠이 내리기 시작하는 청도 시가지를 사방팔방 둘러보며 모두가 아름다운 풍광에 압도되어 탄성을 질러대며 카메라에 주워 담느라 정신이 없다.

정말 유럽의 한 도시에 와 있는 듯 착각을 불러온다. 언제 다시 올지 모르는 판국에 시간에 쫓겨 천천히 하나하나 여유 있게 시간을 가지고 돌아보지 못해 아쉬운 마음이 들었다. 어둠으로 말려드는 석양 노을에 물들어 멀리 보이는 독일총독부 건물이며 기다랗게 펼쳐진 해안과 어슴푸레 늘어진 잔교사이를 걷는 소품 인형 같은 사람들 모두가 한 폭의 풍경화를 머릿속에 담으며 하산했다.

산동성은 해발 550~750m 년 평균기온 11~14도로서 강수량이 적어 물 농사를 지을 수 없어 평지는 밭으로 구릉지나 도로가 맹지는 속성으로 자라는 미루나무를 심어 나무젓가락 성냥 이쑤시개 등으로 쓰이며, 우리나라 컵라면 속에든 젓가락은 거의 산동 것이란다. 산동성에서 생산되는 곡물 과일 채소는 밀과 옥수수는 2모작과 윤작 간작 등으로 재배

되어 우리 것보다 크고 지리적으로도 위도가 같아 맛도 비슷하다. 산동성의 두 번째 도시이며 크기는 경기도 면적과 비슷하다 중국의 전력은 75%가 원자력발전으로 이용하고 있다.

문화의 중심이자 노나라의 유교(향교) 문화중심 궐리(현 곡부)에 공자가 모셔져 있는 공묘孔墓를 찾았다 공묘에는 공자를 비롯하여 아들 손자들의 묘소가 화려하지 않고 소박하게 관리하고 있다. 인구 68만 명에 공씨가 66%가 살고 있으며 공부는 문성왕의 칭호를 받았듯이 궁궐처럼 꾸며져 있으며 대성전을 중심으로 그 일대가 유적지였다.

문화혁명 직후여서 '공자가 죽어야 나라가 산다'며 부서진 유적이 미쳐 복구되지 않아 볼 상 사나웠는데 많이 복구되었으며 공자가 심었다는 측백나무(시묘 초)와 제자 자공이 늦게 돌아와 6년간 시묘살이하면서 원백나무를 심어 지침 목으로 의지하였다 한다. 천여 년간 숲을 이어가며 자란 큰 고목은 그 형상이 기묘하여 대형 분재를 보는 듯하다. 공림에 측백나무를 심은 뜻은 공자직립 자손 대대 번성을 기원하였다.

이제는 '공자가 살아야 나라가 산다.'라면서 현재도 진행 중이었다. 세계의 석학들과 지도자들이 공자의 사상에 주목하기 시작했기 때문이다. 공자는 13세에 학문을 접하였다 당시 종이로 만든 책은 물론 죽간나무로 만든 책도 보기 힘들었던 시절이었다.

공묘公墓

추성에서 궐리로 이사한 후 학교에서 공부하는 모습을 보고 나도 공부해야겠다고 마음먹고 노자의 제자가 되었으며 벼슬은 말단 관리부터 시작하여 대사구(오늘날의 법무상)에 오르고 공자의 제자가 3천 명에 이르고 이름 있는 명제자 72명이었으며 수제자로 1증자 2자공 3자로 4안자를 세웠다. 31세에 뜻을 펼치고 40세에 지천명 하늘이 알아주며 50세에 결과를 이루고 60 이순 나이는 내 생각대로 행하며 70세는 중심에서서 내 뜻대로 행한다 하여 오늘날까지 전하여 우리 주변에서 쓰이고 있다.

늦가을 비는 주적주적 내리고 있어 집나온, 아니 중국까지 온 여행객의 마음을 우울하게 만든다. 추송에 도착, 공부보다 작은 규모이기는 하나 맹자의 사당인 맹부를 찾으니 이곳도 마찬가지로 대성전을 비롯하여 복구 수리 중이어서 제대로 된 관람도 할 수 없었다.

사상가인 맹자는 공자의 정통유학을 계승 발전시킨 후계자로 공자 다음의 아성亞聖으로 불린다. 기원전 371년 노나라와 인접한 추나라의 귀족 집안에서 태어난 그는 공자와 여러 면에서 닮은 점이 많다. 일찍이 3살 때 아버지를 여의고 바느질로 생계를 꾸려 나가는 편모슬하에서 자라면서 자식의 장래를 위하여 묘지 시장 학교 부근 등으로 세 번을 이사하며 가르쳤다는 '맹모삼천지교孟母三遷之敎'가 지금까지 우리에게 산 교육으로 전해지고 있다.

제나라 전통복장

맹모는 장난만 치는 말썽

꾸러기 맹자를 앉혀 놓고 베틀에 짜고 있는 실들을 잘라버리며(맹모단기 孟母斷機) 크게 꾸짖으니 그때야 자신의 처지를 깨닮고 학업에 열중하여 젊은 시절 공자의 손자인 자사의 문하생이 되어 공자의 가르침을 학문으로 집대성하였다.

차창으로 비치는 중국의 사람 사는 모습은 우리와 거의 비슷하다. 우리나라 사람이 운영한다는 호텔에 여장을 풀었다. 호텔 간판부터 한글로 쓰여 있어 외국 같은 느낌이 안든 다. 중국인들은 드넓은 땅에서 앞으로도 얼마나 많은 양파까기 하듯 관광개발을 하여 세계인들을 불러 모을지 부럽다는 생각을 해본다.

둘째 마당

땅의 기억

1부 / 백제 가요 정읍사(井邑詞)

정읍과 관련(井邑과 關聯)한 대중가요(大衆歌謠)에 대한 고찰(考察) 1

1. 정읍을 노래하다

정읍은 한마디로 배부른 동네다. 금강산도 식후경이란 말이 있듯이 배가 불러야 노래도 나오고 눈을 돌려 주변도 둘러본다는 이야기다. 정읍은 지리적으로 서西쪽으로 넓은 평야와 동東으로는 내장산을 중심으로 병풍처럼 눌러앉아 있다. 동진강이 가운데를 가로질러 서해로 나가며 비옥한 토지와 농업용수를 제공하여 문물이 풍부하니 사람들이 전국 각지에서 모여든 시절이 있었다.

예로부터 정읍과 관련된 노래는 1300년간 전해오는 정읍사(井邑詞)를 빼놓고는 말할 수 없다. 대중가요는 근대 이후 대중매체와 공연을 통해 전달되면서 나름대로의 작품적 요소를 지닌 서민대중들의 노래를 말한다.

전근대시대의 민요나 구전가요는 대중가요에서 제외하는 것이 보통이다. 일각에서는 초창기적 모습을 보이는 조선 후기에 등장한 전문예인들의 노래까지를 포함시키는 의견, 혹은 일제강점기의 대중매체와 상업적

공연에서 불린 통속민요(通俗民謠)나 잡가(雜歌)까지 포함시키는 의견도 제기된다. 대중가요는 대중매체와 상업적 공연으로 전달되는 노래 중, 동요나 가곡 같은 본격음악계의 노래나 통속민요 · 잡가 등 국악 분야의 노래와는 구별되는 나름의 작품적 전통을 지닌 노래만을 지칭한다.

* 대중가요(大衆歌謠) 60년대 이전 노래들은 시대적인 노래들이 많이 있었다. 음울하고 슬프거나 애절한 곡들이 대부분이었다. 그러나 60년대로 들어서면서 부터 좀 더 희망차고 역사적인 시름에서 벗어난 가사는 소위 뽕짝이라는 트로트 음악에도 상당히 변화된 리듬이 도입되었다. 60년대의 음악 형태를 살펴보면 다양한 리듬이 국내에 소개 되면서 많은 변화를 가지게 되었다. 1965년도부터 후반까지는 트로트의 황금기라고 할 만큼 트로트가 상당히 인기가 있었다. 정읍을 배경으로 부른 노래는 대부분 내장산 단풍을 가사로 쓰는 몇 가지가 있어 찾아보기로 한다.

* 내장산 단풍이 아름다운 이유 단풍의 아름다움을 결정하는 인자는 온도와 햇빛, 그리고 수분의 공급이다. 먼저 내장산은 남부 내륙지방이라는 지리적 특성 때문에 가을 일교차가 크다.다음으로는 단풍나무의 종류가 다양하기 때문이다. 내장산에는 11종의 단풍나무가 분포하고 있다. 설악산은 6종, 지리산과 오대산은 4종이다.세 번째는 가을 일조시간이 길어서다. 주변에 높은 산이 없는 평야지대이기 때문에 나무가 햇빛을 많이 받는다. 일조간이 길수록 나무는 광합성 량이 많아지고 잎 속의 당분도 늘어난다.마지막으로는 설악산, 오대산, 속리산, 북한산 등 명산 단풍이 지고 난 다음 기장 늦게 절정에 이르기에 더욱 아름답다고 한다.

(참고문헌:정성우 기자 jsw@)

2. 김강섭(金康燮)의 정읍사(井邑詞) 1996년 제작

개사: 김중순. 작곡: 김강섭. 노래: 최진희.

1절.

달아 그 모습을 높이높이 돋아 / 멀리있는 내님에게 비추어 다오

그대 계신 곳이 어디인지 모르지만 / 그곳까지 그대 빛을 비추어다오

어긔아 어긔아 어강도리 / 아으 다롱디리

2절.

달아 재넘어를 다녀오마 했나요 / 궂은 곳을 디디실까 마음조여요

무거운 짐일랑은 모두 다 버리시고 / 나를 찾아 오시는 길 저물까 두려워요 어긔아 어긔아 어강도리 / 아으 다롱디리

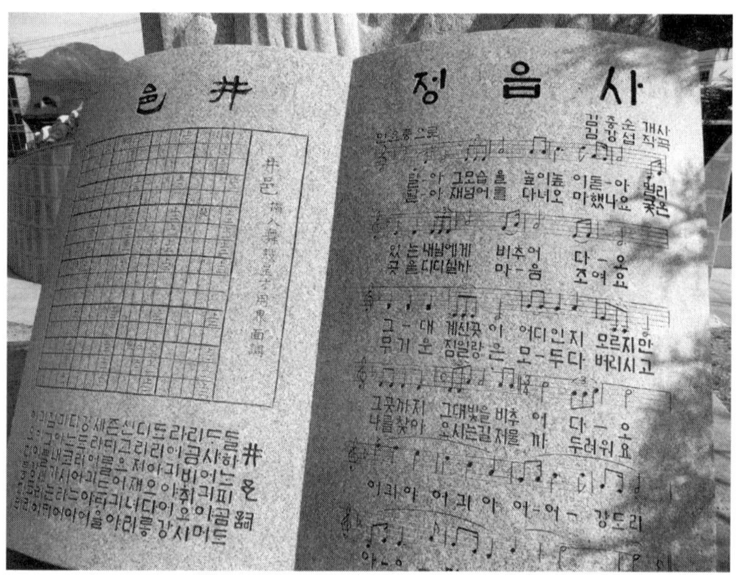

정읍사공원의 '김강섭' 작곡 노래비

*** 작곡가 김강섭((金康燮1932~) 전북 정읍 출생**

정읍농고 졸업. 작곡가, 지휘자, KBS경음악 단장, 관현악단장을 지냈으며 지금은 명예 악단장으로 있다.

클럽에서 군 장성들을 위한 파티가 있었고 이날 이 클럽의 김광수 악단과 육군캄보밴드가 교대로 연주를 했었는데 그때 김광수 단장이 김강섭을 스카웃했고 그 이후에는 당시 최고의 인기를 누리던 김광수악단, 김호길악단을 비롯해서 국내유수의 악단에서 연주활동을 하다가 KBS [illegible]단장(1964)이 되면서 국내 경음악계를 이끌어가는 위치에 서게 되고, 「그 얼굴에 햇살을」「코스모스 피어 있는 길」을 비롯한 많은 가요를 만들어 대중들의 사랑을 받았다.

* 정읍사공원의 김강섭 작곡 노래비 규모 : 높이 2.8m, 가로 2m 건 립일 : 1996년 12월 노래비 앞면엔 남편을 기다리는 백제여인의 모습이 새겨지고, 그 밑에 큰 돌을 2개 놓아 하나는 수제천(壽齊天)을 새기고, 다른 하나는 정읍사(井邑詞)를 현대감각에 맞게 改作하여 악보와 함께 새겨 놓았다. 改詞에 김중순, 作曲에 김강섭으로 되어 있다. 이 노래비 뒷면에 「정읍사노래비 건립에 부쳐」란 제목 아래, 시인 김동필(金東必、백제예술대 외래교수)은 다음과 같이 적고 있다.

정읍사는 백제때 이 고장에 살았던 한 행상(行商)의 아내가 장사나간 남편의 무사귀환을 기원한 유일한 백제의 노래로, 한글로 기록된 가장 오래된 노래이며, 오늘의 시대에 부덕(婦德)의 생생한 귀감이 되고 있다. 또한 수제천이라고도 불리 우는 "井邑"은 아악곡(雅樂曲)의 하나로 백제가요 정읍사를 노래한 곡으로서, 고려시대부터 궁중연례(宮中宴禮)와 무고정재(舞鼓呈才)에 연주되어 왔으며, 조선시대 대악후보(大樂後譜)에 그 악보가 전해지고 있다. 오늘날 정읍사는 우리의 현대감각에 맞게 새로 개작되어 우리고장 출신 KBS 관현악단장 김강섭선생의 작곡으로 세상에 널리 보급되었으며, 수제천은 가장 오래된 곡으로 전통음악 중 으뜸으로 연주되고 있다. 늦게나마 기다림의 정서가 절절한 백제노래 정읍사와 궁중아악곡을 가진 우리 정읍의 향토문화예술을 자랑하며, 이를 후손에게 길이 전승하기 위해 시민의 뜻을 모아 이 비를 세운다.

3. 배호의 '잘 있거라 내장산아'

작사: 송정수 작곡: 김강섭. 노래: 배호.

1절 잘 있거라 내장산아 다시 보자 서래봉아
달이 가고 해가 간들 사무친 정 잊어질소냐
잊지 못할 그 사람은 내 마음을 울리지만
보고프면 언제나 찾아오리
잘 있거라 내장산아

2절 잘 있거라 내장산아 간다한들 아주 가리
단풍잎에 맺힌 사연 그 언제나 잊어질소냐
아로 새긴 첫사랑에 받은 상처 서럽지만
그리우면 또다시 찾아오리
잘 있거라 내장산아

배호 노래비 (문화광장 워터파크)

노래비 제막

매혹의 가수 故 배호가 부른 '잘있거라 내장산아' 노래비가 2014년 10월26일 내장산 문화광장 워터파크 한편에 세워졌다

돌아가는 삼각지, 안개 낀 장충단공원, 비 내리는 명동거리, 사랑은 하나, 비겁한 명세, 파도, 영시의 이별, 비 내리는 경부선, 파란 낙엽, 두메산골, 능금빛 순정, 검은 나비, 내 고향 남촌, 그 이름, 안녕, 누가 울어 등 수많은 히트곡을 남긴 불멸의 가수 배호를 그리워했다.

그동안 노래비 건립을 추진해 온 정읍 소성면 출신인 서울 김석환 회장과 정종원 광주지부장, 정읍 팬클럽 회원들은 여러 차례 의논을 거쳐 정읍시가 부지를 제공한 내장저수지 아래 원형 조형물 옆에 '잘 있거라 내장산아' 노래비를 세웠다. 정읍출신 김강섭(전 KBS 악단장)이 작곡한 '잘 있거라 내장산아'는 배호 가수의 미 발표작으로 방송에는 나오지 않았지만 음반으로 제작돼 팬들의 사랑을 받고 있다.

노래 가사를 보면 '잘 있거라 내장산아 다시보자 서래봉아/ 단풍잎에 맺힌사연 그 언제나 잊을소냐./ 아로새긴 첫사랑은 받은 상처 서럽지만/ 그리우면 또 다시 찾아오리 잘있거라 내장산아…' 등 내장산에 남다른 사랑을 담았다.

한편 호소력 짙은 저음 창법으로 국민들의 심금을 울린 배호는 29살의 젊은 나이로 세상을 떠났으나 가수생활 5년 동안 250여 곡을 남겼으며, 1967년 MBC10대가수상, 2003년 옥관문화훈장이 추서됐고, 지금도 사랑받는 가수로 노래의 생명력을 가지고 있다.

참고로 배호 노래비가 있는 부근에는 정읍이 배출한 가수 송대관의 '해뜰날' 노래비가 있다.

4. 김용임의 '내장산 아'

작사: 고순옥. 작곡: 이호섭. 노래: 김용임.

1절

동녘바람 불어오면 곱게 물든 내장산아
저녁노을 붉게 타면 고운애기 단풍은 어이해 떨어지나
망부석의 사연인가 서리서리 눈물인가
내장사 쇠북소리 밤새도 둥지를 찾아 날개를 접는다
가을빛 물들면 애기단풍 지면은 찾아 올까나 어느 고운님
나를 찾아 올까나 내장산으로

2절

남녘바람 깊어지면 내 마음도 깊어만 간다

법당 앞 댓돌 위에 새하얀 고무신 깊어가는 가을달빛
망부석의 사연인가 서리서리 눈물인가
내장사 쇠북소리 밤새도 둥지를 찾아 날개를 접는다
가을빛 물들면 애기단풍 지면은 찾아 올까나 어느 고운님
나를 찾아 올까나 내장산으로

*** 내장산을 주제로 만든 대중가요, 김용임의 '내장산 아'**

정읍시와 정읍문화원이 '내장산'을 주제로 한 대중가요를 공개 모집하여 당선작을 선정한 후 내장산문화광장 특설무대에서 열리는 정읍사가요제에서 '내장산 노래 발표회'를 가졌다.

발표한 '내장사'는 정읍시와 정읍문화원에서 '내장산 노래가사 전국공모전'을 통해서 선정된 노래가사(내장산, 고순옥/충남 보령)에 이호섭(작곡가 · 방송인)씨가 작곡과 편곡을 맡았다.

"동녘 바람 불어오면 곱게 물든 내장산아"로 시작하는 노래는 '성인가요계의 이효리'로 불리는 국민가수 김용임이 신곡으로 취입, 선보였다.

이 곡은 만산홍엽으로 곱게 물들어 떨어지는 내장산의 애기단풍을 보며 나를 찾아올 어느 고운임을 그리워하는 마음속 애틋한 심상을 경쾌한 트로트 고고송으로 담고 있다.

시원스런 이목구비에 청순함과 섹시함을 동시에 갖춘 빼어난 외모로도 인기가 높은 가수 김씨는 청아한 음색과 독특한 꺾기가 어우러진 '반전창법'으로 듣는 이들의 가슴을 절절하게 하는 것으로 유명하다.

따라서 사랑하는 이를 그리워하는 마음을 노래하고 있는 '내장산'의 감

정을 극대화시킴으로써 폭넓은 공감대를 이끌어 내며 '국민인기가요'로 기대된다.

이호섭 작곡가는 2012년 말에 정읍시가 선정한 가사에 곡을 입혀 경쾌한 트로트 풍의 대중가요 '내장산'을 발표했다.

5. 문희옥의 '정읍사'

작사: 미상 (백제 가요).   작곡: 이호섭.   노래: 문희옥.

1절　달아 달아 높이 솟아 휘영청 높이 돋으샤
멀리 멀리 비춰다오 님 오시는 길을 비춰다오
이 거리 저 거리 헤매고 있나요
밤깊은 저잣거리 진 데를 디딜세라
님아 내 님아 돌아와 주오 달빛 따라 물길 따라
어긔야 어강도리 돌아와주오 님아 님아 돌아와 주오

2절　달아 달아 높이 솟아 휘영청 높이 돋으샤
멀리 멀리 비춰다오 님 오시는 길을 비춰다오
이 거리 저 거리 어디에 있나요
어두운 저잣거리 이밤도 저물세라
님아 내 님아 돌어와주오 달빛따라 물길따라
어긔야 어강도리 돌아와주오 님아 님아 돌아와주오

'달하 노피곰 도다샤 / 어긔야 머리곰 비취오시라'로 시작되는 '정읍사'는 1300년간 유일하게 전해오는 백제가요로 멀리 행상 나간 남편의 안전

정읍사공원의 망부상

을 기원하는 아내의 간절한 마음을 노래했다.

정읍사(井邑詞)는 삼국 시대의 고대가요이자, 백제 문학이다. 망부가(望夫歌)의 한 유형으로 남편의 무사 귀환을 기원하는 내용을 담고 있다. 백제 멸망 이후에 전라북도 일대를 중심으로 약 천 년 동안 계속 불러져 조선 성종 대에 이르러서 악학궤범에 기록되었으며, 따라서 한글로 표기된 노래 중 가장 오래된 노래다.

정읍시는 이호섭 작곡가의 곡에 백제가요 정읍사를 노랫말로 얹은 대중가요 '정읍사'를 제작하여 '제27회 정읍사문화제' 때 첫선을 보였다.

트로트 풍의 대중가요 '정읍사'는 인기가수 문희옥이 불러 청중들의 열띤 반응을 얻었다.

정읍시에서 홍보 차원의 예산을 지원하여 대중가요 '정읍사'의 음반과 뮤직비디오를 제작할 계획이다.

'달하 노피곰 도다샤 / 어긔야 머리곰 비취오시라'로 시작되는 정읍사는 유일하게 전해지는 백제가요로 멀리 행상 나간 남편의 안전을 기원하는 아내의 간절한 마음을 노래했다.

이호섭 작곡가는 2012년 말에도 정읍시와 정읍문화원이 공모한 가사에 곡을 입혀 경쾌한 트로트 풍의 대중가요 '내장산'을 발표했다.

정읍시는 최근 3년간 대중가요 '내장산'의 인기 덕에 음원 수익도 올렸다.

정읍시는 대중가요 '정읍사'도 '내장산' 못지않게 반응이 좋아 음반을 제작해 보급하면 정읍을 홍보하고 음원 수익까지 올리는 일석이조의 효과를 거둘 것으로 기대하고 있다.

6. 내 고향 정읍아 2015년 제작

작사: 홍다희. 작곡: 정음. 편곡: 안기덕. 노래:정음.

1절

나 어릴적 추억어린 아름다운
내장산아 내 고향 정읍아
천변로 벚꽃길에 여린손 잡아주시던
그리운 내어머니
홀로이 두고 눈물 흘리며 삼등열차
몸을 싣던 순이순이야
이제는 가고 없는 청춘이지만
다시는 갈수 없는 시절이지만

내~어머니 젖 내음이 그리워서
찾아온 내 고향 내사랑아
내 고향 정읍아~

2절
나 어릴적 꿈이서린
아름다운 내장산아
내 고향 정읍아
오거리 시장길에 때때옷
사다주시던 보고픈 내아버지
외로이 두고 손을흔들며
삼등열차 몸을 싣던 순이순이야
이제는 가고 없는 청춘이지만
다시는 갈수 없는 시절이지만
내~아버지 땀 내음이 그리워서
찾아온 내 고향 내사랑아
내 고향 정읍아~

내~어머니 젖 내음이 그리워서
찾아온 내고향 내사랑아
내고향 정읍아~내 고향 정읍아~

* 가수 정음의 “내 고향 정읍아”는 참으로 따뜻한 음색과 중저음의 음색이 정겹고 고향에 대한 따뜻한 그리움을 더하게 하는 곡이다. 작가 홍다희의 어린시절 추억과 그리움들을 잘 표현하였고 가사에 대한 작시가 그 어느 곡 보다 잘 표현되었다. 요즈음 작사의 본보기가 되어야 할 것이다. 노래는 작곡가 이자 가수 정음의 부드러우면서도 따뜻한 중저음으로 잔잔하게 아주 잘 표현하여 불렀다. 아무리 들어도 손색이 없는 고향의 그리움을 이 작품에서 제대로 느껴보는 노래이다. 전 국민의 고향이 어머니 · 아버지가 되어주는 노래이길 바란다.

7. 정읍으로 가는 길

작사: 조동산. 작곡: 조동산. 노래: 송대관.

1절

고향으로 가는 열차 정읍으로 가는 열차
누가 누가 보고 싶어서 나는 쏘쩍 쏘쩍 새
모정같은 내장산도 변함없이 그대로일까
아~ 그리워라 그리워했다 고향의 흙냄새
정든 친구도 그대로 있겠지 몇년만에 가는 길인데
어서가자 어서가자 정읍으로 가는 열차

2절

고향으로 가는 열차 정읍으로 가는 열차
누가누가 보고 싶어서 나는 쏘쩍 쏘쩍 새

그림같은 내장산도 변함없이 그대로일까

아~ 사랑 한다 사랑했었다 고향의 흙냄새

정든 친구도 반겨 주겠지 몇 년만에 가는 길인데

어서가자 어서가자 정읍으로 가는 열차

* **송대관(1946년 6월 2일~ 2025. 2) 전북 정읍시 출생)**은

자신이 부른 노래로 자신감과 용기를 얻어 우뚝 선 가수들의 대표적인 한사람이다.

그는 '해 뜰 날'을 부른 뒤 쨍하고 해가 뜨듯 히트곡들을 쏟아냈다.

"꿈을 안고 왔단다 내가 왔단다 / 슬픔도 괴로움도 모두 모두 버려라 / 안 되는 일 없단다 노력하면은 / 쨍 하고 해 뜰 날 돌아온단다"

로 나가는 이 노래는 그대로 현실이 됐다. 이 노래로 최고가수가 되고 가요계 정상도 달렸다. 그는 '해 뜰 날'을 자신의 일생에 가장 큰 영 향을 준 고마운 노래로 생각하고 있다. 첫 히트곡 '세월이 약이겠지요'도 그에겐 효자곡이다. 제목처럼 진짜로 세월이 약이 된 것이다. 전주 영생고를 졸업한 그는 1967년 '인정 많은 아저씨'로 데뷔했다.

8. 정읍시민의 노래

작사 :김동필. 작곡 : 김강섭.

1절

내-장산 타는 단풍 대한에 으뜸이요

찬-란한 백제문화 정읍사를 꽃피웠네-

갑오동학 높은정신 새빛으로 울려퍼-져
약속된 밝은미래 넘치는 기 상
우리는 하-나-다 우리는 사랑한-다
아---뛰어 라 우리의 정 읍 영 원 하 리 라.

2절
두-승산 푸른정기 호남에 제일이 요
산이좋아 물이좋아 우리정읍 최고라네-
영-광된 번영속에 믿음으로 서로도-와
보람에 일하면서 열리는 행 복
우리는 형-제-다 우리는 꿈을 꾼-다
아--- 뛰어 라 우리의 정 읍 사 랑 하 리 라.

3절
신-선봉 기암절벽 황해창파 굽어보 고
아스라한 옛날부터 축복받은 복터였네-
샘-골에 다진인정 화합으로 돌돌 뭉-쳐
부신 해 떠오르면 부푸는 가 슴
우리는 희-망이다 우리는 도약한-다
아—복되 라 우리의 정 읍 무 궁 하 리 라.

김동필(1939~　　) 호 은정, 시인, 수필가. 호남고 교사, 백제예전교수 역임.

저서 :『정읍의 전설』등.

9. 정읍응원가

작사: 박미주. 작곡: 김대훈. 노래: 김대훈.

정읍시 파이팅 정읍은 하나다
의식이 깨어난 동학농민이여
단이와 풍이여 응원하는
내장산 정기가 끌어주는
정읍시 모두 하나되어서
승리하자 정읍 정읍
꿈이 있는 젊음의 도시
정읍시 파이팅 정읍은 하나다
정읍사 노래로 우리 하나되자
승리는 정읍 정읍이야

10. 아름다운 내장산

작사: 김연규. 작곡: 김한솔. 노래: 김연규.

1절

빛 길 따라 흐르는 물따라 내장산 가노라면
초산능을 지나 행상길 나선 님 기다리다 망부석이 된 여인
은빛 호수 눈 비 서린 서래봉아 백련암 오색 단풍 골

한편의 병풍 같구나 새벽 길 내장사 범종 소리
가슴 울리네 사랑 주었네 아름다운 내장산아
2절
단풍 길 따라 흐르는 물따라 내장산 가노라면
초산능을 지나 행상길 나선 님 기다리다 망부석이 된 여인
은빛 호수 눈 비 서린 서래봉아 백련암 오색 단풍 골
한편의 병풍 같구나 새벽 길 내장사 범종 소리
가슴 울리네 사랑 주었네 아름다운 내장산아

* 작사자 김연규의 변辯: 정읍역에서 초산능(능선)을 지나 내장산을 찾아가는 출향인의 눈에 비친 봄(벚꽃), 가을(단풍)의 정읍을 담은 애향의 노래다.

참고문헌

* [네이버 지식백과]대중가요 [Popular Song, 大衆歌謠]
(한국민족문화대백과, 한국학중앙연구원)
* 배호의 '잘 있거라 내장산아'(최형영 기자)
* 문희옥의 '정읍사'전성옥 기자 sungok@yna.co.kr
* 정성우 기자 jsw@ 전라일보.

정읍과 관련(井邑과 關聯)한 대중가요(大衆歌謠)에 대한 고찰(考察) 2

머릿말

정읍과 관련(井邑과 關聯)된 대중가요(大衆歌謠)에 대한 고찰(考察) (샘고을 제8호 2029.11.20.)을 준비하면서 기왕 시작하는 김에 될 수 있는 한 빠짐없이 채록한다고 했었다 그러나 글쓰는 사람의 한계가 있고 기고문 분량에 맞추어 끝냈었다. 다시 독자의 제보에 의하여 2편을 준비하게 되었다. 우리고장 정읍은 역사와 문화가 풍성한 예향으로써 알려 있기도 하지만 감추어져 알려지지 않은 자료를 많이 발굴하여 세상의 빛을 받아 후손들이 간직하여야 할것이다. 대중가요는 주로 내장산과 단풍, 그리고 지고지순한 정읍사 여인을 주제로 담아 노래한다.

내장산(內藏山 763.2m)은 전라북도 정읍에 있는 국립공원으로 주봉은 '신선봉'으로 호남정맥이다. 이 외 8개 봉우리가 원형으로 둘러쳐져 있다. 가을 단풍 산으로 이름이 높고, 요조숙녀마냥 은근한 기품이 있는 산이다. 글자 그대로 속에 깊이 감춘 승경지다. 이 산은 제비와 관련된 풍수설이 있다. 문필봉(文筆峰)이 곧 제비(燕子)이고, 서래봉(西來峰) 밑 백련암 터가 제비의 집(燕巢)에 해당한다. 흔히 내장산을 '제비가 나는 형국'으로 봄. 기암; 내장사(內藏寺)를 중심으로 빙 두른 9개의 봉우리는 산의 주름(皺)이 깊고, 뚜렷하다.

11. 남상규의 내장산의 단풍

작사 김종순. 작곡 김강섭. 노래 남상규

1절

산천도 수려해라 오곡도 풍성해라
흰 구름 쉬어가고 새들이 노래하는 곳
호남평야 정읍에 아름다운 내장산에는
여승의 목탁소리가 내 마음을 울렸기에
빨갛게 멍이 든 단풍 그 상처에 머물렀더냐.

2절

처녀도 아름다워 인심도 후하여라
바람도 잠이 들고 사랑이 맺어지는 곳
호남평야 금강산 절경이라 선경의 고장
어여쁜 산색시가 그 누구를 울렸기에
찾아온 나그네의 마음마저 울리려느냐.

[감상] 〈내장산 단풍〉은 지금은 거의 들을 수 없는 지난 가요가 되었지만 남상규의 매혹적인 중저음에 감성적인 멜로디와 노랫말이 잘 맞아 떨

어져 듣는 사람의 마음을 설레게 한다.

[출처] 내장산의 단풍/남상규 /하이웨이 신사

[제보] 류승훈 (작사자를 강동길(필명 강인한, 전 호남고 교사)이라고 함)

12. 내장산 별곡

작사 김상민. 작곡 김상민. 노래 강병건

1절

감추면 보고 싶고 다 벗으면 *외려 싫어
붉은 속 고쟁이 빠끔이 쳐다보다
뺨 한 대 얻어맞고야 요조인 줄 알았군

2절

정읍사(井邑詞) 읊조리며 원무(圓舞)를 추다가
물찬 제비인양 창공을 휘젔다
제풀에 기가 팍 죽어 다소곳이 엎드려

침묵은 하였으되 말씨 좋을시고
화사함 숨겼으니 맵시는 더욱 곱고
게다가 기암 주름 잡은 솜씨까지 셋씩이나

* 외려: 오히려. 요조: * 품행이방정한.

[출처] 산악시조 제1집『山中問答』에서. 2001. 6. 10 발행 도서출판 (주) 삶과꿈.

정읍(井邑)땅을 딛고 일어난 근 현대사(近 現代史)

무슨 일이 있기에 최익현. 홍범식. 조선총독. 이승만. 김구 등 정읍을 찾았을까?

조선 사람들은 독립과 정권창출에서 의병세력이 존재하는 정읍민심을 얻는데 그 목적이 있었다. 대원군과 민비는 같이 전북지역 서원철폐에서부터 정읍 칠보면의 무성서원만을 남기고 인심 얻는 공을 들였다 이후에도 최익현. 홍범식. 조선총독. 이승만이 정치목적으로 정읍을 반드시 찾았다

정읍은 역사적으로 동학농민혁명, 정읍사 · 상춘곡의 발원지 등 문화유적지가 많다. 임진왜란 당시 태조 영정과 왕조실록을 보관했던 용굴이 내장산에 있으며 서쪽 동진평야가 곡창지대를 이루고 동남쪽 내장산국립공원이 자리한 정읍은 역사와 문화의 고장이다. 호남평야가 자리한 정읍은 내장산의 '가을 단풍'과 '겨울 설경'으로 유명하며 유일한 백제가요 정읍사의 근원지로 그 옛날 역사와 문화, 예술의 중심지였다. 지평선이

아득히 보이는 넓디넓은 평야는 호남 최대의 곡창지대임을 실감케 해준다.

정읍은 현존하는 가장 오래된 백제가요 정읍사(井邑詞)의 고장이기도 하다. 정읍사는 장사를 나가 오래도록 돌아오지 않는 남편을 기다리는 여인의 안타까운 심정을 부른 노래. 훗날 이 여인이 서 있던 자리의 바위를 망부석이라 불렀다.

정읍시 북동부에 자리한 칠보는 가사문학의 효시인 상춘곡(賞春曲)의 마을. 불우헌 정극인은 관직에서 물러난 후 칠보로 내려와 후학을 가르치며 '불우헌곡' '불우헌가' '상춘곡' 등을 지었다. 또 1475년에 마을 친목계를 만들었는데, 이것이 우리나라에서 가장 먼저 시행된 고현향약이다. 칠보는 정극인과 더불어 최치원 · 이항 · 최익현 등 걸출한 인물을 배출해 낸 인재의 고을이기도 하다. 칠보면 무성리에 자리 잡은 무성서원은 합천군수로 떠나는 고은 최치원을 흠모한 나머지 생사당을 세우고 태산사라 부른 것이 시초이다.

인근 산외면 오공리에는 김명관 고택이 있다. 아흔아홉 칸의 집으로 불리는 조선상류층 가옥이다. 전형적인 배산임수(背山臨水) 지형에 터를 잡은 이 가옥은 김동수의 6대조인 김명관이 1784년에 건립했다. 바깥행랑채, 솟을대문을 들어서면 왼쪽에 호젓이 서 있는 오래된 향나무가 가옥의 역사를 대변해 준다.

주변에는 최치원 선생이 태산태수로 재임 중에 풍월을 읊었던 정자로 알려진 피향정을 비롯해 옥정호 섬진강수력발전소 등도 있다. 내장산은 '호남의 금강산'이라 불리는 명산. 내장산은 '가을 단풍, 겨울 설경'이 유명하다.

1. 최익현 (崔益鉉 경기도 포천. 1833. 12. 5~ 1906년 11월 17일)

1855년(철종 6) 정시문과에 병과로 급제, 성균관 전적(典籍) · 사헌부 지평(持平) · 사간원 정언(正言) · 이조정랑(吏曹正郎) 등을 역임하며 강직성을 드러내 불의 · 부정을 척결하여, 관명을 날리고, 1868년(고종 5) 경복궁 중건, 당백전(當百錢) 발행, 재정의 파탄 등을 들어 흥선대원군(興宣大院君)의 실정(失政)을 상소하여 사간원의 탄핵을 받아 관직을 삭탈 당했다. 1873년 동부승지(同副承旨) 때는 명성황후(明成皇后) 측근으로 서원(書院) 철폐 등 대원군의 정책을 비판하고, 호조참판때는 실정 사례를 열거, 왕의 친정(親政)을 주장하였고, 대원군의 퇴출을 주장함으로써, 대원군 실각의 결정적 계기를 만들었다. 하지만 왕의 아버지인 군부(君父)를 논박했다는 이유로 체포되어 형식상 제주도에 위리안치(圍籬安置)되었다가 1875년에 풀려났다.

이듬해에는 명성황후 척족정권이 일본과의 통상을 논의하자 조약체결의 불가함을 역설하다가 흑산도(黑山島)에 위리 안치되었으며 1879년 석방되었다. 1895년에는 단발령(斷髮令)이 내려지자 "목을 자를 지언정 머리카락은 자를 수 없다"고 반대하다가 투옥되었다. 1898년(광무 2) 궁내부특진관(宮內府特進官)이 되고 뒤에 중추원의관(中樞院議官) · 의정부 찬정(贊政) · 경기도관찰사 등에 임명되었으나 모두 사퇴, 향리에서 후진교육에 진력하였다.

1904년 러일전쟁이 일어나고 일본의 침략이 노골화되자 고종의 밀지를 받고 상경, 왕의 자문에 응하였고 일본으로부터의 차관(借款) 금지, 외국에 대한 의부심(倚附心) 금지 등을 상소하여 친일 매국도배들의 처단을 강력히 요구하다가 두 차례나 일본 헌병들에 의해 향리로 압송 당하였다.

1905년 을사조약이 체결되자 〈창의토적소(倡義討賊疏)〉를 올려 의거의 심경을 토로하고, 8도 사민(士民)에게 포고문을 내어 항일투쟁을 호소하며 납세 거부, 철도 이용 안 하기, 일본상품 불매운동 등 항일의병운동(을사의병)의 전개를 촉구하였다. 1906년 6월 4일 전북 태인에서 의병을 모았다. 정읍 태인의 무성서원에서 의정부 찬정을 지낸 최익현은 74세의 고령으로 전 낙안군수 임병찬 등 80여 명의 태인 의병은 〈기일본정부(寄日本政府)〉라는 일본의 배신 16조목을 따지는 '의거소략(義擧疏略)'을 배포한 뒤, 순창(淳昌)에서 약 400명의 의병을 이끌고 관군 · 일본군에 대항하여 싸웠으나 체포되어 쓰시마섬에 유배되었다. 의병은 일주일만에 해산됐으나 최익현 등이 창의를 호소하는 글은 전남 지역 광양 · 창평 · 장성 · 능주 등지에서 의병 봉기를 촉진했다.

2. 홍범식 (1871 ~ 1910)

(자) 성방, (호) 일완, (본관) 풍산이며 충북 괴산 출신이다.

참판 승목의 아들로 1888년 진사시에 합격하여 1902년 내부주사 혜민서참서를 거쳐, 1907년 태인군수, 1909년 금산군수로 부임하였다. 이듬해 한일합병이 되자 조종산에 목매어 자결하였다. 당시 우리나라에는 360여 명의 군수가 있었으나 자결한 군수는 홍범식 한 사람뿐이었다.

그가 태인군수로 재임했던 태인동헌(전라북도 유형문화재 제75호로 지정)은 조선 중종 때 현감 신잠(申潛)이 신축하였으며 현제의 건물은 순조 때 다시 세운 것이다. 동헌에는 고을을 편안하게 다스리는 '청령헌(淸寧軒)'이란 간판이 걸려 있다.

정읍에는 그의 선정비가 3기나 남아 있다. 태인면 태창리에 있는 피향정(披香亭) 경내에는 '군수홍후범식애민선정비(郡守洪侯範植愛民善政碑)'가 세워져 있다.

피향정은 보물 제289호로 지정된 조선 중기의 누정(樓亭)인데 담장 안에 21기의 비석이 있다. 당초 이곳에 있던 것은 홍범식의 애민선정비와 전라도관찰사를 지낸 이서구(李書九·1754~1825년)의 영세불망비 뿐이며 나머지는 후대에 이곳으로 옮겨 온 것이다.

홍범식의 애민선정비는 귀부 위에 비신을 세운 형태로 되어 있으며 뒷면에는 홍범식이 재임 중 '흥학선치(興學善治)'의 선정을 하였기에 덕을 칭송한다는 내용이 있고, 또한 '경술입절(庚戌立節)'이라 하여 1910년 그가 순절한 뒤에 이 비를 건립하였음을 알려준다.

두 번째는 정읍시 감곡면 방교리 감곡면사무소의 화단에 '홍후범식휼민선정비(洪侯範植恤民善政碑)'가 세워져있다. 이 비석은 경신(庚申) 9월이라 새겨져 있어 그가 이곳 군수로 재임 중이던 1908년에 건립한 것임을 알 수 있다. 비석의 윗부분의 군수(郡守)라고 쓴 부분이 파괴되어 떨어져 나간 것으로 보인다. 뒷면에는 글자가 새겨져 있지 않고 측면에는 글자를 새겼던 흔적이 있으나 마모 상태가 심해 판독은 불가능하다. 세 번째는 정읍시 산외면 오공리의 노인정 마당 옆에 '군수홍후범식선정비(郡守

洪侯範植善政碑)'이다. 작은 비석에는 기유(己酉) 8월이라 새겨져 있어 그가 1909년 6월 금산군수로 전임한 직후에 세운 것임을 알 수 있다. 이 선정비는 당초 노인정 앞 지방도로 건너편에 서 있던 것을 언제인가 이곳으로 옮겨다 놓은 것이라 한다.

3. 이승만의 정읍에서 남한 정부수립 선언

남한 정부수립에 이승만과 김구. 왜 정읍만을 찾았나. ?

해방 당시 정읍은 전국에서 손꼽을 만큼 많은 인구가 무려 20만 명 이상으로 있던 주요 지역이었다. 지금의 두 배나 될 만큼 농업에 종사하는 인구가 많았다. 그래서 이승만이 미군정 시절에 '남쪽만이라도 투표를 해서 정부를 조직해야 한다.'는 내용의 발언을 한 정읍발언이 화두가 되었다. 이런 발언을 주요 도시에서 하지 않고 농촌 지역인 정읍에서 했다는 것은 그만큼 정읍의 위상이 지금과는 매우 달랐다는 것을 의미한다.

결국 남북이 각각 따로 정부가 수립되어 분단이 고착화되고, 얼마 지나지 않아 6.25전쟁이 터지면서 전국이 엄청난 피해를 입고 지워지지 않을 상처를 입었다. 정읍 또한 1950년 7월 말~9월 중순까지 북한군에 점령되어 모진 고초와 민간인 학살을 겪었다. 이 때문에 반공주의가 뿌리 깊게 형성이 되었지만 국민들을 버리고 자기 혼자 살기 위해 한강 다리를 끊고 피난을 간 이승만에 대한 반감이 뿌리 깊게 자라났다. 그는 피난을 가면서 서울에서 있을 수 없는 만행을 저질렀지만 호남에서도 만행을 저질렀다. 아무런 대책 없이 통으로 호남을 북한군에 내주었을 뿐만 아니라 다시 수복한 이후에 빨갱이를 적출한다는 명분으로 무고한 시민들을 학살했기 때문이다.

그런 아픔 때문인지 1956년 제3대 대통령 선거에서는 수많은 부정선거를 저질렀음에도 정읍에서 49.14%를 얻어 조봉암의 50.85%에 근소한 차이로 밀렸다. 박빙처럼 보이지만 사실은 조봉암의 완승이었다. 전북 전체에서는 이승만이 60% 이상의 득표율로 크게 승리했을 뿐만 아니라 당시 선거는 전국이 여촌 야도 구도로 치러졌고 농촌에서는 이승만에게 몰표가 쏟아졌던 시절임을 감안하면 조봉암의 정읍 승리는 많은 의미를 지닌다. 정읍발언이 있었던 지역으로서 정치적 상징성이 있었기 때문이다.

(1946. 6.3 정읍발언 신문기사)

이승만 대통령

정읍은 항일 동학군의 의병세력을 움직이려고 다투어 찾아든 요새 지었다.

이승만은 남한만의 정부수립 발표를 동학세력 정읍에 가서 발표했다.

그러자 동학군출신 김구 선생 역시 정읍방문 환영농악을 준비 중에 안두희 암살로 무산되었다.

그 당시 공산당은 러시아의 지원을 받아 그 입지가 강화될 것으로 보았고 처음부터 공산당과는 상종할 생각이 없었던 이승만은 신탁을 제안한 미국정책이 미소 간 냉전 돌입으로 방향이 바뀌는 낌새를 채고 반탁에 적극 나서서 사실상 이승만은1946년 6월 3일 정읍발언을 선언했다.

이승만(李承晩)의 정읍발언(井邑發言)은 1945년 8월 15일 광복 이후에 혼미를 거듭하고 있었다. 당연히 남, 북을 합한 통일된 민주정부가 수립되어야 한다는 것은 국민의 열망이었다. 미 군정청(美軍政廳)이 좌우합작(左右合作)을 통한 하나의 정부를 세우려 함으로 공산주의와는 타협할 수 없다는 신념으로 이승만은 미 군정청 안을 반대하였다. 전국을 순회하는 강연 중 정읍에서 "남쪽에서 임시 정부를 세우든지, 또는 정부를 세우기 위한 위원회를 만들자"는 발언을 했다. 이를 가리켜 '정읍 발언' 이라 칭하며 속칭 단독정부안(單獨政府案)이라고 말한다. 그때가 1946년 6월 3일이다.

4. 조선총독이 정읍을 찾았다.

사이토 마코토(齋藤實) 총독은 직접 정읍에 와서 보천교당을 방문하였다.

일본의 군인(해군대장)출신 정치인으로 제3대(1919.8.13.~1927.12.10.), 5대(1929.8.17. ~1931.6.17)의 두 차례에 걸쳐 최장기 조선 총독과 30대 일본 총리를 지냈다.

전주대사습대회는 정규적인 조선시대 군사훈련을 폐지하고 판소리로 대치하였다. 조선시대 전주대사습에서 판소리를 하였다는 기록은 어디에도 없다.

사습대회를 조선실록에서도 칼과 창을 가지고 훈련 준비하는 기록, 그리고 문헌에도 국악의 흔적이 없다. 일본 세력 하에서 유독 전주에서 만

진행된 동학군 방비책이었다. 일본의 통치 보호조약 이후에 원각사 공연처럼 군사훈련 폐지의 공백을 판소리 광대로 대체했다.

서울 원각사처럼 무당 재인을 불러 판소리를 부르게 하여 항일의병 전의를 상실하게 판소리 공연을 이용하였다 전주대사습대회는 순수 조선 군사훈련제도 인데 군사해산 직후에 판소리공연으로 바꾸었다

그러나 일본이 조선통치에 성공하려면 가장 두려운 것은 서울보다 정읍의 전봉준의 동학군 의병세력 재봉기 방지에 총력을 기울였다. 이때부터 이런 판소리 재인 천인들에게 관찰사 급의 계급장 옥관자 갓을 쓰고 도포를 씌워 계급특진 시켜서 유명한 소리꾼과 악사 재인들이 정읍으로 몰려들어 특진의 영광으로 협율사 노래 소리가 진동했다

전봉준(1854~1894), 강증산(증산교 교주 · 1871~1909), 차경석(보천교 교주 · 1880~1936) 등이 모두 이 일대를 중심으로 활동한 인물들이다. 1960년대 신기(神氣)로 수많은 사람들의 병을 낫게 하여 전국적으로 유명해진 최영단씨도 바로 입암산 자락에서 활동했다.

1894 동학농민운동의 실패로 전봉준이 죽고, 1909년 민중종교로 무한한 성장 가능성을 보여주던 증산교의 교주 강증산도 죽자, 삶의 지향점을 잃은 많은 민중들은 증산교에서 독립한 차경석의 보천교로 몰려들었다. 보천교의 교세는 날로 커져 러시아. 서울과 전국 각지에 조직망을 갖추기에 이르렀다. 교인 수가 600만 명까지 됐다는 말이 있을 만큼 당시 교세는 대단했다. 1907년에 순종황제는 홍범식을 태인현감으로 보내서 항일의병을 도우려 하였다. 1910에 한일합방으로 자결하였다.

1929년 정읍 대흥리(실제 행정명은 접지리)에 궁궐 규모의 거대한 성

전이 완공되었을 때 교주가 장차 천자로 등극할 것이라는 소문이 돌아 차경석은 '차천자(車天子)'로 불렸다고 한다. 그 이전에 이미 사이토 마코토(齋藤實) 총독이 직접 찾았다

사이토 마코토(齋藤實) 총독이 직접 찾아와서 정읍 보천교주를 황제로 위하는 척하면서 비밀정보세력을 구축하면서 조선궁중의 악사와 경복궁 모양의 차천자 궁궐을 지어도 묵인했다.

그리고 일본총독이 협율사와 농악을 화려하게 구성하여 연일 공연하였다.

결국 러일전쟁에서 승리하고 만주도 점거하고 대동아전쟁의 준비가 완료되자 해산시켜버렸다. 이러한 긴 기간에 전국의 재인 무당 소리꾼들이 우수한 음악 실력으로 군부대에도 특체되고 양반보다 우월한 칭호와 대우를 받았다.

일본의 사이토 마코토(齋藤實) 총독은 음악과 신앙으로 가까이 했다.

5. 1956년 '정읍 환표사건' 세상에 알린 박재표씨
자유당 시절 투표 바꿔치기 폭로한 '正義의 순경'

박재표 선생

朴在杓씨

다시 採用 警衛로

革命

稅金도 잘안내 말썽

동아일보 1956. 8. 29 관련기사

1932년 전북 진안군에서 태어난 고인은 1950년 무렵 경찰에 투신해 24세이던 1956년 당시 전북 정읍군 소성(所聲)지서에서 순경으로 근무했다. 도의원 선거 당일인 8월 13일에는 소성 투표소에서 경비 임무를 맡던 평범한 경찰이었다. 하지만 선거일 벌어진 사건은 고인의 인생을 뒤바꿨다. 선거 직후 투표함을 개표소로 이동하던 중 고인은 '표 바꿔치기', 즉 환표를 목격했다. 투표함을 호송하던 경찰관들이 당시 여당인 자유당 후보를 당선시키기 위해 조직적으로 야당 후보에게 투표한 표를 여당 후보 표로 바꾸는 것이었다.

민주주의를 부정하는 이 같은 사건을 목격한 고인은 고민을 거듭한 끝에 경찰 상사들의 눈을 피해 25일 전북 전주로 '탈출'을 감행했다. 전주에서 뒤바뀐 사표(死票) 등을 증거물로 들고 서울로 상경해 27일 세종로 동아일보사를 찾았다. 고인은 경찰들이 자행한 환표 사실을 기자에게 알렸다. 고인이 폭로한 내용은 동아일보 1956년 8월 29일자를 통해 보도돼 세상에 알려졌다. 오늘날 '정읍 환표사건'으로 알려진 역사적 사실이 바로 그것이다.

그러나 환표 사실을 폭로한 고인에 대해 이틀 뒤인 31일 경찰은 체포령을 내렸다. 고인은 직무유기, 근무지이탈 혐의 등으로 전주시에서 체포됐다. 이후 환표사건은 '정읍 환표 날조 폭로사건'으로 경찰에 의해 조작됐다. 당시 야당인 민주당 정읍지역 간부들은 배후 조종 혐의로 구속되기에 이르렀다.

고인의 부모형제 또한 경찰의 감시를 받아야 했다. 당시 경찰과 농림부에서 근무하던 고인의 형제들은 강제로 근무지에서 파면당하는 수모를 겪기도 했다. 고인의 조카들 또한 학비를 조달하기 어려웠다. 고인과 형제들은 생활면에서도 곤란하기 짝이 없었다. 어디를 가나 사상이 불온하다고 감시를 하는 통에 장사도 할 수가 없었다고 한다.

1심에서 징역 1년 6개월, 2심에서 징역 6개월 집행유예 1년을 선고받으며 고초를 치렀다. 그러나 고인은 1959년 대법원 최종 판결에서 폭로 내용이 허위가 아니었음을 인정받았고, 1960년 4 · 19혁명 직후 경찰에 복직해 명예를 되찾았다.

1956년 8 · 13지방선거에서 자유당이 저지른 '환표(換票)사건'을 양심 선언했다고 경찰에서 파면당한 박재표 전 동아일보 차장이 1960년 4 · 19혁명 후 복직했다는 본보 1960년 12월 4일자 기사.

1960년 12월 4일자 동아일보 인터뷰에서 고인은 당시 상황에 대해 "형제야 한 탯줄이니 나 때문에 받는 학대를 용서해줬지만 10여 명이나 되는 조카들한테는 미안하기 그지없었다고 당시를 회상했다. 당시 기사는 고인에 대해 "검은 정복에 단정히 표찰을 달고 금테두리 정모를 쓴 28세의 박 경위의 자태는 진정한 민중의 공복이 되고자 노력하는 모습이 한결 믿음직스러웠다"고 표현했다. 같은 해 11월 경위로 승진한 고인은 이후 종로경찰서 등에서 근무하다 제복을 벗었다. 이후 양심선언 당시 인연을 맺은 동아일보에 입사해 경비원 일을 하다 정식으로 채용돼 자재부 등에서 근무한 뒤 1990년 차장(부장대우)으로 정년퇴임했다. 유족으로는 아들 해진 씨(코레일네트웍스 근무), 용 씨(자영업), 옥 씨(자영업), 손녀 선영 씨(CBS PD), 현선 씨(삼성출판사 연구원) 등이 있다.

6. 채용신의 정읍 선택

본명은 동근(東根), 자는 대유(大有), 호는 석지(石芝) · 석강(石江) · 정산(定山)이다. 1850년 서울 삼청동에서 대대로 무관을 지낸 가문의 장남으로 태어났다. 아버지는 돌산 진수군첨절제사(突山鎭水軍僉節制使)를 역임한 채권영(蔡權永)이고 어머니는 밀양박씨(密陽朴氏)이다. 1886년 무과에 급제하여 20년 넘게 관직에 종사하였다. 어려서부터 그림 재주가 뛰어났으며 흥선대원군의 초상을 그리기도 하였다.

조선시대 전통양식을 따른 마지막 인물화가로, 전통 초상화 기법을 계승하면서도 서양화법과 근대 사진술의 영향을 받아 '채석지 필법'이라는 독특한 화풍을 개척하였다. 화법의 특징은 극세필을 사용하여 얼굴의 세부 묘사에 주력하고, 많은 필선을 사용하여 요철 · 원근 · 명암 등을 표현한 점 등이다.

1905년 관직을 마치고 전라북도로 내려와 익산 · 변산 · 고부 · 나주 · 남원 등지를 다니다가 지인의 도움으로 정읍 신태인에 정착하여 자식들과 도화소를 차리고 우국지사와 유학자들의 초상을 그리는 데 몰두하였을 뿐만 아니라 인근 주민들의 초상화를 그려 생활을 유지하였다. 현재 신태인 육리 마을에 30여 년을 살았던 생가가 남아있으나 안내판 하나 없고 매입한 사람도 살지 않아 빈집으로 남아 많이 훼손되어있다. 1941년 전라북도 정읍 신태인 육리에서 세상을 떠나 익산 왕궁면 선산에 안장했다가 최근 그 일대가 식품클러스터 단지로 지정되는 바람에, 이평면 천태산 남쪽 아래 이장하였다.

채용신이 정읍에서 노후를 보낼 수 있었던 것은 물자가 풍부하여 부자가 많고 생계유지와 작품 활동을 할 수 있는 여건이었지 싶다. 1943년에는 조선총독부 일본인 관리의 주선으로 6월 4일부터 10일까지 서울의 화신백화점 화랑에서 유작전이 열렸다.

고종의 어진(御眞)을 비롯하여 이하응(李昰應) · 최익현(崔益鉉) · 김영상(金永相) · 전우(田愚) · 황현(黃玹) · 최치원(崔致遠) 등의 초상과 《고종대한제국동가도(高宗大韓帝國動駕圖)》 등을 그렸으며, 《운낭자 27세상(雲娘子二十七歲像)》《황장길부인상(黃長吉夫人像)》 등 여인상도 그렸다. 이 중 《운낭자 27세상》《최익현 초상》 등은 현재 국립중앙박물관에 소장되어 있다.

7. 자암(泚菴) 박준승(朴準承1866~1921)의 정읍 이주

1866년 11월 임실군 청웅면 옥석리 하주평 마을에서 태어난 자암 박준승 선생은 1915년 정읍시 산외면으로 이주해서 살았다. 1890년 동학에 입교한 이후 동학교도로 활동했다. 1897년에 접주(接主)가 되고, 1908년에 수접주(首接主)가 되었으며, 1912년 전라남도 장성군 천도교대교구장 겸 전라도순유위원장을 역임하였다.

1919년 2월경에 손병희(孫秉熙)로부터 독립만세운동에 참여하라는 권유를 받고, 수교도(首敎徒)인 유태홍(柳泰洪) · 박영창(朴永昌) · 김의규(金衣圭)에게 독립선언서 5,000매를 배부하여, 장성 · 남원 · 임실 등지에서 궐기하게 하였다.

그리고 그해 2월 25일부터 27일경까지 천도교 기도회 종료보고와 국장참배를 위하여 상경하였다가, 손병희 · 권동진(權東鎭) · 오세창(吳世昌)

등과 만나 독립운동에 관한 설명을 듣고 이에 찬동하여 민족대표로서 서명할 것을 승낙하였다.

2월27일최린(崔麟)·오세창·임예환(林禮煥)·권병덕(權秉悳)·나인협(羅仁協)·홍기조(洪基兆)·김완규(金完圭)·나용환(羅龍煥)·홍병기(洪秉箕)·양한묵(梁漢默) 등과 함께 김상규(金相奎)의 집에 모여서 독립선언서와 기타 문서의 초안을 검토하고 민족대표 33인의 한 사람으로서 서명하였다.

3월 1일 오후 2시경 민족대표 손병희 등과 함께 인사동의 태화관(泰和館)에 모여 독립선언서를 회람하고 만세삼창을 외친 뒤, 일본경찰에 자진 검거되어 2년간의 옥고를 치렀다.

1927년 3월 23일에 산외면에서 별세하여 정읍 북면 마정리 먹방산에 안장됐으며 1963년에 지금의 성황선 기슭인 충무공원에 옮겼다.

1962년 건국훈장 대통령장이 추서되었다.

8. 김영상(金永相 1836. 3. 18~1911. 5. 9) 출생지

춘우정 김영상 선생은 1836년(헌종 2년) 전라북도 고부(古阜) 산북리(山北里)에서 태어났다는 기록을 잘못 해석하여 고부면에서 태어났다 고 알려졌으나, 1836년의 고부는 면(面)이 아니라 군(郡)이었으며 1914년에서야 정읍군으로 행정 개편되었다. (정읍문화원이 발행한 『憂國之士 金永相 2011』 책의 214P '년보(年譜)' 란, 위에서 둘째 줄에 "古阜君 山北里 寓第 (고부군 산북리 우제)" 라고 나와 있음을 잘못 해석함) 1836년 고부군 산북리 는 현 "정읍군 정우면 산북리(井邑郡 淨雨面 山北里)"를 말 한 것이다. 산북마을의 원로들은 할아버지 때부터 들은 이야기를 증언하고 있으며『憂國之士 金永相 2011』의 55p '投手殉節追慕碑文' 란 밑에서 위로 일곱째 줄에 "단기檀紀 4169년(憲宗2) 丙申 3月 18日에 정읍군井邑郡 정우면淨雨面 산북山北 우제寓第에서 출생出生하셨다."고 나와 있다.

14세에 전주이씨와 결혼 슬하에 2남 2녀를 두었다. 태인(泰仁)에 거주하며 유학자로서 명망이 높았다. 당대 유명한 선비인 노사 기정진, 간재 전우, 송병준 등과 교유했으며, 면암 최익현과 병오년 무성서원에서 뜻을 함께하고 국권 회복을 위해 애썼다. 1895년 10월 일제가 명성황후를 시해하는 만행을 자행하고 단발령이 내려지자 통분하여 국가의 운명을 개탄하여 두문불출하고 학문을 닦았다.

1905년 11월 일제가 무력으로 고종과 대신들을 위협하고 소위「을사조약」을 강제 체결하자 최익현(崔益鉉)과 함께 의병을 일으킬 것을 계획하였다.

1910년 8월 일제가 한국을 병탄하고 나라가 망한 후 일제가 주는 은사금(恩賜金)을 거절하고 독립을 역설하다가 일제 헌병대에 체포되었다. 그는 군산으로 압송 도중에 만경사창(萬頃沙倉, 김제 청하면)의 나루 물에 투신했으나 일제 헌병이 건져내었다. 군산감옥에 투옥되자 9일간 단식을 결행하여 순절하였다.

정부는 그의 충절을 기리어 1963년에 대통령표창을 추서 받았으며 1991년에 건국훈장 애국장을 추서 받았다.

* 필양사(必陽祠) 신패 봉안

* 춘우정 김영상 투수비 (김제시 청하면 사창리)

참고문헌

* 시사저널e – 온라인 저널리즘의 미래(http://www.sisajournal-e.com)

* 김배중 기자 wanted@donga.com

* 충청일보]

* 윤대헌기자 caos999@kyunghyang.com〉

* [네이버 지식백과] 최익현[崔益鉉] (두산백과)

* [네이버 지식백과] 채용신 [蔡龍臣] (두산백과)

* [네이버 지식백과] 박준승 [朴準承] (한국민족문화대백과, 한국학중앙연구원)

* [네이버 지식백과] 송상현 [宋象賢] (한국민족문화대백과, 한국학중앙연구원)

정토산淨土山과 주변마을에 대한 소고小考

머리말

전라북도 정읍시 정우면에 위치한 정토산은 동쪽은 태인면 낙양리, 서쪽은 북면 장학리, 남쪽은 북면 남산리, 북쪽은 신태인읍과 접하고 있으며 정토산은 정우면 북부쪽에 위치하고 있다.

동진강東進江 정우교淨雨橋근방에서 바라본 정토산은 더벅머리를 한 소

[동진강에서 바라본 정토산 칠봉과 호남선 철도 전경]

년같은 느낌이다. 정토산은 일명 오봉산(한국지명총람)으로 봉우리가 7개여서 칠봉산七峰山(원공스님)으로도 불린다지만 조금은 생소하다.

정토산은 해발 129m의 자그마한 산이지만 주변에 산이 적고 광활한 평야와 구릉지대이다보니 시각적으로 훨씬 크게 보인다. 평야지대의 산은 큰 산악 지대의 산과 버금간다. 정토산을 풍수지리로 본다면 "회룡고조回龍顧祖" 동진강 태인낙양(泰仁樂陽)에서 서쪽(水金里)으로 용트림하듯(七峰) 하늘로 오르며 되돌아보는 형국이라 말한다.

정토사가 있는 주봉을 중심으로 좌우로 7개의 봉우리와 산 아래 주변마을인 회룡리 정토, 괴동, 괴촌마을, 대사리 대동, 대서. 대북마을, 산북리 산북마을, 수금리 금북, 금남마을에 대하여 사람들이 언제부터 살았는가 그리고 현제까지 무었을 남기고 어떻게 살았는지 기록물과 유적과 흔적들과 주변마을에 찾아가 현장답사와 주민들의 구전을 통하여 체계적으로 부족하지만 좀더 자세히 살펴보고자 한다.

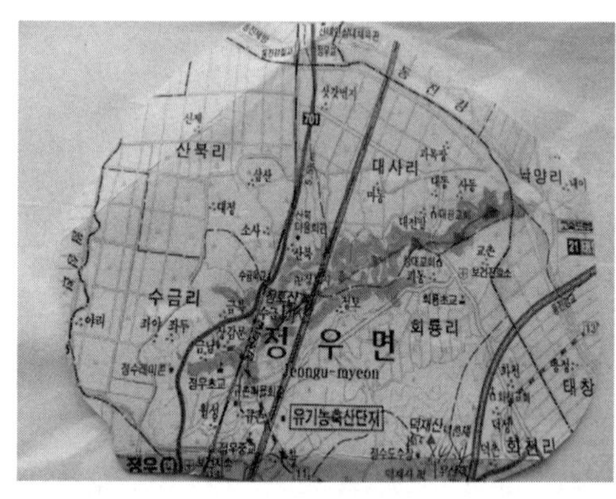

정토산(빨간색)과 주변마을(노랑색) 지도

1) 지리

정토산은 동쪽으로 상두산과 묵방산, 서쪽에는 두승산, 남쪽에는 고당산 칠보산 · 내장산 · 입암산, 북쪽에 정토산이 위치한다. 정토산 주변마을은 산북리 대사리 수금리를 북쪽으로 하고 그 앞으로 토착 문화의 발상지인 동진강이 산외 칠보를 거쳐 정우면과 신태인읍을 가로 지르며 부안을 지나 서해바다로 숨어 버리며 좌우에 광활하고 비옥한 평야를 제공한다. 남쪽에는 회룡마을이 자리잡고 있다.

태인 낙양리에 한줄기 물이 백갈래로 퍼져 농경지를 고루 적신다는 뜻이 담긴 "일원종시백파一源從是百派"을 담은 취입수문을 설치 정토산을 사이에 두고 북쪽으로 신태인을 지나 김제 만경으로 향하는 김제간선 농수로(1920.4. 개설)와 정우 대사리 사동 앞에 작은 수동터널을 뚫어 물길을 만들어 대정, 좌두를 지나 이평 배들평야를 적시는 정읍간선 농수로(1927.5.개설), 그리고 정토산 남쪽으로 덕재산 앞을 바라보며 회룡리를 지나 대산리 소수력 발전소를 통과 하여 부안 계화도 간척지의 청호저수지로 향하는 동진 도수로(1969.1.11.개설) 등 3가닥의 도수로는 정읍 김제 부안 일부 들녘의 생명줄 역할을 하여 가물면 가물수록 제 역할이 빛이 날 정도이다.

그리고 대전에서 시작된 호남선 철도(1912.2.김제~정읍간 개통)가 신태인역을 출발 동진강 철교를 지나자마자 정토산 주봉을 직선으로 달려가다 살막 입구에서 오른쪽으로 돌려 정토산을 비껴갔으나 복선공사(1985.11.이리~정주간 개통)를 하면서 정토산 1봉과 2봉사이의 터널을 뚫어 목포로 내려가며 호남선 KTX 가 개통(2015.4.2.)되면서 2봉과 3봉 사이의 터널을 뚫는 통에 풍수로 본다면 신령스러운 정토산의 기氣는 다 빠져 나가고 영광 원전에서 시작된 웅장하고 위압스런 고압선 철탑 6개가 정토산 준령을 짓누르고 지나가니 문명의 이기는 우리에게 많은 편리

호남선 KTX 정토산 터널

호남선 철도 수금터널

함을 제공하면서도 항상 불안한 마음을 가지게 한다.

2) 정토산의 유적

호남선 KTX가 정토산을 통과하는 공사를 하면서 남쪽 사면 끝자락에 자리한 초철기시대 적석토광묘 2기 조선시대 토광묘 2기가 발견되었다. 적석 토광묘에서는 원형점토 대토기와 흑도장경호가 각 1점씩 출토되었다. (2013.8 전북문화유적 연구원. 학술총서)

정토산 가재골 중턱에는 1950년대에 아편 중독자의 집 한채가 있었고 아편쟁이라 부른 ㅂ씨는 부인과 여러 명의 자녀를 두었으며 먹고 살기위한 방편으로 밤에 불법으로 나무를 베어 자신은 지게에 지고 부인은 머리에 이고 새벽에 인근 마을로 내려와 대부분 곡식으로 바꾸었다. 주민들은 구입한 나무로 칙간을 짓거나 돼지우리를 원두막처럼 지었으나 당시에는 산에서 갈퀴나무(솔잎)만 해도 산림경찰에 걸리면 벌금을 물렸기에 조심조심하던 때였으나 목구멍이 포도청이라 듯이 아편도 맞아야 겠고 (당시에는 인근 기차역 다방 이층에서 몰래 맞는다는 소문이 있었다)하여 단속반(당시의 산림경찰은 오토바이와 권총 지급)에 걸려 정우지서에서 경찰이 연행 나오면 애들아 큰집에서 밥 먹으라고 데리러

왔다하며 식솔들을 다 거느리고 나서는 바람에 경찰도 곤욕이었다 한다.

가재골 골짜기 건너편에는 작은 절이 옛날에 있었다는데 절터는 알 수 없고 근방에 기와조각이 한두 점씩 조각으로 굴러다니는 것을 볼 수 있으나 사찰의 유적이라고 확인된바 없다. 근방에는 효험이 좋다는 약수터가 있는데 방치되어 흉물스럽게 남아있다.

3) 정토산에 관한 이야기

어느 시인은 "산은 사람이 오르는게 아니라 산의 너른 품에 안기는 것"이라 노래 하듯이 정토산은 인근 주민들의 애환이 담긴 삶의 현장이었다. 땔나무뿐 아니라 산자락 작물을 심을 만한 터가 있으면 밭으로 일구웠으며 버섯 등 나물을 채취하고 뱀을 잡으러 일명 땅군들은 바위틈을 뒤졌다. 날씨가 흐린 가을날 들에서 일할 때 소 울음같이 들리면 정토산의 능구링이 울음소리라며 그 소리를 들은 뱀들은 그곳으로 모인다고 어른들은 말하였다.

정토산에서 바라본 산북마을과 신태인 전경

겨울이면 토끼 노루 등 산짐승도 있어 덫을 놓아 잡아다 장에 팔았는데 산토끼는 작아 인기가 있고 노루는 잡기도 힘들고 뼈는 그래도 관절염에 좋다지만 고기는 먹으면 재수 없다는 속설이 있었다.

인근에 있는 정우초, 신태인초, 신태인중고에서는 선생님들이 토요일 날을 잡아 채력단련 한다며 정상에 배구네트를 치고 젊은 선생님과 고학년 학생들이 지키고 나머지 학생들과 선생님은 조를 짜서 아래와 양 능선에 ㄷ자 형으로 만들어 몽둥이로 바위나 나무를 두들기며 소리를 질러대어 오르면 쫓기는 토끼는 포위망을 빠져 도망가기도 했으나 10여마리가 잡혀 선생님들의 회식이 있었다는 소문은 월요일 날 교내뉴스로 등장하였다.

4) 정토사淨土寺

전통사찰 53호 정읍시 정우면 산북리 28

1299년(고려 충렬왕25년) 장담운張曇雲 선사가 창건 1603년(조선 선조 36년) 진묵震黙대사가 중건(약사전) 1928년 전광명화全光明華 보살이 칠성각을 세우고 그 후로도 명봉, 우산, 보명스님들이 개보수를 하였다.

부처님의 가르침에 따르면 "정토의 장엄한 세계를 설設하고 정토에 왕생하는 방법과 정토에서는 눈에 보이는 현상세계를 이세상(사바세

정토사 전경

정토사 1

계)이라 하고 보이지 않는 진실한 세계를 정토 즉 극락뿐만 아니라 세계라 한다. 이 진실한 세계를 찾는 데는 두 가지 방법이 있다" 한다. "하나는 먼길을 가는데 홀로 고행하여 찾아가는 것이고 다른 하나는 같은 목적지를 문명의 기계를 이용 쉽게 가거나 남의 힘을 빌려 찾아가는 것이다"라고 한다. 전국의 정토산이란 이름은 찾기 어려웠으며 정토사는 전국에 45여 개의 이름이 있으며 전북에는 군산 옥구와 정읍 정우 정토산 등 같은 이름의 사찰이 있다. 그만큼 절寺이름으로 좋은 모양이다.

정토사의 사찰이름의 관한 설화

일설에 의하면 "전남 백양산 자락에서 스님이 절을 짓는데 다지어 가면 불이 나기를 반복하여 고심하고 있는데 지나가는 노인이 하룻밤 자고갈 수 있도록 청하자 스님은 보다시피 잠자리가 불편한 움막뿐이라며 난처해하자 그래도 괜찮다 하여 하룻밤을 같이 자게 되어 몇 년간 불이난 이야기를 듣고 절 이름이 뭐냐 물어보니 정토사라 지었다하니 '절 이름을 잘못 지었으니 이름을 다른 절에 팔고 다시 이름을 지으면 괜찮다' 며 노인은 새벽에 떠나버렸다. 노승은 공사를 중단하고 절 이름을

정토사 약수 터

팔려고 인근부터 시작하여 곡성 화순 구례 지리산을 지나 장수, 무주, 진안을 돌아도 사는 곳을 찾지 못하고 할수 없이 북상北上을 멈추고 완주를 돌아 김제에 와보니 산은 보이지 않고 광활한 평야뿐이어서 포기하고 돌아가는데 신태인 화호에서 남쪽을 바라보니 칠봉산이 보여 이곳의 절에 정토사란 이름을 판 노승은 공사현장에 도착 산을 바라보니 하얀 봉우리가 양羊의 모습을 닮아 있어 이거다 하고 백양사白羊寺라 이름을 지은후 무사히 절을 지었다" 하며 「전설의고향」에도 소개되었다 한다.

정토사 주지 원공스님

원공스님은 "정토산은 생사를 넘어선 깨닭의 세계의 영험한 산이였는데 용혈을 철도 낸다고 터널을 뚫어 면소재지였던 수금리가 뒤통수가 뚫린 김새버린 마을이 되었고 정토산자락 산북리 삼산동三山洞은 옛날 삼신三神을 모신 마을이였으나 철길이 맥을 잘라버려 기가 나가버렸다 한다. 세상은 출세지향(권력) 돈지향(재력)주의가 만연하고 문화재에 대한 당국의 무관심을 지적하면서 정말 사람다운 사람이 필요하다"는 말씀을 하셨다.

5) 정토사의 산사음악회

정토사에서는 산사음악회를 여는데 일년에 2회씩 봄,가을에 걸쳐 개최하였으나 올해부터 1회만 봄에 개최하는데 시끄러움을 지향한 산사에 맞는 음악을 선별 1~2팀(2016.5 듀엣 해바라기)을 초청 가족분위기를 연

정토사 산사음악회

출한단다. 1950~70년대 까지만 해도 이근방의 흔치않은 절로서 정토사는 인근은 물론 멀리 김제 부량, 부안 백산에서까지 정월 초삿날이나 사월 초파일이면 곱게 단장한 여인네들이 머리에 시주할 곡식을 이고 오는 행렬이 줄을 이었으나 요즘은 이동수단이 발달하여 큰 산에 있는 이름있는 대찰을 찾아가는 바람에 시골타고 있는 것 같다.

그 시절에는 화전놀이 장소로 이용되어 절 아래 공터에 자리 잡으려면 미리 예약해야 했다는데 그런 놀이문화는 흘러간 세월 속에 묻혀 간다. 원공스님은 문화의 정의는 "역사적 문화와 현재 삶의 문화를 통 털어 문화라 한다. 걸러 내야할 문화는 버리고 귀한 문화 살려 내야 할 문화가 있다. 귀함과 천함을 분별 할 수 있는 인격이 필요하다"고 말씀하신다. 정말 우리사회는 사리분별 할 수 있는 사람이 절실히 필요하다는 생각을 해 본다.

대웅전 뒤편암벽에 새겨져 있던 "南無阿媚陀佛" 암각문은 공사하면서 없어지고 대웅전 옆 샘(藥水)은 예전에는 철철 넘쳐흐르고 물맛이 으뜸이어서 인근은 물론 신태인까지 물을 길러 왔었는데 샘은 그 자리에는 있는데 옆구리에 금이 가서 고이질 못하고 물 뜨러 오는 사람도 없다 한다. 사찰도 보수하거나 신축 정돈하여 5~60여 년 전의 옛 모습은 변하여 있었다.

스님에게 "절(정토사)이 이름이 같은 정토마을에 있지 이름이 다른 산막(山北)에 있느냐" 물었더니 남쪽보다 북쪽이 제대로 된 터이기 때문이라 한다. 북쪽은 산이 가파르고 겨울엔 바람도 춥고 눈이 쌓이면 오르내리기 불편하지 않을까 해서 불어본 말이다.

2. 정토산 주변 마을

1) 회룡리回龍里 정토淨土마을

정토마을이 속해있는 정우면은 대한민국 면面단위 로는 제일 많이 면面(수금향, 삼동방, 수금면, 벌미면)들이 합쳐졌다 흩어졌다를 반복했다. 그만큼 정토산 주변은 사람살기가 좋아 옛날부터 많은 사람들이 모여 살았다는 증거다. 정토마을은 정토산에서 이름을 따 붙여진 이름이다. 1914년 우일면과 장순면을 통합 우순면, 1935년 정읍군 우순면과 정토면을 합하여 정우면이 되어 현재에 이르고 있다. 정토면은 벌말면과 수금면을 중심으로 되었으며 벌末면은 벌未면(여지도서) 벌木면(광여도)등으로도 나온다. 가운데 한자가 비슷(말末, 미未. 목木)하여 혼선이 있는 것 같다. 정토마을에 정토사淨土寺가 없고 산북리山北里에 정토사가 있을까라는 의문이 남아 있어 주민에게 질문을 던져 보았더

정토마을회관

니 원래 정토마을에 있던 절을 옮겨 갔다는 구전으로 전해올 뿐 기록이 명확치 않으며 정토산 사찰에 대한 구전도 일치하지 않고 마을마다 절의 위치에 대하여 각기 다른 이야기를 하여 혼란스러웠으나 들은 이야기를 다 기록하고자 함은 앞으로 정토산과 그 주변 마을에 대하여 정리 정돈되어 바르게 알 수 있는 계기가 되었으면 하는 바람이라는 것을 독자께서는 양해를 바란다.

철기시대의 유물출토와 벌미 장터

정토마을은 호남고속 철도가 지나면서 마을 서쪽에 터널이 뚫렸고 터널공사를 하면서 철기시대 토광묘 등이 발견되면서 마을이 아주 오랜 옛날부터 사람들이 살았음을 증명해준 셈이다. 정토마을에는 순창 쌍치, 정읍 북면 산악 쪽의 사람들이 직접 채취하거나 말린 버섯 산나물 곶감 등 임산물을 비롯 지게 바작 싸리비 등을 만들에 5~10여 명씩 무리지어 이고 지고 정토마을 왼편의 벌미장에 팔거나 정토산 싸리고개를 넘어 다른장을 찾아 갔다 집으로 돌아오는 길에는 쌀, 소금, 간고등어, 성냥, 석유(등유) 등 자기 지역에 없는 생필품을 구입하였으니 물물교환인 셈이다. 오고 가며 거치는 길목에는 주막이 있어 국밥에 막걸리로 시장끼를 채우거나 목을 축였다.

장터 주막거리와 성냥간터

정토마을에는 벌미장이 섰던 장터와 주막거리 성냥간(대장간)터가 전해지고 있고 주민 말로는 고려때 큰 마을이었으며 대궐같이 큰 집도 있었다 하나 봤다 는 사람도 기록도 없이 할아버지의 할아버지로부터 구전으로 전해오며 논밭을 쟁기로 갈다보면 깨진 빗살무늬 토기나 기왓장이나 우물터 등이 발견되었다 한다. 지금은 경지정리에 농기계로 농사를 지면서 그 흔적마저도 지워지고 잊혀져 가고 있다. 주막거리 우물은 물을 길어다 항아리에 부어놓으면 어찌나 물이 좋은지 이끼가 생기지 않고 살아있어 오래두어도 먹을 수 있었다 한다.

칠성바위와 49개 다랭이 논(서마지기)

정토마을 입구(좌측 벌미장터)

마을 뒤편 정토산 재넘이 고개 길목에는 칠성바위(고인돌 추정)가 있는데 뱀을 잡으러 다니는 사람들에 의하여 깨어지거나 없어지고 지금은 4개가 남아 있다. 앞으로 정토산 3곳에 남아 있는 칠성바위에 대한 발굴조사와 보존도 중요한 일이어서 꼭 해야 할 일이 아닌가 한다. 고개 정상에 오르면 사시사철 마르지 않고 흐르는 샘이 있어 고개를 넘는 사람들의 목도 추겼으며 샘 앞에는 49개의 다랭이 논(서마지기, 약300평), 17개의 다랭이 논이 있었는데 농업용수로 쓰일 정도였다 하나 지금은 잡초만 무성하다.

고개를 넘어서 양수장 앞으로 지나는 길은 질퍽한 눈둑길이어서 양말을 벗고 신태인 장에도 가고 기차나 버스를 타려고 고개를 넘어 다녔는데 이제는 마을 앞에 포장도로가 지나기 때문에 논밭에만 가는데도 자동차를 이용하는 세상이 되었다.

수금리 초등학교 가는 길에는 큰 소나무가 있는 방송골, 괴동마을 뒤로 가는 지름길 강대미를 지나면 마동 마을 뒤가 나왔다. 정토들은 한섬지기, 노적골, 덕재산아래 소당, 박적 시암 등 이름으로 나뉘어져 불렸다.

벌미伐未 마을의 몰락

옛날 "벌미장에 장꾼들이 모여들고 마을에 힘께나 쓰며 주먹자랑을 하는 세력이 불한당不汗黨을 형성하여 마을앞 길(태인-고부간)을 원님이 말을 타고 지나면서 인사를 안했다고 말 다리를 잘랐다느니, 장이 서면 가짜 암행어사가 나오며, 가짜 중이 생기고, 지나는 여인을 보쌈하여 산으로 갔다는 등, 마을에 불량기 많은 무리들이 나쁜 짓으로 지나는 행인이나 장꾼들을 괴롭혀 주민들이 공포에 떨고 원성이 컷던 모양이다.

별명이 강돼지라는 사람은 힘이 장사고 목소리가 커서 고함소리를 지르면 태인까지 쩌렁쩌렁 울렸다한다. 해괴한 소문에 휩싸인 마을을 관군들이 토벌작전을 벌여 주모자 등을 죽이고 살아남은 자는 도망가고 백여채 규모의 마을에 불을 질러 벌미장은 없어지고 마을을 폐쇄하였다고 전하여 온다. 장터는 농토로 변하였다.

구전에 의하면 동네가 망하면서 "마을 뒤에 여보살상이 있는 절이 있는데 700년 전 고려 충렬왕 25년 기해년 담운선사께서 현재 정토사 위치로 옮겼다고 마을 주민들은 주장한다. 그 후로 절터를 정토마을로 불렀고 (벌미장 보다 정토사가 더 많이 알려져서)

"칠봉중 큰 봉우리가 마을을 안고 크게는 정우면을 안고 앞에는 덕재산 노적골이 있어 극락서방 정토마을이다. 생활력이 강하고 단합이 잘되어 자손이 융성하고 명현이 배출되었다"고 마을회관 마당에 마을의 유래에 대하여 적어 놓았다. 마을에는 근대에 장님 당골(토속신앙) 할머니가 살아 길흉화복을 빌어줬었다. 현재 인구는 21세대 34명이 살고 있는 조그마한 마을로 예전에는 비가 오면 황토길이 질척거려 자전거는 물론 걷기도 힘들었으며 가뭄이 들면 심어논 작물이 메말라 흉년이 들던 마을이었으나 지금은 동진도수로가 개설(1969.1.1)되어 물 걱정, 농사 걱정을 안하게 되고 비나 눈이 오면 수렁 같았던 신작로는 말끔히 포장되어 정읍~신태인간 시내버스가 다니면서 편리한 마을로 탈바꿈했다.

***마을 유적**

KTX 공사 중 철기시대, 초철기시대 적석토광묘 2기(흑도장경호 1점)와 조선시대 고분 발굴 토광묘 2기(원형점토대토기1점) 발굴터

칠성바위(고분)4기(3기 파손)

2) 회룡리 괴동槐洞마을

괴동마을은 와룡마을과 신기(새터)가 합하였다 한다.(회回자와 와瓦자의 표기에 오류가 있었다고 사료됨) 160여 년 전 부안에서 김모씨의 조부께서 괴동마을로 오셨다는 이야기와 인접한 정토, 교촌마을을 비교하거나 호남고속 철도부설 터널 공사 중 출토된 유물이 철기시대의 유물이라는 것을 참고하면 정토산 남쪽자락의 주변에 아주 오래전부터 사람들

회룡보건진료소

이 살았음을 증명하고 있으며 구전에 의하면 쟁기질을 하다가 우뭍터나 기왓장이 나왔다느니 도굴꾼들이 3곳(정토, 교동, 살막)의 칠성바위(고인돌)고분군을 들쑤시고 다녔다는 이야기며, '전설따라 삼천리'의 소재로 여러번 등장하였다는 걸 봐서도 앞으로 정토산 일대에 대한 문화재와 관련하여 관, 학 단체에서 대대적인 조사가 필요하다고 본다.

마을 앞으로 시내버스가 관통하며 마을 앞 들은 동진강 도수로가 개통되면서 경지정리가 이루어져 큰방죽 절골 등 옛 지명들이 사라져 가고 있다. 마주 보이는 덕재산 아래 절골이라는 이름이 있는데 그곳에 절이 있었으나 빈대가 너무 많아 불을 질러 불에 타 없어졌다 한다.

마을 출신 오모씨는 가정형편이 어려워 학교 졸업 후 상경 섬유공장을 운영 크게 성공하여 부모님에게 집과 논을 사주며 마을에는 중앙에 넓은 땅을 매입 희사하여 모정을 새로 신축 광장을 만들었으며 정우면과 정읍시에도 많은 봉사를 하고도 이름이 알려지는 것을 꺼려하여 주민을 비롯 고을에서 많은 칭송을 받고 있다.

현재 45세대 84명의 주민이 거주하고 있다. 마을에는 보건지소가 있어 주민들에게 많은 의료혜택을 제공하고 있다

3) 회룡리 교촌校村마을

교촌마을 옛 마을회관

정토산 제6봉 자락에 마을이 자리 잡고있는 교동마을은 본촌,부곡(부자 창고), 뱀골 등으로 불리기도 하였으며 마을 서편 오르막에는 칠성바위가 있으나 밭주인이 평지작업을 하면서 한개가 땅속에 묻혀 6개만 잡초에 우거져 방치되어 있는 상태다. 500년전 연산군 갑자사화 때 도승지인 장인이 피해를 입자 이곳으로 피신한 사위인 봉화 정씨가 먼저 정착한 후 지금은 여러 성씨들이 모여 살고 있는 마을이다. 가뭄이 들면 마을사람들은 제6봉에 올라 기우제를 올렸다 한다. 정우면 지역에서 기우제를 올리는 곳으로는 수금리 회룡리 사람들은 정토산, 화천리는 덕재산, 서산리는 바둑이산 등 수리시설이 없어 피해가 큰 마을에서 기우제를 올렸었으나 지금은 수로가 없는 지역은 관정을 파거나 지하수로 농사를 짓는다. 마을 동편에 사동이라는 지명이 있는데 아는 사람을 만나지를 못하여 유래를 알길이 없어 바로 산 너머 북쪽 대사리 대동마을 동편 지명을 같은 지명으로 사동이라 부르기에 사동이라 부르는 것은 지형상 용이나 뱀의 형상을 닮았다 하여 불려진 이름이 아닐까 하는 생각을 가져본다.

마을에는 회룡초등학교가 있었는데 학생들이 많을 때는 300여 명이 다녔으나 최근에 와서 학생수가 급격히 감소되어 처음에 분리되어 왔던 정우초등학교로 되돌아가고 학교는 폐교되었다. 옛날의 시골 국민학교(일제 잔재라 하여 초등으로 바꿔 부름)시절 가깝게는 40여 년 전후까지는 선생님들이 지역출신이거나 지역에 거주하며 학생들이나 학부모들과 가깝게 지내어 애경사에서 부터 마을일까지 같이 할 정도 였다.

교촌마을 잡초속의 칠성바위 일부

그러다보니 학교가 끝나면 식사자리도 같이하게 되고 술을 너무 좋아하는 선생님은 소주병을 교탁 밑에 숨겨놓고 한잔 마시고 안주로 눈깔사탕 하나 오물오물 했다느니 김장하는 날에는 학생을 집에 가서 김치를 가져오게 한다든지 심지어는 약방 심부름 등을 시켰지만 그걸 가지고 문제가 되거나 하지는 않았던 것 같다.

지방에서 널리 알려진 향토시인 정렬(정하열 1932~1994) 선생은 이 마을 출신으로 인근의 고등학교에서 후학을 가르쳤으며 선생이 거주하셨던 집에는 자손들이 살고 있다. 마을 중앙에 오래된 느티나무가 마을의 역사를 간직한 채 마을회관 곁에 자리하고 있다.

현재 44가구 86명의 주민들이 농업에 종사하며 살고 있다.

***마을 유적**

칠성바위(고분 추정) 6기(1기 매몰)

4) 대사리大寺里 대동大東마을

삼한시대에는 마한에 속하였고 삼국시대는 백제국의 고부군 벌미면 배양리(배암골이 징그러워–배양골–배양리 라 불렸다는 주장)로 불리웠다. 1914년 행정구역이 정토면으로 바뀌였다가 정토면과 우순면을 정우면으로 통합 현재에 이르고 있다. 마을 이름은 마동과 태인면 북촌 사동을 통합 대사리로 부르게 되었으며 일명 대절말(큰절마을) 댓전말 동편은 동아시 서편은 서끗터 중앙은 안끗터라 불렸으며 지금은 대동 대서로 분리되었으며 그밖에 우측에 마동 좌측은 사동 들 건너 앞은 과목장, 장에 가는 삼거리는 삿갓번지 등으로 불렸으나 마동, 삿갓번지와 과목장을 합하여 대북마을이 되었다.

태인 낙양에서 시작한 정읍 간선 수로(1927.5.개설)는 물 터널(수동)을 지나 동네 앞을 흐르며 아래 들녘을 옥토로 바뀌어 대사리 주민들이 농지를 많이 경작 삿갓번지 뒤 철둑 너머까지 농사를 지을 정도 였는데 지금은 동네 앞 농토까지 타지 사람들의 소유로 많이 넘어 갔다 한다.

대동과 대서마을은 한마을이었으나 행정 편의상 마을 중앙을 가로지르는 길(정자나무길)로 대동, 대서로 나뉘었지만 한동네처럼 잘 지내고 있다. 정자나무 길은 주로 회룡리 방면 주민들이 이용하는 길이었는데 대동마을 동편으로 우회도로를 내어 시내버스

대사리 주민회관 전경

가 돌아서 운행하고 있다.

현재 26세대 76명의 주민들이 농업과 축산업 등에 종사하고 있다.

*마을 기념물

해주 오吳씨 영모제, 덕은제 (제실)

5) 대사 대서大西마을

오吳씨 홍洪씨가 한때 집성촌을 이루기도 하였으나 현재 洪씨는 많이 살지 않고 여러 성씨들이 들어와 산다. 해주오씨 제실에 모시는 조상을 봐도 마을의 역사가 100년이 넘었다 하며 언제인지는 알 수 없지만 “제3~7봉까지 걸쳐 큰 절이 있었다”, “마동 뒤 등성이(강대미)에 절이 있었다”, “제4봉 아래 절 식당과 곡식을 저장하는 창고가 있었다”는 등 여러 가지 설이 전하여 오는걸 보면 마을이 오래되었음을 말해준다.

정토산 형국은 “용이 승천하면서 되돌아보는 형상”이라고 하며 대사리는 제5~7봉의 북北으로 기다랗게 마을을 이루고 있다 풍수지리상 대서마을의 우측이 좌청룡 날개형국인데 그 자리에 포도밭이 형성되어 70년대 전후하여 정우 이평, 태인, 신태인 지역에서 유명하였고 청춘 남녀의 데이트 장소로 이용되었다.

대서마을 모정(右)과 마을회관(左)

당시는 이 지역이 평야지대여서 과수원이 드물었고 포도밭은 “청포도 사랑”이란 유행가가 불려지던 때여서 더욱 인기가 있었다. 포도밭 주인의 형이 군산에서 사업을 크게 하고 있어 고향마을과 동생의 원활한 포도원경영을 위하여 정읍 – 신태인 간 신작로에서 마을까지 오는 좁다란 논두렁길을 차가 다닐수 있도록 길을 크게 확장하였다는 전설같은 이야기가 전해온다. 그런데 포도나무가 오래되어 사과나무로 바꾸었으나 실패하고 가운이 기울어 과수원자리 흙을 팔아 파내어(산정탈관) 동네 운이 빠져 나갔다고 주장하는 주민이 있다.

마동은 마을의 형국이 말머리를 닮았다하여 마동馬洞이라 불렀으며 앞들엔 자라동, 죽안(방죽안), 동네 뒤는 수박산 강대미 등의 지명이 있었으며, 한때 10여호가 살았던 시절 마동점쟁이(여)가 용하다며 인근에서 알아주던 때도 있었지만 지금은 1~2가구만 남아 있다.

사동은 마을 이름에 관한 두가지 설이 있다. 하나는 큰절(大寺)자리여서 사동이라는 하고 하나는 뱀이 많다하여 사동(蛇洞)이였는데 이미지가 안좋아 뱀蛇을 절寺로 바꿨다고 하는데 이야기가 서로 다르나 확인할 수 없다. 이 동네도 10여 가구까지 살았다 하나 지금은 사람들이 살지 않고 농경지로 변하였다. 내 생각은 뒷산(제7봉)의 지형이 뱀의 형상이든지 이 일대에 뽕나무가 많아 잠사蠶絲의 사絲자를 따지 않았을까 하는 생각을 가져본다.

과목장果木場은 일제강점기에 일본인이 사과나무 과수원을 경영하였는데 일꾼들이 밤이 되면 농장에 심은 고구마를 캐다 먹었다는 일화는 당시 서민들이 가난하여 얼마나 배가 고팠음을 말해주고 있다. 지금은 과수원자리에서 3명의 젊은이가 비닐하우스에 상추 등을 재배하기 시작하여 그 종자돈을 마련, 한우사육으로 바꾸어 3농가가 1천 마리가 넘는다 하니 과목장(果木~)이 아닌 가목장(椵牧~)이 되었다며 부르는 이름의 발음과 뜻도 중요하다는 이야기라며 우스개 아닌 이야기를 꾸며 한다.

현재 56세대 111명의 주민들이 살고 있다.

***마을 기념물**

대사리 복지회관 (1994.8.14 건립)

6) 산북리 산북山北(살막)마을

정토산의 주봉 중턱에 정토사가 있고 절아래 마을이 살막으로 불리우는 산북마을이다. 마을입구에는 모정이 자리 잡고 당산나무가 2그루가 마을을 지키고 있다. 마을마다 있는 당산나무는 정월 초파일이나 정월 대보름 등 마을주민들이 당골(내미) 할머니나 점쟁이를 통하여 치성을 드렸으나 지금은 토속신앙이 점차 찾아보기 힘들게 되었다. (*살막: 물고기 잡는 움막을 말함).

마을 동편으로는 대사리주민과 학생들이 수금리에 있었든 정우면사무소나 정우초등학교를 가는 (학생들이 주로 이용) 지름길이 있었으나 지금은 호남선 KTX가 생기면서 사람이 다닐 수 없는 되었고 정토마을에서 넘나든 고개길도 마을앞 도로가 정비되고 시내

산북마을회관 전경

버스가 운행되는 바람에 농사일이나 나물 채취하는 사람들이 이용할 정도였는데 고갯길 바로 밑으로 고속철도 터널이 뚫리며 길이 막혀 칡넝쿨이나 잡초에 둘러 싸여 있으나 터널 오른편 아래쪽의 능선을 타고 개인 문중 산소들이 산재되어 있는 근방에 산줄기를 타고 고인돌로 추정되는 칠성바위 7개가 위에서 아래로 잡목과 잡초 속에 사람의 접근을 막고 있었다.

가능하다면 마을 앞 입구에 안내판을 세우고 주변 묘소를 훼손하지 않는 범위에서 땅주인의 허락하에 시계청소라도 하고 발굴조사를 한 후 보존하였으면 한다. 칠성바위 아래 창동시암이 있었는데 "그물을 마신 벙어리가 말을 텄다는 영험한 샘"이었으나 경지정리를 하면서 없어졌다. 불과 30여 년 전까지도 산자락에 샘이나 방죽(소류지)등이 산재했었고 고분들을 도굴꾼이나 뱀꾼들이 들쑤시고 다니는 모습을 볼 수 있었다고 정토산 주변마을 주민들의 증언을 들을 수 있었다. 참 안타까운 일이지만 이미 지난일이다. 이제라도 정토산과 주변마을까지 하나하나 발굴조사와 관심 많은 어른들이 살아 있을 때 채록하여 분석 후 정리 보존하였으면 하는 바람이다. 마을 앞쪽 도로와 철도가 지나면서 한 동네이면서도 불편한 마을로 변한 소사(새)동은 한때 15여 호까지 살았는데 지금은 5여가구 정도로 살고있다. 이 마을에는 엄씨가 몇 가구 같이 살았으며 전봉준 장군의 전령(정확한 기록이 없어 직책은 구전을 참고)이었다는 엄이경(1875~1986)옹이 조용히 신분을 내세우지 않은 채 농사를 지으며 사셨는데 당시 88세까지 장수하셨다고 행정관청에서 상을 주면서 알려지기 시작했다. 그후로도 110세까지 소꼴도 베어올 정도로 정정하게 살았는데 돌아가시면서 이승만 대통령(1875~1965)과 출생 연도가 같고 장수(112세)하셨다는 사연이 신문에 대서특필한 적이 있었으며 동학에 대한 인식이 바뀌면서 그분의 행적에 대하여 역사학계와 메스컴 등에서 취재를 시도한바 있으나 엄이경 옹 과 아들이 돌아가시자 손자들은 고향을 떠나 연락이 닿지 않아 아쉬움이 남겼다. 가능하면 앞으로도 관심을 가지고 엄씨 할아버지의 동학에 참여한 자료를 알아볼 생각이다.

현재 60세대 124명의 주민이 농업과 축산업에 종사하고 있다.

***마을 유적및 기념물**

칠성바위(고분 추정)7기. 정토사.

마을회관 1998.6.28 건립. 소사(새)동 김해김金씨 제실.

7)수금리水金里 금북金北, 금남金南마을

수금리는 정토산 첫 봉우리에 터를 잡고 삼국시대 백제의 고부군 3동방, 통일신라시대에는 태산군 3동방에 속했으며 조선시대 고부군 수금향鄕이었으나 행정구역 개편으로 수금면이 되고 다시 정토면에 편입 되었다가 1914년 행정구역 개편으로 정우면 수금리로 변경 면소재지로 되면서 붙어 있는 마을을 북쪽은 금북(배씨 집성촌) 남쪽은 금남(김씨 집성촌)마을로 분리되어 현재에 이르고 있다. 마을

산북마을회관 전경

앞에는 호남선 철도와 지방도로가 지났으나 철도는 산북마을과 금북마을 중간지점에서 직선화하여 가재골엽 제1봉과 1봉사이의 고갯길 아래로 터널을 뚫어 월성부락을 통과하여 초강리 방면으로 지나가게 되었다. 마을 앞을 통과하던 기차가 마을 뒤로 터널을 뚫어 통과하고 있다는 이야기다. 터널공사 후 마을 우물에서 샘물이 잘 나오지 않고 있었다. 공사 이전에는 공동우물이 많은 마을로써 맑은 샘물이 넘쳐 흘러 바가지로 떠서 마실 정도였으며 약수로 널리 음용되였었다.

1983년 면사무소가 초강리로 옮겨 가면서 민원인들의 발길도 끊겼다. 면사무소 자리는 동네 출신 출향인사가 인수 제과공장(세미기업)을 세웠으나 지하수 고갈 문제 등으로 주민들과 갈등을 빚은 적도 있었는데 그마저도 농공단지로 이전하는 바람에 잡초만 무성

정우면사무소 터(뒷면)

금남마을 모정(모근정)과 석장승

석장승(중앙)의 변함없는 모습

하였다. 면사무소 앞에는 보건지소 약방 대서소 주막 등이 있었으나 점차 사라지거나 초강으로 이전하였다.

금남마을 앞에는 대정마을 방면으로 모정(모근정 단기4270 중수)이 있고 모정 앞에는 당산나무와 언제부터 그 자리에 서 있었는지 모르는 석(돌)장승이 둘이 아닌 3기가 서있다. 석장승이든 나무로 만든 장승이든 남녀로 구분하여 한 쌍으로 서 있는 걸 많이 볼 수 있는데 3기(1기는 자연석)가 나란히 서 있는 장승은 보기 드문 일이어서 마을 원로들을 만나 물어보았으나 정확히 알 수 없었다. 중앙의 1기(사진)만 모습이 남아있고 우측의 1기는 머리 꼭대기(상투모양)만 알 수 있었다. 대정마을 방면 길을 사이에 두고 양편에 각각 모정이 마주 바라보며 주변에는 백 년은 넘었을 법한 오래된 당산나무와 배씨 문중의 비각이 있다. 금북마을 모정입구에도 금남마을 모정처럼 입석 3기가 나란히 서 있으나 자연석으로 가장 작은 입석 꼭대기에는 간장 종지 크기의 홈이 파져 있고 별다른 흔적은 찾을 수 없었다. 모정은 이용하지 않는지 잡초에 둘러 싸여 있었다. 금남마을의 초등학교 가는 중간에 옛날에는 똑딱(작은)방앗간과 서당, 이발소 등이 있었는데 지금은 사라지고 마을회관만 자리하고 있다. 오른편으로 언덕길을 오르면 돈담마을이 나온다. 정토산 줄기의 끝자락 날망(등성이) 안옥한 곳에 10여 가구의 주민들이 살았다. 이곳에는 한약방, 서당, 당골 할머니(주민들이 보리때 한 말 가을에 나락 한 말 거출하여 전달)가 있었으며 정토산의 사라져 가는 전통세습의 끈으로 마을의 풍습과 주민들의 안녕을 빌었을 것이며 우리의 전통은 당골 할머니와 함께 우리의 곁에서 멀어져 가고 있다. 돈담마을 옆에는 1930년 개교한 정우초등학교가 자리 잡고 있다. 농촌인구가 많을 당시(1959년)에는 학생수가 1800명이 넘었는데 현재(2016년)는 79명의 학생들이 다니고 있다.

*마을 유적 및 기념물

수금리 금남마을 정우초등학교 (1930년 개교)

금남마을 입석 3기(장승2기와 자연석1기)

금북마을 입석 3기(자연석)

모근정 1988.4.건립

영모제 김씨 제실

삼강정려三綱旌閭비 성산배裵씨 (열녀 효자 충신 배향) 단기 4289.건립

조사기간 : 2016. 7. 20~9. 25

조사방법 : 자료준비 후~ 현장답사와 마을주민 증언 참고

마을별 2~5회 순회와 현장 사진촬영

참고문헌

*정읍문화재지 (2002 증보판 정읍문화원). 지명유래총람

한국지명총람. 여지도서. 전북문화유적연구원(2013 학술총서)

*정우면 면장님과 담당 공무원들의 자료협조

*농어촌공사 낙양지소장 김신. 정토사 주지 원공스님.

증언해 주신 주민

(정토) 김영철 형제, 최규식, 이춘호.

(회룡) 신홍균, 김일권, 정병주. (대사) 오선회, 오정수, 오금수, 최홍식.

(산북) 최중규, 최전식, 배상대 부부. (수금) 윤태식. (소새동) 엄섭.

(無順, 尊稱省略, 協助 감사합니다)

일제강점기의 식량 생산과 수탈

전국에서 쌀을 말하면 먼저 호남평야를 빼놓고 이야기할 수 없다. 그 중에 주산지로서 정읍, 전주, 익산, 군산, 김제 등 5개시와 완주, 부안, 고창 등 3개 군에 광범위하게 걸쳐있는 땅으로서 일명, 전북, 전주평야, 김제 만경평야라고도 부른다.

1) 수리조합의 탄생

근대화로 접어들며, 힘 빠진 조선의 국권은 일본에 넘어가 1910년부터 조선 경영권이 넘어가고 1920년대부터 식량 생산과 수탈과정에서 수리조합이 탄생, 일제 속에 근대화로 넘어가는 과도적 시간에 역사를 짚어보며 새겨보고 느껴봐야 할 것이다.

홍수와 가뭄으로 인한 농작물의 피해와 흉년을 방지하고, 농업의 근본적인 개선을 명분으로 민간 조직 법인 동양척식회사에 의하여 호남평야에 6개의 대형수리조합이 창설되었다.

2) 전북지방의 수리조합 설립

1908년에 옥구서부수리조합, 1909년 임익수리조합, 임익남부수리조합, 1910년 임옥수리조합, 전익수리조합, 1913년 고부수리조합 순으로 생겨났다. 수리조합의 기능은 논에 물을 대기위한 방법, 저수지 축근 및 수로관리, 1920년부터 벼의 생산, 품종혁신(개량), 생산된 쌀을 일본 본토에 수출함으로써 원활한 식량공급이 목표였다. 조합장은 일본인이 맡았으며, 임익남부수리조합과 임옥수리조합이 합병, 익옥수리조합으로 탄생함. 후지이 히로신타로가 조합장을 맡아 지역의 대표적인 침탈의 인물이다.

3) 수리조합의 명칭 변경

수리조합은 1960년 토지개량조합으로 명칭 변경. 1970년 농지개량조합으로 개칭. 1980년 이후 수세에 대한 반발 등으로 인하여 농업기반공사와 통폐합하였으며, 전북에는 전국 최대규모의 동진농지개량조합을 비롯, 금강농조, 전주, 남원, 고창, 정읍, 순창 등 8개 조합이 있었다. 2,900여 개의 농민조직인 흥농계가 있었으며, 1년 예산이 366억여 원이 소요되었고, 농업용수확보와 공급, 수리시설 설치와 개보수 유지관리, 경지정리 등의 사업을 하였다. 1990년대 후반에 90만여명의 조합원과 5,050㎢ 면적의 논을 관리하였다.

4) 정읍 관내의 농지개량조합

1913년 일본인 천야장구 주도로 흥덕과 고부를 아우르는 지역에 물을 공급하는 고부수리조합으로 설립. 1939년 고창수리조합으로 발전하였다. 이후 여러번에 걸친 명칭 변경이 있었다. 일제강점기 농민수탈의 선봉에선 수리조합을 해방 이후 농민을 위한 조합으로 성장. 1960년까지 천수답이나 수리불안전답에 대한 관리개선사업을 주 목표로 하였으며, 1960년대 이후 토지개량사업, 개간촉진법, 공유수면 매립법 등을 정비하여 개간과 경지정리 및 농지개량시설의 유지관리와 개보수 등의 사업을 하게 되었다.

고부수리조합현황(1924년)

고부평야(고창, 정읍, 부안군 간에 개체)를 중심으로 1924년 8월 4,280영 정보에 사업비 768천 원이었으며, 총대인 243명에 피선거자격자는 116명이었다.

조합비는 명 43년~대정 원년까지 소작인에게 1두락 당 5되를 징수하였으며, 대정2년~5년까지 1두락 당 25전씩 지주에게 직접 부과했으며, 대정6년부터 1반 당 40전씩 부과하였다.

5) 농민운동

몽리구역은 부족한데 조합비는 과중하고 관개구역을 무리하게 늘려 소작인들의 원성이 자자하였다. 동진강 부근에 접한 고부천에 보를 설치 흐르는 물을 저수한 것이 유일하였으며 산간쪽에 저수지가 다수 있으나, 규모가 적어 평야지까지 미치지 못하였다. 특히 영원, 고부 일대는 저지대여서 한 해는 물론 수해까지 피해가 컸다. 농지는 동약척식에서 사들여 600여 정보를 소유하였다. 처음에는 조합설치 반대운동을 시작으로 침수토지 보상, 소작료 인상, 과다한 수세징수, 구역 확장 반대 등 투쟁이 점점 격화되어 중.소작농들이 연합하여 농민조합을 조직한 후 수리조합습격 등으로 일본 경찰과 충돌하였으며, 수감된 농민들을 빼오는 등 수리조합 반대운동을 식민체제에 대항하는 독립운동식 성격을 강하게 띄고 전개되었다.

수리조합 반대운동은 항일농민운동으로 확대시켰다는 독립운동사적 의의를 지니고 있다.

동진강東津江의 이야기

동진강東津江

우리나라 경제에서 농업이 차지하는 경제상 비중은 예전만 못하다고 말할 수 있지만 국민건강상 먹거리에 대한 관심이 높아지는 상황에서의 중요함은 절대적이라 할 수 있다.

그동안 우리나라 농촌은 대지주와 영세농민의 갑 을 구조에서 농업 생산 능력은 열악하기 짝이 없어 빈곤 영세민의 삶은 처절하기까지 하였다.

우리나라의 농지 개량사업은 일찍이 삼국시대(三國時代)로부터 시작된 것으로 일제강점기를 거쳐 오늘에 이르기까지 농업의 중요성에 따라 발전하였다.

우리나라는 삼면(三面)이 바다이며 북쪽이 대륙으로 이어지는 반도로 형성되어 해양성 기후와 대륙성 기후가 같이하여 여름과 겨울의 기후차가 극명하게 엇갈리며 남부, 중부, 북부로 나뉘어 강수량이 차이가 있고 강수량이 7,8월에 집중하여 내리기 때문에 가뭄과 홍수의 피해도 크다.

농경사회의 차산치수는 동서를 막론하고 중요한 사실이지만 우리나라도 삼국시대부터 벼농사가 시작되면서 수리시설이 중요한 자리를 차지하면서 강에 대한 관심을 가지지 않을 수 없게 되고 교통이 원활하지 못한 시대에 맞추어 수로의 운송수단은 매우 중요하다 할 수 있겠다.

가. 백제 비류왕 27년(330년, 신라 흘해왕 21년) 벽골제를 축조 길이 1,800보

전라북도 김제 대제방의 시초 백제 도작개시 후 270년을 경과할 때 논으로 변경.

다. 벼농사 백제 다루王 6년(癸巳)2월 벼의 재배 시작.

1. 농업의 발달

1) 조선시대 大小堤堰(저수지)3,378개소 중 전라도 913개소

유지관리 : 조선현종 3년 堤堰司를 설치 각도에 분장케 하였다.

조선 태조 4년 낭장 정 상주하여 지방 인물 중 재간 있는 자를 선정 권농관(勸農官)으로 하여금 堤堰을 修築하였다고 한다.

2) 일제강점기

* 전라북도 434개소

* 단기 4238년까지 (서기 1905년) 조선의 관개현황은 시설은 많이 있지만 폐허가 된 것이 많았으며 황무지가 많았다. 이에 대해 보수하기 위해 광무 10년 日人들의 의사에 의하여 수리 조합 조례를 발표, 각지에 수

리조합을 설치. 관개 시설의 개선, 수축 단기 4240년 국유 미간지 이용법 발표. 민간소유 아전들이 들, 황무지, 소류지, 간척지를 開拓하였다. 사업실적 4239~4252 몽리면적 40863접(고부 4249년 5,2설치, 4284정)

3) 해방 이후 4287년 대소지구 간척지구 준공실적(지구수 199, 전북 27지구)

＊ 동진시 東進詩 (김현섭)

호남벌 적시는 증산의 젖줄

우람한 노령산맥을 틀어 빚은 거대한 흙그릇

수수 임실 강진 옥정 섬진강 댐

장장 만이천리의 금만경 물줄기

생명의 시원인 물

＊ 동진수리조합 창립

1925. 8. 19 동진수리조합 창립, 1928년 운암제 축조,

1965년 섬진강 다목적 댐 4억 3000만㎥ 12,000리 수로 43,000ha 5만 조합원

쌀 주산지, 호남평야의 중심지 전국 106개 조합 중 최대 규모조합.

동진강 유역이 고대 수도작의 발상지이며 호남평야는 도작문화의 요람지라 하겠다.

＊ 동양 최고, 최대의 벽골제

노령산맥이 동남으로 뻗어 모악산(696), 상두산(575), 묵방산(562), 왕자산(471), 칠보산(472), 신선봉(763), 입암산(633), 반등산(743) 등 준봉이 솟아 있고 이에서 발원하는 동진강 수계의 여러 물줄기가 서북으로 흐르며 유역에는 우리나라의 곡창 호남평야를 이루었다.『농진농조70년사』

원평천→ 벽골제 → 고부천

수리조합 남한(4288) 596개 전북79개 제주도 5개

2. 동진강

동진강은 산세에서, 모악산에서 반(半)등산에 이르기까지 노령산맥이 계곡에서 발류하는 다기형의 수계로 김제, 정읍군과 고창군 일부의 하천이 모두 부안군 동진면 노고리 하구에서 합류된다. 동진강의 원류는 정읍군 산외면 종산리 팽나무정에서 발류하여 평사천과 태인천(대각천)을 지나 이평 평야로 흘러 서해로 유입한다. 그리고 동진강은 정읍 내장산에서 발원하여 정읍천을 흘러 이평 평야에 이르고 대각천(태인천)은 상두산에서 발원하여 그 기점이라고 기록되었다.

○ 평사천(平沙川)) : 정읍군 산외면 종산리(운암발전소)에서 발원하여 상두산에서 발류하는 상두천과 합류되는 동진강의 상류이다.

○ 정읍천(井邑川) : 내장산에서 발원하는 정읍 시내를 지나 과교천과 또 입암, 노령에서 발원하여 천원천이 합류, 이평으로 흐르는 동진강의 주요 수계의 하나이다.

○ 원평천 : 모악천 모악산과 상두산에서 발원하여 금산천과 합류한

다. 벽골제의 수원이기도하다.

○ 금구천 : 모악산 서북맥에서 발원하여 금구를 지나 원평천과 합류한다. 상류에 선암제가 있다.

○ 고부천 : 반등산에서 발원하여 소성천과 흥덕천이 합류하는 왕석(往昔)의 눌(訥)제천으로 눌(訥)제의 수원이었으며 현재는 흥덕제의 수원이 되고 있다.

○ 태극천 : 원평천과 금구천이 합류하는 동진강수계의 주요 수계이다.

○ 금산천 : 모악산 계곡에서 발류하여 원평천으로 합류하며 상류에 금평제가 있다.

○ 신평천 : 정읍 북부산지에서 발류하여 부용천과 분수하며 서류 동진강으로 흐른다.

○ 두원천 : 원평천의 상류로 대화제가 있다.

○ 시산천(오천) : 고당산에서 발류하는 일명 호동천으로 태인천과 합류한다.

○ 백산천(호동천) : 상두산에서 발류하는 태인천과 합류한다.

○ 태인천(대각천) : 평사천, 시산천, 보림천이 합류 거산평야를 흘러 이평에서 또 정읍천과 합류하여 동진강의 보류를 이룬다.

○ 직소천(백천내) : 부안 상서면과 하서면의 경계가 되는 우슬재(240), 삼예봉(354.6) 남예왕봉(432,7)등에서 발원하여 상서면의 구간까지 백천내라 부르며 상선봉(459,1) 망포대, 세봉(400)등에서 발원하는 직소천과 변산면, 상서면의 경계에서 합류한다. 변산면 중계리를 지나면

서 남북방향의 유로가 동서방향으로 바뀌고 다시 석문, 군막 등을 지나면서 남북과 동서 방향으로 유로가 교대되면서 해창포구에 이른다.

○ 두보천(斗甫川) : 부안군 주산면 토산리 주산에서 발원하여 계화면 배수로 에 합류, 돈지 갑문으로 흐른다.

○ 운산천 : 변산면 쌍선봉(459,1)등지에서 발원

○ 유유천(儒遊川) : 외야미평야

3. 동진강 유역의 평야

○ 고부평야(눌제평야) : 김제 만경평야와 아울러 손꼽히는 유명한 평야

○ 이평평야 : 정읍천과 태인천의 합류지점, 옛날부터 유명한 '배들' 옛날 고부군이 부군으로 일컬어온 것은 고부평과 이평평 그리고 수금평을 끼고 있기 때문. 동학 혁명의 발상지

○ 거산평야 : 태인유역에 있어 칠보, 태인면에 걸쳐 신태인 평야와 칠보평야에 연정해 걸쳐있음.

○ 수금평야(赤江평야) : 섬진수계의 몽리구역 신태인, 이평평야와 연접해 있음.

○ 신태인평야 : 이평, 수금, 화호 평야에 연접, 김제 간선수로가 통하고 있다.

○ 청당(淸塘)평야 : 김제 벽골제 평과 화호 백산평야에 연접 동진강 하류의 평야이다.

○ 후지(後池)평야 : 영원면 석우(石隅) 제수원의 평야

정읍지역의 소성, 도계, 초강, 칠보, 궁사, 방교, 유정평야

–동진강 유역은 지리적으로 천역적인 농업지대로서 우리나라 농경문화의 발상지적인 사적 위치를 지니고 있다. 벽골제와 아울러 고부제가 바로 역사적 배경을 말해주는 것이다.

–(신동국여지승람, 정읍 고부편) 큰들大坪 광활한 들이 만경평야 바다에 이어지고 수평선 위에 아울 거리니 마치 하늘이 바다 위에 떠 있는 풍경이다. 태인 고부를 지나가는 길손들이 타고 가는 말을 멈추게 하고 해지는 줄을 모를 정도였다.

–고부눌제는 벽골제와 더불어 농정사를 이룰 뿐 아니라 수리토목의 대표적인 큰 역사(巨役)이었다. 정읍 고부 눌제와 김제 벽골제, 익산 황등제를 우리나라의 큰 저수지로서 三湖라 일컬어 왔으며 호남의 호칭 유래이다. 옛날에는 국력을 기울여 3제를 건설하였고 노령 이북은 흉년이 없게 되고 온 나라가 만세의 이익이 된다, 그것은 국세의 반절이 호남에서 나오기 때문이다.

–유형원(반계수록) 고부눌제는 벽골제와 더불어 우리나라의 국고와 경제를 좌우 했었다. 고부눌제는 고부면 관청리 시축년대는 미상이나 벽골제와 더불어 삼국시대로 추정된다. 고부눌제는 "3대 수문" 동 중 서의 삼대 수문이 (태종실록 18년 1월 13일 기록에 나옴) 있었다고 하며 세종 원년 전라 감사의 소청으로 민정 1만여명을 징발, 한 달 동안 수축을 마쳤다. 다음해 8월 홍수로 파손했다(세종실록) 다음해 전라감사 재수축을 소청했으나 이루지 못하고 폐제된 것 같다. –눌제는 폐제되고 언제부터인지 율제로 불리워져 현재의 지명으로 불리고 있다. 현 홍덕제는 눌제

로부터 4km 상류지점에 1919년 4월에 축조하여 지역면적이 4,420정보에 2739정보를 관계한다.

4. 호남평야를 끼고 흐르는 동진강

동양 최대 규모의 동진수리조합의 수원은 동진강 수계의 자연하천 류수 중 집수지역은 보의 형태로 이용하는 자연수계(전체면적의 26%에 불과)와 섬진강의 유로를 인위적으로 변경하여 호남평야로 방류(산외)시켜 이를 농업용수로 이용하는 인공 수계로 구분된다.

동진강은 정읍 산외 종산리 墨方산의 남맥 속칭 팽나무정(284m) (완주군경계)에서 발원하여 평사리에서 상두천과 합류한다. 이게 동진강의 기점이며 평사리 기점에서 칠보평야와 거산평야를 흘러 정우, 산북, 화전(현 신태인)마을 앞에서 정읍천과 합류하고 부안군으로 흐른다.

동진강은 본류와 고부천, 정읍천, 원평천의 삼대 지류가 동남에서 서북으로 흐른다. 구배는 계곡지대가 200분의 1정도이고 평야지대는 2500분의 1정도로서 유역은 비교적 평탄하고 완만한 경사의 야산과 비옥한 충적층의 광대한 평야로 이루어졌다. 그러나 동진강은 수원이 아주 빈약하여 섬진강의 풍부한 수원, 운암제를 막아 농업용수의 주 수원으로 이용하였다. 일제는 지리적으로 유리한 조건을 이용, 유역변경식 수력발전을 시작하고 근대공업이 발전하는데 큰 영향을 제공하게 되었다.

운암제와 수력발전소와 농업용수로

1925년 8월 19일 동진수리조합 창립 11월 섬진강 임실 운암리에 운암제를 기공, 2년이 걸려 1927년 12월 준공, 동시에 운암수도로 1926년 2월 착공. 1927년 5월 준공(표고 284m, 길이 759m터널) 동진강 하류로 방류. 1928년 10월 제2차 도수도를 착공, 1931년 10월 준공. 운암 발전소로 방류시켰다.

다시 20km 흘러 태인면 낙양리 취입보에서 정읍간선과 김제간선으로 갈라진다. 1940년 9월에는 칠보수도 착공 1945년 3월 준공, 정읍 산내 장금리에서 독고산봉 서맥을 관통 길이 6,216m의 터널을 통과하여 칠보 시산리로 섬진강 물을 방류시켜 칠보 수력 발전소에서 운암수도의 방류수와 합류 낙양리에서 신태인 평야와 벽골제를 지나 20여km를 흘러 김제 벽산제와 만경면의 능제 광수저수지등에 용수공급. 15,702정보의 금만형야를 관개한다.

* 정읍간선

낙양취입보에서 정우 대사리 정일수도를 통과 동진강 좌안의 수금, 이평평야를 관개하며 부안 백산까지 20여km의 용수를 공급, 총면적 2,514정보를 몽리한다.

* 섬진제의 동진강 도수로

1940년 운암제의 하류 2km 지점에 착공 2차 대전으로 중지, 8 · 15해방후 재착공했으나 6.25전쟁으로 중지, 1961년 8월 19일 다시 착공, 1965년 12월 20일 준공되었다. 섬진제는 운암제의 33m를 64m로 넓혀 저수량 9배로 늘리고 이를 칠보 발전소로 방류 그 수력으로 제2호기를 증설 개화도 간척지지까지 66,945m의 도수로를 개설하여 간척지 농엽용수로 관개한다.

동진강 도수로는 칠보발전소 방류구에서 칠보, 태인면 등 34,5km와 부안 주산, 상서면 등 32,445km의 동진강 서남부의 구릉지대를 지나면서 수리 불안전답 7,145정보에 몽리하고 계화도 간척지 2,708정보에 급수하고 있다.

1. 역사적 배경

고고학적으로 고창에서(BC2000년경) 동진강 및 만경유역 물농사(水田)의 기원을 추리할 수 있다.

우리나라는 원시시대에 씨족사회 공동체를 형성 최초는 모계 씨족 사회 공동체, 금속기 시대에 모계에서 부계로 교차되면서 부계 공동체 또는 가부장제적 가족 공동체가 발생, 금속 생산도구가 농경, 목축 등 생산

영역에 결정적인 역할.

* 기원 1세기 경 남한에 도작이 있었던 것으로 추정

1920년 동진강 유역 '볍씨'자국 토기 발견 최근 1966년 ~1967년 부안 주산면 소산리 동진면 반곡리에서 볍씨자국 도기조각이 각각 출토 확인, 학계의 관심을 모음.

* 삼한시대의 제방 유적 : 김제벽골제, 제천의림지, 밀양 수산제, 단양의 대제지, 상주의 공험지 등

2. 정읍지방 제堰보

정읍 상평지 등 14, 신태인 연정지, 장군지 7, 북면 답성지 등 28, 내장 하부지 등9, 입암 등천지 등7, 소성 화동지 등 14, 고부 당덕지 등 9, 영원 운학지 등 7, 덕천住정지 등9, 이평 평령지 등 12, 정우 외장지 등 8, 태인 이암지 등12, 감곡 원삼지 등28, 덕천 검곡지 등 6, 옹동 칠석지 등 12, 칠보 무성지 등5, 산내수양산지 등 18, 산외 만벌지 등 3개소. 계 4139

1) 율지(장자지)

정읍-줄표선 지방도로변 고부면 신흥지 면적 1정여

전설 : 往昔에 한 백만장자 이곳 거주, 성질이 매우 괴팍하여 과객과 걸인에게 가혹한 행동 '어느날 노승 래걸 하자 며느리 성질순량, 시부의 부덕에 노염, 노승에 쌀 1발 시주, 노승이 며느리 따라 오라하여 노승의 비범함을 알고 아기 업고 따라나서 절대 뒤를 돌아 보지마라 부안 보안면 원입석리 지점에서 자기 집을 보니 이미 일대 저수지로 변함, 놀라 비

통하자 별안간 그 여인은 아기를 업은 채 석불이 되어 버렸다'는 이야기. 이 석불에 기도하면 소원성취, 집을 짓고 봉안 지(못)에서는 유기그릇을 발견한 사실이며 지(못)중에는 철주가 남아 있다고 인근 노인들은 말한다.

2) 만석보(광산보)

이평평야 관개 수리시설 1894년 조병갑 군수가 수축, 징세하자 갑오동학을 일으킨 보, 개항기까지 외침과 영향을 줌.

우리나라 3면이 바다, 반도국, 주변 강대국의 끊임없는 외침

위만조선 一한은 진의 뒤를 이어 중국 통일, 동족을 침략 압록강 방면 창해군 설치, 복종치 않는다고 수륙으로 대군이 위만조선을 치고 한4군 지배(BC108)

낙랑군 약 420년 통치, 이에 민족의식과 국가적 단결 한의 세력 몰아내고 북쪽에 부여, 고구려 남쪽에 마, 변, 진한 등 삼한이 일어남.

중국의 치산치수 문화흡수, 농경작에 수리를 도입, 마한은 인접 대방군과 교류 많아 농업이 발달, 수리시설 원조 벽골제가 이 지방에 축조 추리.

조선시대 농림정책, 황무지 개간 저수지 축조, 조림 등 다양한 정책수립 효과 거둠. 정조 말~순조 초의 전답 면적 83만여 결(18,432㎢) 제堰(저수지) 3,529개

3. 일제강점기 정읍의 수리시설

1) 1925년대 정읍의 관개시설

섬진제 운암면 운정리에서 759m의 도수로 터널을 뚫고 동진강지류에 유입시켜 태인면 낙양리에 이르게 하여 취수문을 설치하고 이것을 우양간선 용수로에 끌어들여 우측 본간선 좌측을 정읍간선으로 하였다. 우측방향 본간선 山麓에 연하여 신태인에 이르고 철도를 건너 산려를 서북으로 달려 용북면 양괴리에서 우로 돌아 벽골제로 나와 김제 죽산면 월촌면, 성덕면을 거쳐 진봉면에 이르는 그 연장 24,234km로 다시 이 간선에서 좌우에 15선 총연장 71,4km의 지선을 분배하여 131선 총연장 147,6km 배분선을 나누어 배수를 계획. 좌측방향 정읍 간선은 낙양리 취입구로부터 산기슭에 붙어 정토면 산북리에서 철도를 횡단하고 부안군 백산면 대수리에서 북방으로 돌아 하청리, 거룡리를 거쳐 벽산교의 상류에서 동진강에 합류하는 연장 12,25km로하고 다시 연장 14,75km의 배수로를 분기시킴.

2) 배수

배수는 벽골제의 동쪽방향 저지대를 중심으로 약 6,000여 정보의 홍수 피해를 막기 위한 것으로 정읍군 감곡면 삼평리를 기점으로 하여 벽골제를 거쳐 김제군 죽산면 서포리에 이르는 연장 7,272m의 배수로를 신설, 동진강의 하류에 방류할 계획. 그 출구에는 방조문을 설치하여 조수의 침입을 방지함과 동시, 내부에 저수한 여수(남은 물)는 하류지의 용수에 이용함.

3) 사업비 공사비 700만원 비보조 341,500원 보조대상 6,658,500원

4) 총독부에 대한 진정서

* 5호 진정서(요약)

조선은 고대부터 농업 입국, 조선 중세 수구보의 시설 황폐화 생산감축, 일본의 지배 각종 시설계획 수립 농사 개량 증식

대정7~8년(1918~1919) 미곡폭동→외미 1천여만석 수입(2억5천만 원 지불) 매년 2천만 원~7천만 원 수입미 대금논(수전) 150만 정부 중 120만 정보 용수설비 없어 천수에 의하여 그 수확이 정해짐.

초생지의 개간 간척지의 간척 전(밭)의 수전 지목 전환→ 새로운 논을 만들 수 있는 여건 목적 달성을 위한 수리관개사업 필요.

가뭄이나 홍수피해, 지방 농민의 궁상은 극에 달함. 궁민, 유랑, 문전걸식 참상은 눈뜨고 못 봄. 동정을 금할길 없음. 인접 관개시설 수리 조합지역에는 오히려 증수를 올리는 실황을 보고 동진평야 관계 지주들은 수리사업 실시의 긴급함을 통감하고 특히 下岡 정무총감 각하 제 친히 시찰, 지도를 하여 주셨고 보조금을 주심.

5) 수리조합 창설

그리하여 1925년 8월 19일 동진수리조합인가, 최대 규모 수리기관 호남평야의 종심부에 탄생, 가뭄과 홍수에 시달리던 대지가 옥토미답의 옛 모습을 찾게 되었다.

* 초대평의원 1925. 9. 6. 11:00

조합장 亥角仲藏 일본회사 및 일본지주. 토양척식주식회사 등 14명, 한국인 강갑수 등 12인.

6) 고부 수리조합 1916. 5. 2.창설(동진수리조합 1925. 8. 19 창립)

비록 일본의 식민지 정책(산미증식계획)으로 착취를 위한 계획이기는 하지만 한국의 토지개량 사업면에서 볼 때는 중요한 시기이다. 1942년

4월 고부수리조합과 영원수리조합 합병. 중일전쟁을 비롯 세계대전과 8 · 15 해방에 이어 군정을 거쳐 정부수립 민족상잔의 6.25전쟁, 4,19의거, 5,16혁명 등 소용돌이치는 국내외 정세의 격변 속 어려운 가운데 농민소득 증대를 위하여 토지개량사업에만 전념.

7) 조합세력

조합구역 정읍, 김제, 부안 등 3군 20면 97리,

몽리면적 14,560정보. 조합원수 3,569인

정읍(9개면 38리) : 태인(4리), 옹동(2리), 산외(4리), 감곡(5리), 칠보(3리), 보림(칠보 4리), 용북(신태인 9리), 이평(4리), 정토(정우3리)

김제 : 죽산면(1면 3리), 대창리 지선, 만경지선 간척지, 성덕면, 진봉면 지사

부안 : 백산면(1면 5리)

8) 3조합 합병 이후

합병의 배경 당시 일본은 식민지에서 착취를 위한 증산정책을 강력히 추진, 1940년 증미계획수립 농지개량 위주 120만석 증산과 토지개량 사업을 추가, 6개년 최종목표 680만석 증산 목표수립, 전시하의 군량확보 총력, 몽리구역 및 조합사무소가 인접한 조합은 가능한 합동으로 처리 편법.

수자원 이용의 합리화와 사무의 간소화를 기하기 위하여 군소조합의 합병을 꾀함, 이러한 시대적인 요건과 1941년 신 댐 축조 시 동진강 도수로 공사 계획 완공되면 수원이 부족한 고부수리조합 지구는 섬진제 수원을 이용해야 할 실정에 있었으므로 동일 수계의 범위에 종합하여 3조합

의 합병을 하게 된 것이다. 그러므로 1940년 이후를 토지개량사업의 강행기라고 볼 수 있다.

조 합	몽리면적(정보)	조합원 수(인)	비 고
동진수리조합	18,800	5,350	
고부수리조합	4,322	1,137	
영원수리조합	211	83	
합 계			

① 고부수리조합 관내-정읍군 고부면 등 2개면 9개리, 부안군 6개 면 25개 리, 고창 흥덕 1개 면 5개 리

② 영원 수리조합관내- 정읍 영원면 3개리, 1945, 3, 2 봉산면 2개리 편입

1959. 7. 12 태인면 4개리 편입, 1960, 8, 11 김제, 정읍, 부안 일부 편입

③ 70주년 규모 : 2개 시, 2개 군, 2개 읍, 39개면, 30개 동, 284리 관할

총 인가 면적 50,781ha, 몽리구역 42,357ha, 쌀 생산 150만석 전국생산의 1/5,

임직원 인원(1992, 6, 8 현) 312명, 급여 매월 25일 조기퇴직(3개월분 급료), 사망(4개월분 조의금 지급), 월급 이사(3급~1급)250원~300원, 출납역 200원~250원(3급~1급), 기사장400원~600원(3급~1급), 서기 80원~190원(13급~1급), 기사100원~250원(13급~1급)

〈사업구역 내 여비액〉

직책	교통비	거마비(1리)	일당	숙박	비고
조합장	기차 1등 실비	80원	3원	7원	
서기,5급 이하	3등 실비	40원	1원 20전	3원	
용원	3등 실비	20원	1원	2원	

〈측량공사감독 지적조사 여비액〉

직책	교통비	일당	비고
기사장	기차 1등 실비	2원 50전	
서기, 기사5급 이하	3등 실비	1원 50전	
용원	3등 실비	1원 50전	

〈사업구역 외 여비액〉

직책	교통비	거마비(1리)	일당	숙박	비고
조합장	기차 1등 실비	1원	5원	10원	
기사장	2등실비	60전	2원 50전	5원	
기사 5급 이상	2등실비	50전	2원	4원	
서기,5급 이하	3등 실비	50원	1원 50전	3원	
용원 80원이상	3등 실비	40원	1원 50전	3원 50전	
용원 80원이하	3등실비	40원	1원	3원	

시간 외 수당 1일 서기기사 60원, 용원 50원, 용인 30원

1995년, 3월 1일

조합장(1~4년) 1,094,000원 → 1,126,000원 → 1,474,500원 → 1,518,000인상

직원 봉급 1급 갑 766,000원~1,144,000원(30호봉)

기능 1종 410,500원~700,000원(30호봉)-기술수당, 장기근속수당 별도지급)

촉탁 1호(1갑) 584,000원, 6호(5급상당) 389,000원

조합비 징수

1925, 10,1 특등지 1단보 1원 30전이내~7등지 6원 10전

1953, 2, 17 화폐개혁

1954, 4, 14 지구별 부과 경지제 폐지 4개 지구 600원이내 부과 한도액 정함.

1965. 2. 통상조합비 부과 한도액을 조곡 25kg 이내로 정함

1965. 9. 통상조합비와 특별조합비의 부과율을 현물로 정함.

부과당시 현물 시가로 환산징수 할 수 있도록 함.

1987. 농조의 조합비 과중과 관료화 비난 농민시위 및수세 폐지운동

1988. 조합비 10a당 22,5kg에서 10kg으로 인하, 조합운영비 부족분 국비 보조.

1989. 4, 1 조합비 1,000㎡ 벼2등품 5kg 당해연도 정부수매가격에 해당하는 금액이하로 함.

*** 사업시행**

(1)사업개설

고대로부터 조선말까지 주민 또는 국가에 의하여 이루어진 저수지, 보, 제방 등 관개시설은 내려오는 동안 관습과 법제에 의하여 운영되어 왔다.

(2) 수리조합

1906년(광무10년)4월 수리조합 조례발표

(3) 국유 미간지 이용법

1907, 7 국유미간지 이용법 발표, 정당한 수속 없이 부질서하게 이용하여오던 국유지를 제도적으로 정비, 한편 경종 가능한 미간지 및 매립가능한 공유 수면 등을 재간, 간척을 장려하여 생산제고를 도모함.

(4) 조선 수리 조합령

1917, 7, 2 합방 후 일제에 의하여 조선 수리 조합령이 제정됨, 1961년 말까지 내용에 큰 변동 없이 지속

(5) 산미증식계획

1920년 일제는 자국의 부족한 식량을 아직 개발 요소가 많고 미질이 좋은 우리나라에서 확보할 셈으로 산미증식 계획 수립, 토지개량사업을 중심으로 제도적 기반이 되기도 함. 1920년 12월 계획을 구체적 뒷받침하기 위해 총독부령으로 토지개량사업 보조규칙 발표.

(6) 공유수면 매립령

1923, 3 조선 공유수면 매립령 발표, 수속절차 간소화.

(7) 조선 토지개량령

1927, 12, 조선 토지개량령 제정 발표, 1928, 7 시행.

(8) 1945, 8, 15 조국해방 민족의 큰 기쁨 제공, 반면 모든 업무중단 사회 혼란을 면치 못함.

1945, 10, 9 영단이 12, 8 수련(水) 그 기능 부활

1948, 8, 15 정부수립 이후 토지개량 사업과 수리조합의 운영은 국가

적인 사업으로 일면 수습 1면 확장으로 증산시책에 역점을 두었다.

1950, 6, 25전쟁으로 시설은 폐허화 되고 물자는 귀하여 물가는 날로 오르고 51~52년 흉작으로 참담한 사회상과 조합의 운영도 재기하기 어려운 상태. 다행히 52년 12월부터 UNKRA활동이 개시, 53년 7월 휴전 성립, 조합운영도 시작.

1952, 4, 농지개혁 특별회계법 제정, 12월 UNKRA토지개량사업 지원

1953, 식량증산 5개년 계획 수립

1901, 5, 16 이후의 조합운영

민주적 운영방침에 의하여 방임적 상태의 폐단을 없애기 위한 감독권 강화

1961, 8, 15 수리 조합 합병에 관한 특별조치법 제정공표

1952년 이후 정부지원으로 무질서하게 난립한 군소조합과 방조수리조합을 합병

1965년부터 식량증산 7개년 계획실행, 대소하천을 이용한 양수장 설치, 지하수 개발, 보 및 저수지 시설이용

1970, 1, 12 농촌 근대화 촉진법 공포시행, 토지 개량사업, 농업 기계화 농가주택 개량 등 근대화 사업 단일규제

1989, 4, 1 농촌 근대화촉진법 개정, 임원선출 민주자치제도 시행.

1994, 12, 22 농어촌 정비법 제정, 농어촌 생활환경 정비 소유 증대사업 → 다방면 추진 현대적인 농어촌 조정

동진강 평야 → 정읍, 김제, 부안 등 3개 시군 약 2만 정보(700여 정보

는 벽골제의 몽리구역임) 벽골제→삼국시대→고려→조선 초기까지 수차례의 중수사업, 물걱정 없는 옥답이었으나 황폐된 뒤로는 수원을 얻지 못하는 천수답으로 전락

동진강 일부 중간 중간에 보를 설치, 저수지를 이용, 매년 수축했으나 홍수가 나면 보가 무너져 관개 불능의 시련을 당함.

진안의 본류와 순창 방면 추령천 합류지점을 막아 댐을 쌓고 섬진강 본류와 동진강 상류와 분수를 이루는 왕자산과 성왕산을 뚫어 수계를 바꾸어 동진강으로 유입시켜 평야지에 물을 보내는 사업을 시작했다.

1925, 9 ~ 1928, 8.까지 만 3년 계획 공사 시행 3번에 걸친 공사 변경

1928, 4, 6 관개용수 공급하다 1941년 체결. 1942년 진행.→ 1944년 2차대전 중단 → 1948년, 8, 다시 착공.

가. 운암대제→ 섬진강 댐(1965, 12준공)→6,25 중단, 61년 8월 착공

섬진강 본류와 순창 추령천이 합류하는 지점 2km 하류에 우측 정읍 산내 금성리 황토마을 좌측 임실 운암 옥정리 배소(所)부락을 연결 제방을 쌓아 1925, 11 ~1927,12 완공, 1928,1, 5 저수개시-조절수문 28,7 완공. 동년 12월에 교량까지 완공. 자수면적 76,200정봉, 집수량(평균)17,74m³ 주변 72km, 이름은 당시 총독 濟藤實 당시 제일 크다하여 大字를 붙였다고 한다.

운암 도 팽나무정 계곡→ 정읍군 산내면 궁산리(현재는 산외면)산외 정량리 →동진강 본류→ 산외 동곡리 →평사리, 오공리 → 칠보면 시산리, 무성리 → 옹동면 산성리 →태인 태서리, 거산리, 태창리 →낙양리

취입 수문에 이른다.(26km)

제방을 쌓고 하상정비 수리시설 홍수에 의한 교통단절 막기 위해 교량 건설

나. 낙양취립구

좌측 정우면 대사리 사동 우측 태인면 낙양리 내이마을 사이의 동진강을 가로질러 취입구를 시설 용수로를 통해 농업용수로 쓰게 하였다.

1926, 4착공, 1927,5,준공 정읍 간선 취입시설과 김제 간선 취입시설

＊ 수리조합 합병

1933년 전국 196개 조합 몽리구역 226천여 정보

고부 영원조합 고부(1916,5,2~1942,4,1)서울의 부자들이 처음시작, 중단되었다가 영원(1930,8,15~1942,4,1)합병 동진수리조합 동진수리조합(1925, 8,19)

이유 : 같은 동진평야에 있고 전북 유일의 쌀 주산지, 3구역은 상호 겹쳐 있어 조합운영이나 용수 조정상 유리한 점이 많다.

칠보발전소- 정읍 산내 장금리(6,215m)협도 개설, 유효낙차 136m

1. 궁사지역 양수장

태인 궁사리, 오봉리, 낙양리, 일대 8,2,8정보 지대가 높아 김제 간선이 인접에 있으나 혜택을 받지 못하며 피해를 면치 못하였는데 1959, 8. 착공, 12월 양수장 준공

2. 경지 정리 1

특별토지개양사업→ 생산 및 환경 정비 용배수의 토총개량, 경지의 집단화 등을 일괄 실시, 농기계의 효율적 운영과 합리적인 관리로 생산성을 높이는데 목적이 있다.

정우 1940–300ha, 1941–300ha

신태인 1939~1942, 1년 300ha=1200ha

태인 1940–400ha, 1941–400ha, 1942–500ha=1,300ha

고부지구 1940~1942–3,400ha

영원지구 1942–200ha

3. 해방 전 정읍지구 경지정리 현황 2

1) 이평면 장내, 창동, 평령리, 백산면 대수리 : 1939,10~1940,10, 313정보

2) 영원면, 고부, 부안 주산, 보안면 1940,10~1942,3, 748정보

3) 이평 두전, 마항, 팔원, 백산면 대수리 1941,12~1942,3 427정보

4) 감곡, 용곽, 부량면 일부 1941,12~1942,3 260정보

5) 영원 앵성, 부안 일부 1941,11~1942,3 738정보

4. 해방 후 정읍지구 경지정리 현황 3

1) 정우면 산북리 수금, 오금리 1966,12~1967,4 417정보 사업비 24,073천원

2) 정우, 덕천, 북면 일부 1971,12~1972,6 560정보 사업비 119,495천원

3) 태인 낙양, 태창, 오봉리 1974,12~1975,5 180정보 사업비 75,065천원

4) 태인 태서, 태창리, 정우 화천, 회룡리 1975,10~1976,8 166,16정보 사업비69,222천원

5) 감곡 방교리 김제 일부 1976, 12~1977,10 162,35ha 사업비 223,884천원

6) 정읍 북면, 정우 1976,12~1977,10 314, 58ha 사업비 248,102천원

7) 태인 태서, 매계, 거산리 1977,10~1978,5 193,61ha 사업비 204,388천원

8) 감곡, 이평, 김제 일부 1978,10~1979,9 193,77ha 사업비 473,003천원

9) 이평 창동, 덕천 상학 1978,10~1980,8 154,9ha 사업비 690,593천원

10) 태인 궁사, 신태인, 정우 일부 1980,10~1981,7 291,74ha 사업비 971,024천원

11) 영원 운학, 앵성, 장재리 1980,10~1981,7 101,34ha 사업비 529,723천원

12) 감곡 삼평, 김제 부량일부 1981,10~1982,7 343,29ha 사업비 1,511,991천원

13) 감곡 삼평, 김제 부량 월촌, 봉남일부 1982, 10~1983,7 406,03ha 사업비 2,137,660천원

14) 영원 풍월, 부안 주산 일부 1982,10~1983,7 342,14ha 사업비 1,756,477천원

15) 감곡 유정 봉남 일부 1983,11~1984,7 284,84ha 1,099,595천원

16) 신태인 정우, 이평일부 1984,10~ 1985,7 450,19ha 사업비 2,194,906천원

17) 신태인, 정우 일부 1985,10~1986,5 146,49ha 사업비 797,382천원

18) 이평 오금, 신태인 정우 산북 1986,10~1987,9 200,83ha 사업비 1,474,283천원

19) 신태인 화호, 부안, 김제 일부 1986,11~1987,9 184,19ha 사업비 1,135,331천원

20) 신태인 화호, 부량 일부 1988,11~1989,9 145,8ha 사업비 1,053,358천원

21) 태인, 옹동 일부 1988,11~1989,9 145,8ha 사업비 1,053,358천원

22) 이평, 청량, 영원, 백산 1989,10~1990,5 467,67ha 사업비 3,810,792천원

23) 태인 오류, 매계 1989,10~1990,9 68,96ha 사업비 578,182천원

24) 백산지구 25) 태창지구 26) 용흥, 영원지구 27) 칠보, 오류지구

28) 칠보 시산지구

29) 정우 대사지구 30) 정우지구 31) 산외지구 32) 화봉지구 등 121개 지구중 정읍 지구 34개지구

재경리 지구(정읍)

1) 후송지구(이평 1992,10~1993,9 185,36ha 사업비 2,590,500천원

2) 후송지구(이평) 1993,12~1994,10 87,26ha 사업비 1,262,506천원

3) 신흥지구(고부,줄포) 1993,12~1994, 10 87,26ha 사업비 2,714,447천원

4) 산북지구(정우, 신태인, 이평) 1993,12~1994,1 호우 동진강 범람, 328,62ha 사업비 4,775,050천원

5) 고부지구 1994,12~1995, 202ha 사업비 4,371,590천원

6) 국정지구 1994,12~1995, 202ha 사업비 4,129,875천원

*** 배수개선**

1933, 감곡 방교, 용곽 1, 용곽2

1935, 산북, 구석

*** 계화도 간척사업**

우리나라 간척지 개발 최적지

1944년 농지 개발 경영단 시도 8,15 해방으로 중단

1952년 제 1차 경제개발 5개년 계획의 일환으로 시도

1963년 토지개량조합연합회 조사 착수 계화도 중심 2개의 방조제를 축조

3968ha 매립 칠보 발전소~계화도까지 67km도수로 건설

1967년 도포지구 241ha 개당 233세대 입주(섬진강 수몰민)

1971년 청호저수지 축조 후 일시 중단

1974년 11월 대단위 농업종합 개발 사업으로

간척지 내부 개답 및 용배수시설이 시공되지 않아 5년간 유휴지로 방치

1967년 수몰지 농민을 입주, 겨우 경작했으나 염해에 따라 야생초만 무성한 곳이 많았고 인근 주민들이 무질서하게 구획을 정하여 농사를 지

었으나 온전한 개답이 되지 않은 상태라 용수시설도 없고 농가나 주택등 영농환경의 비로 안정성 있는 수확도 되지 않아 낙후 상태, 벼, 보리를 주작목으로 하고

시금치, 유채, 콩, 고구마를 시험 경작. 영세민은 조개 채취나 수공업 등 부업 의존

비용, 일본 해외경제협력기금을 차관(1974,12,26)5,580백만 원

조건 연리3,25% 7년 거치 18년 상환 조건으로 도입, 개답 공사 시행

1977, 12, 12 내부개답공사 준공

1979, 7 내부 개답공사 종료 2,708ha 농경지 조성 1,100톤 쌀 증산 효과.

***재해 피해**

1. 1930, 6,하순~7,15 사이 350mm 긴 장마, 특히 7,10 210mm호우 동진강 상류와 백산천이 범람, 피해 심각, 복구도 하지 못한 채 이어 8, 15 124mm호우가 내려 엄청난 피해 상태

피해 : 공작물 68개소 유실, 가옥 62,전파 485, 반파 667동 인명피해 9명,

다음해 1931년 1월~6월 사이 긴급한 곳 복구

2. 1934, 7,12 114mm호우 1621정보 답 침수, 다시 7, 18~25 일주일간 480mm 호우, 동진강 범람 8,752정보 침수, 다시 8, 9~8,15 일주일간 261,5mm 1923정보 침수 피해, 제방 316개소 111,977m,호안 81개소 3,876결손 유실 파괴, 교량, 113개소, 1935, 3까지 복구사업 시행.

3. 1939,5~9,5개월간 357mm1906~1965까지 60년간 최하위 강수량

18,800정보 조합비 부과 7063정보만 부과, 11000정보 가뭄피해 부과 못함.

4. 1942년 재해

8, 4~8,10 일주일간 404mm강우 특히 8,9. 221mm호우 5,060정보 농경지 침수, 30정보 매몰, 3정보 유실피해

5. 1945, 8, 폭풍동반 폭우피해

동진강 상류 칠보, 산내, 산외 지역 강타,

낙양 취입구 상류 피해: 제방 파손 2개소 3,5 교량 유실 22개소, 취입구 파손 5개소 등

6. 1946 재해

6,24~28 5일간 170mm 강우 8,30 시우량 70mm기록, 105mm 호우

7. 1947 재해

7,27~31 5일간 671m 강우, 대홍수 제방 98개소, 교량 18개소, 취입구 6개소 보수

8. 1948 재해

① 6/9~6/13 사이 729mm ②7/3~7/9 사이 264mm ③ 7/27~7/29 379mm

④ 9/7~9/8 사이 193mm등 7/28 309mm기록

9. 1973 재해

8/2 198mm 호우 칠보, 산외, 산내 지역 강타, 칠보 앞 제방 붕괴, 태인까지 물바다 낙양리 취입시설 등 매몰 유실 피해

10. 1984년 재해

1984, 7, 7~13 사이 163mm 산외, 태인, 북면, 칠보 많은 피해, 석축, 보등 유실

11. 1988년 재해

1983, 7, 22 04:00~ 7, 23, 07:00까지 175mm 태인 낙양지구 취입보와 상류 교량 일부 유실

12. 1993년 재해

7, 11~13 3일간 191mm, 7, 18 75mm 폭우 칠보, 정우 지역 피해

13. 1994 재해 14,95 가뭄

*** 병해충 방제**

질소질 함량 과용 시비, 토양의 산성화 등으로 병해충 발생과 농약 공급 부족

1956~1960까지 메르구론, BHC, DDT, 세레산석회, 이피엔, 중유 등을 조합원에게 공급했으며 1965년 EPN을 공급

종자 소독약은 계속해거 1975년까지 공급

1969년부터는 도열병과 멸구약을 항공 방제함.

록비종자 공급: 1954~1962 자운영, 호밀 등 공급

*** 종자 갱신과 채종답운영**

61년도 이후 독농가 선정, 채종답 경영

50년대 비료 자유시판, 56년도부터 조합공급, 매점매석 폐단 개선

협업농촌 건설 1969, 4 조합운영.

진봉농장 35세 미만 기혼자 독농가 40세대 선발, 입주 시킴 학력 중졸 2, 고졸 38,

전체 인원 158명 조합, 답 93정보, 출자 전 10정보 무상

세대 당 입주 초년 영농자금 5만원씩 출자, 공동격리 생산 분배 협업 이스라엘 모샤보 식 운영방법

73년 자율운영, 74년 완전 자율운영, 대규모 전면 협업 실패

* **1968년 이태리 포플러 식재** 용배수로 활용, 제방 저수지 주변 공한지 식재

수익금 조합재정 확보 1968~1971년 353000 포기 53,000 구입식재 300,000 자체 생산 작물의 그늘 피해, 나무 넘어져 제방 붕괴 위험, 1972년도부터 식재 중단 가격하락

* **내수면 개방**

운암저수지의 담수양어 1923 담수양어 장려 시책 운암제 1928,9,30,

1929, 10,2메기과 陸封鮎 公魚(와가사기)의 인공 수정란 각각 500만립씩, 1,000만립 이식, 와가사기 운암제의 명물 각광.

일제강점기의 일본인 농장의 이야기

1. 일제침략과 수리시설

1)서구 세력–동양 진출 = 변화 세력침투, 조약 체결,

동양→ 개항 자본주의 동진

왜국→동척 세력 접촉, 조선봉건사회→ 개항,

자본 · 문명과의 접촉 시초 → 한국 근대화 개항,

2) 한국 일본세력 증강, 토지투자 대자본 진출, 1905년 통감부 설치 1910년 합방 통감부 설치까지 합 41년, 일인→ 상업자본, 고리대업, 전당포를 통한 토지점유, 대자본의 토지 매수 성행 전라 · 충청 · 경상 3도 집중.

3) 금강 동진강, 만경강 부근 대평야에 대규모 농장 신설,

군산항 부근, 산악이 적고 구봉과 평야, 강경 일인 약 3백 명 이주.

군산, 강경, 익산, 전주 경유 김제 만경강

4) 일인의 한국농사 경영 → 전북지방 발달의 기점

금강, 동진강, 만경강 3대 유역인접 30만 정보 대평야 문호 → 군산항 1/10

일인 오구라 → 사무소 설치(군산) 토지 매수, 이와자기(군산) 토지 매수.

1908년 군산부근 일인 농업 경영자 200명 이상 ,소유 경지 2만여 정보.

금만경 평야 일인 호족 농업경영 전답 매수→ 한인 소작인 종자, 비료 조세 등 일절 소작인 부담 하고도 수확물1/3 지주 일인 소득, 고부 평교리

森농장(군산)-강경 부근 금융조합, 토지조합

-일인 대농업 경영자를 위하여 설치, 문서 위조, 토지저당, 대차가장, 토지 매매 가격 일단보 56원 이상- 35원 구입, 田은 이보다 더욱 저렴.

일본 지가의 1/10~1/30 정도에 불과 저렴. 1907~1908

강경 상급 田은 1단보 20~40원, 충청 조치원 上田 1단보 15~50, 中田 30원,

조田 15원~17원 중 5원 황무지 임야 5원 내외.

5) 일인 大농장

① 한국흥업주식회사(동경) 6,095정(전국)

② 동산농장(수원) 4,292정(전국, 전주, 김제, 익산일부)

③ 村井농장(김해) 4,212정(경남)

④ 大倉농장(군산) 2,384정(임피, 익산, 김제, 금구, 만경일부)

⑤ 旭농장(광주) 1,780정(전남)

⑥ 態本농장(태인) 1,590정(김제, 금구, 태인,고부)

⑦ 森농장(진남포) 1,520정(북한)

⑧ 細川농장(익산)1,008(김제, 익산, 만경, 전주, 충남 일부)

⑨ 한국실업 주식회사(일본香川현) 981정(전남)

⑩ 藤本농장(익산)913정(옥구, 임피, 익산, 여산, 충남일부)

⑪ 石川현 농업주식회사(김제) 736정(김제 부근)

⑫ 大橋농장(익산) 499정(익산, 김제, 만경)

⑬ 官崎농장(옥구) 487정(옥구, 임피, 익산, 만경)

⑭ 大塚농장(경북영일) 52정(흥해, 영일)

이외에도 전북 군산, 전주, 김제, 부근에 사도, 야마자기, 니가니시, 후지다.

가사이, 오모리, 요시다. 이노우에, 기바, 후지이 등 10여 농장 그리고 충남 강경부근 3개의 농장, 전남 목포 부근 2개 농장, 경부선 철도연변 6개 농장 등 **총35여 농장.**

* 개항1906~1910년까지 일인 거주자 및 농업종사자 및 일인 농업경영자 투자규모

년 도	일인 거주자수	농업 종사자수	농업 경영자수	소유지 면적	투자액	비고
1906~1910	623,613	24,394	750	62,265,2정	9,669,916원	
년	명	명	명	1인 평균 2,055정보	1인 평균 3228,360원	

6) 동척(1908. 8. 27건립 한일 공동 경영회사) 취급 업무내용

① 한국에 있어서 척식사업을 영위할 것을 목적으로 농업을 경영한다.

② 척식을 위하여 필요한 토지의 매매 및 임차

③ 척식을 위하여 필요한 토지의 경영 및 관리

④ 척식을 위하여 필요한 토지의 건축물의 축조, 매매 및 대여

⑤ 척식을 위하여 필요한 토지의 일한이주민의 모집 및 분배

⑥ 이주민 및 한국 농업자에 대하여 척식상 필요한 물품의 공급 및 그 생산 또는 획득한 물품의 분배

⑦ 척식에 필요한 자금의 공급

⑧ 부대사업으로서 한국에 있어서의 수산업 기타 척식 상 필요한 사업의 경영

위의 내용은 1917년 동척법 개정으로 동척의 목적은 완전히 변경되었다.

척식에 필요한 토지의 매매 및 임차가 필요한 농업수리사업 및 토지의 취득 경영 처분으로 업무내용이 바뀌어 지자 동척. 이리지점에서는 호남평야에 수리시설을 피하게 한다.

7) (동상 대아리 댐건설) 고대 우리나라를 통하여 특히 백제에서 많은 문화를 이어 받아간 왜국이지만 그들은 개항기에서 본국인 한반도에 수리시설을 피하고 전쟁에 필요한 식량 확보를 서두르고 나섰다.

1925. 5. 12 동진수리조합 창립위원 명단

위원장/동척 이리지점장, 일인 위원 11명, 한인 위원 9명(정읍 은성하, 강갑수, 김영석, 이희면 4인, 김제 4인, 순창 1인)

동진강 유역 사람들의 이야기

'한국의 슈바이처 쌍천 이영춘 박사

우리나라 열악한 농촌 보건 문제 해결 및 농민 건강 앞장섰으나 공적에 걸맞은 예우나 기념 사업이 부족하다. 앞으로 그분의 훌륭한 삶과 정신 기려야 한다.

'한국의 슈바이처'로 불리며 숭고한 의료봉사를 실천한 쌍천 이영춘 박사에 대한 기록물이 최근 국가등록문화재로 등록 예고 된 가운데 그의 정신을 넓힐 수 있는 기념 및 선양사업 등이 신속히 추진돼야 한다는 지적이다.

이 박사는 우리나라의 열악한 농촌 보건 문제 해결은 물론 농민 건강에 한 획을 그은 인물임에도 불구하고, 사실상 그의 공적에 걸맞은 예우가 미흡하기 때문이다.

이 박사는 1935년 4월 당시 옥구군 개정면의 일본인이 운영하는 구마모토 농장 자혜진료소에 부임하면서부터 소천 한 1980년 11월 25일까지 의료보험 시행 · 학교 양호실과 양호교사 도입 · 학교급식 추진 등 우리나라 의학계의 선구자로 불리고 있다.

특히 그는 일제강점기 극도로 열악한 상황에서 일제 농장주의 소작인으로 전락한 우리 농민들을 가리지 않고 진료했을 뿐 아니라 예방의학의 효시로 1948년 농촌 위생연구소를 설립해 농촌 지역의 보건과 위생 문제 해결에 앞장섰다.

또한 1945년 개정중앙병원, 1948년 정읍군 화호중앙병원, 1961년 개정뇌병원을 각각 개설했고 개정간호학교, 화호여자중 · 고학교를 설립하는 등 농어촌지역 주민들의 교육과 보건 요원 확보에도 이바지했다.

1957년에 농촌위생원 구내에 일심영아원을, 1965년에 군산에 일맥영아원 등을 세우며 농어촌에서 버림받고 의지할 곳이 없는 영아들을 양육하는 등 사랑 · 봉사 · 인술 정신을 몸소 실천한 우리나라 대표 인물 중 하나이다.

그러나 문제는 이 같은 업적에도 (이 박사의) 정신과 삶의 발자취가 지역 사회의 맥락 속에서 자리매김하지 못한 채 저평가 되고 있다는 것. 단지 이 박사에 대한 기념사업은 11월에 열리는 추모제와 그가 머물렀던 가옥이 2003년 전북도 지정문화재로 등록되는 정도다.

과거 이 박사를 국정교과서에 등재하자는 서명운동이 펼쳐졌지만 관련 기관의 관심과 열의 부족으로 주춤거리고 있고, 다양한 논문과 글에 대한 연구도 진척되지 않고 있다.

따라서 이 박사를 기념할 수 있는 콘텐츠가 다양한 만큼 이제라도 지역의 자긍심을 높이고 후손들에게 그 정신을 이어나갈 수 있는 올바른 이정표가 세워져야 한다는 게 지역사회의 목소리다. 한 의료 관계자는 "이영춘 박사의 진정성 있는 행보가 오늘날 그다지 조명 받지 못하고 있어 안타깝다"면서 "우리나라 의학계의 큰 바위 같은 상징적인 인물인 만큼 종합적이고 체계적인 기념 사업들이 이뤄져야 한다"고 피력했다.

〈정읍의 인물 편〉 인곡 임대홍 회장

대상(미원)그룹 인곡 임대홍(林大洪)

＊ 임대홍 회장은 정읍시 상교동(상평동), 1920년~2016년)에서 농사를 짓던 부친 임종구씨와 모친 김순례 씨 사이에서 5남1녀 중 장남으로 태어났다.

임대홍 대상그룹 명예회장은 이리농림의 자랑스런 인물이며 대한민국의 대표적인 경제인이다. 임회장의 고향 정읍에 대한 애정은 남달랐다. 해방 직후 피혁공장을 설립하면서 사업에 뛰어든다.

임 회장은 검소함의 표본이기도 하다. 한때 국내 최고 부자 중 5위 안에 들었지만 평생 양복 3벌과 구두 2켤레 이상을 가지고 있었던 적이 없었으며 식사는 도시락과 라면으로 대신하고 출장 시에도 변두리 지역의

7평짜리 사원 숙소를 이용했고 골프도 분수에 맞지 않는다며 치지 않았다. 대상문화재단을 만들어 장학금을 수여하는 등 사회에 재산을 기부하는 일에는 돈을 아끼지 않았다. 임 회장은 생전 “국가와 민족을 위한 기업이 되려면 먼저 남을 생각하고 이해해야 한다.”고 자주 언급하며 많은 지도급 경제인들의 귀감이 됐다.

대상그룹 관계자는 임대홍 창업회장이 "장례도 남들에게 피해를 주지 않도록 조용히 치러지길 원했다"고 말했다

임대홍 회장 탄생 100주년 기념사업으로 정읍시민단체에서 “임대홍 회장 동상” 건립을 추진하자 유족 측에서 뜻만 받겠다며 정중히 사양하였다.

임대홍 회장의 흉상을 건립한 후 외부 인사들에게 알리지 않은 채 2020년 11월 13일 유가족끼리 모여 조촐하게 제막식을 가졌다. 국립공원 내장호수 주변의 〈대상수목원〉에 임대홍 회장의 흉상이 모셔져 있다.

국내 최초 조미료 생산

일제강점기 시절 조선 3대 농림학교 중의 하나로 불리던 이리농림학교 수의축산과를 졸업하였다. 학교 졸업 후 공직생활을 시작하였으나 그만두고 1955년 일본에서 조미료 제조 공법을 배웠다.

국내로 들어온 후 1956년 부산에 조미료 공장인 동아화성공업주식회사를 세웠고 미원을 만들어냈다. 현재 대상그룹의 전신이 됐다.

당시 일본 조미료 ‘아지노모토’를 밀어내고 임대홍 회장이 만든 미원을 선보이자 미원 열풍이 불었다. 어떤 음식이든지 미원만 넣으면 맛이 살

아나 조미료 업계의 대표 상품이 되었고 임대홍 회장은 미원을 앞세워 사세를 키웠다.

국내 최초로 발효 조미료를 시장에 내놓았으며 수십 년 동안 많은 경쟁업체들을 물리치고 주부들이 찾는 가장 인기 있는 조미료 '미원'을 만들어 국내 조미료 시장 1위 기업이 되었다.

삼성에서 조미료 시장의 '미원'을 꺾으려고 다양한 전략을 펼쳤지만 벽을 넘어서지 못하였고 삼성 회장이 자신의 의지대로 안 된 것, 두 가지가 조미료 사업과 자동차사업이라며 '미원'을 누르지 못했다고 알려졌다.

미원의 인기가 꾸준히 이어지자 회사명을 (주)미원으로 변경하였고 1997년 11월 상호를 '대상'으로 변경했다. 아직까지 소비자들 사이에서는 조미료를 미원이라 부르며 '대상'보다는 '미원'이라는 인식이 강하게 자리잡고 있다. 임 회장은 국민 조미료인 미원의 아버지로 불리기도 한다. 그 동안의 공적을 기려 정부에서 2012년 제11회 식품안전의 날에 국민훈장 동백장을 수여했다.

모교 이리농림 사랑

임 회장은 자신의 성공은 모교에서 갈고 닦은 은혜 때문 이라며 물심양면으로 많은 지원을 하였으며 수많은 후배들을 회사에 채용하였다.

1) 1965년 농산가공실 신축(91평) 1,000,000원

2) 1967 동창 명부 발간(1,000부) 150,000원

3) 1968년 장학 기금 1,000,000원

4) 1971년 개교 50주년 기념관 신축(139평), 교문 개축, 수위실 신축(2

평) 10,000,000원

5) 1972년 동창 명부 발간(1,000부), 개교 50주년 기념 행사비 1,000,000원, 도서구입(190권)100,000원

6) 1975년 분수대 설치(10평) 1,065,000원

1975, 1976년 장학회 부설 농업근대화연구소 운영자금 각각 10,000,000원

7) 1976년 농업개발전시관(63평) 신축, 전천후사업 지하수 개발, 탱크. 배관. 고급 관상수 10종 900본 구입 30,000,000원

8) 1977, 1978년 장학회 부설 농업근대화 연구소 운영 자금 10,000,000원/5,000,000원

9) 1981년 개교 60주년 기념행사비 10,000,000원

10) 1985년 학교 2천만원(럭비부 조성 기금 1천만원, 소류지 관리 전환 기금 1천만원),

동창회 운영 기금 1천만원

11) 1986년 도서구입비(광복 40년사, 인간 세계사 등) 3,000,000원

12) 1989년 동창회 활동비 20,000,000원

목공예시설자금 2,000,000원

13) 1991년 동창회 기금 100,000,000원

대상문화재단(미원그룹 문화재단 설립. 1989.02.25)

미원그룹이 문화 사업에 본격 진출한다. 미원은 이를 위해 지금까지의 세림문화재단을 미원문화재단으로 개칭하고 한국전통음식문화연구원을

부설 기관으로 운영하였다. 80억 원의 재단설립 기금을 1백억 원으로 증액 후 2000년까지 2백억 원으로 확대했다.

장학생 양성 (50년간 15,700여 명)

1971년 임 회장은 가정환경이 어려운 학생들에게 개인적으로 학자금을 지원해 오던 것을 보다 체계적이고 장기적인 시각에서 국가발전에 기여할 우수한 인재를 육성하고, 학문의 발전과 문화예술 활동에 기여할 목적으로 대상문화재단을 설립했다.

1971년 재단 출범 이후 현재까지 대상문화재단의 장학생 15,700여 명에게 약 170억 원을 상회하는 장학금을 지원하였다. 그동안 배출한 졸업생들은 사회 여러 분야에서 중추적인 역할을 수행하고 있다.

고향 정읍에 대한 남다른 애향심

1) 1983년 정읍실내체육관 규모 3천여 명 수용 (9억여 원, 현 시가 30억 원 상당)을 건립, 정읍시에 기증하였다.

2) 1986. 12. 백제가요 '정읍사'의 여인 망부상(望夫像)을 건립(建立) 기증(寄贈)한 바 시민은 물론 외지인에게 귀감이 되게 하였다.

3) 1990년 정읍사공원에 도서관(당시 5억원. 현 미술관)을 건축하여 증여했다.

4) 1990년 국악원 (당시 5억원)을 건축 증여했다.

5) 1992년 건립한 정읍사예술회관의 건축비 일부를 지원하였다.

6) 1992년 정읍사문화제의 발전을 위해 제전위원회에 3억원의 기금을 기탁 현재까지 제전위원회에서 보존 관리하고 있다.

7) 정읍사 공원과 국도1호선 주변 등 관내에 단풍나무 5만여 본을 식재하도록 하였다.

8) 1975년 내장산 진입로 변에 수목원을 조성 편백나무 1만 그루를 심은 후 가꾸어 탐방객들에게 치유의 숲으로 제공해왔다.

9) '미원사료'와 '내쇼날플라스틱' 등 2개 회사를 고향에 설립하여 고용창출 및 낙농산업의 기반구축 등 침체된 지역경제의 발전에도 온힘을 기울였다. 지난 71년 회사의 확장을 위해 부산으로 이전한 임 회장은 항상 고향을 잊지 않고 기회만 있으면 지역발전에 기여를 했다. 지난 96년 정읍시에서 송덕비 건립을 추진하기도 했다.

이외에도 산외면 소재지에서 목욕리를 이어주는 도로를 건설하는 등 고향발전에 많은 지원을 하였다.

전주 미원탑 건립

1967년 전주시에 '미원탑'을 건립하여 한때 대표적인 전주 명물이었으나 1979년 철거되었다. 미원탑은 1956년 창립한 미원그룹이 순수 국내 발효기술을 기반으로 개발해 선풍적 인기를 끈 최초의 국산 조미료 미원을 홍보하기 위해 1967년 설치했던 광고탑이다.

전주 미원탑

대상그룹에 따르면, 전주시가 미래유산 지정 기념사업으로 전주 덕진구 팔달로 옛 전주시청 사거리에 있던 '미원탑 터'를 기념하기 위한 사업을 제안함에 따라 긍정적으로 검토작업에 들어갔다. '미원탑'을 축소 복원하고 조형물도 설치하는 사업이 추진된다.

정읍 내장산 국립공원 대상수목원에 있는 임대홍 회장 흉상

2부

하멜이 정읍을 지나갔어?

신태인 「석강도화소」와 궁중화가 채용신蔡龍臣

석지 채용신 초상화

석지石芝 채용신蔡龍臣(1850 ~ 1941) 나라가 혼란스럽고 백성들이 살기 힘들었던 조선 말기와 일제강점기를 살았던 화가 채용신은 초명이 동근東根(묘비), 자는 대유大有, 호는 고종이 하사한 석강石江을 비롯하여 석지石芝, 정산定山 등이 있다. 본관은 평강平康이며 서울 삼청동에서 태어났다.

채용신의 조상은 원래 완산 (전주) 난전방 (난전면 석불리, 현 삼천동 우전초등학교 인근)에 살았는데 그의 조부 가선대부 채홍순이 서울 삼청동으로 이사하여 통정대부 돌산진수군첨절제사를 지낸 아버지 채권영蔡權永과 어머니 밀양박씨密陽朴氏 사이에 3남 중 장남으로 이곳에서 출생하게 된 것이다.(출생년도 : 1848, 1850. 2가지 기록이 남아 있음)

그림공부 채용신은 어려서 서당에 다닐 때부터 글보다 그림 그리기를 좋아하여 언제나 책갈피에 그림을 끼워져 있어 어른들이 말려도 듣지 않고 어떠한 사물이나 인물을 한번 보고도 정확히 그려내어 사람들을 놀라게 했다. 집안에서 운현궁에 참빗을 납품했는데 어린 채용신이 참빗에 그림을 그려 넣었다 한다.

15세부터는 그림솜씨가 훌륭하여 신묘한 경지의 세필 채색화에 뛰어나 유명해졌다. 그림을 그리면서 누구에게 배웠다는 기록이 없는 걸로 보아 청계천의 향전이나 지전에서 그림 그리는 화가들을 많이 만나서 보고 배우며 발전하였으리라 사료된다. 당시의 광통교 일대는 요즘의 인사동거리나 같았다.

초상화가 1871년 22세에 대원군 이하응의 초상과 1901년 고종의 어진을 그리게 되며 31세(1880년)에서야 열세 살 연하인 이용화와 결혼, 슬하에 5남 3녀를 두었다.

1886년 37세 늦은 나이에 무과급제를 하여 1891년 의금부도사에 임명되고 1893년 수군 최고 요충지인 부산진수군첨절제사를, 1896년 수군 최고 훈련처인 아버지가 역임한 돌산진수군첨절제사를 지내고 1900년(1900~1901년(51~52세,규장각 한국학 연구원)) 화원 시험을 거쳐 조석진(1853-1920)과 함께 주관화사로 발탁되어 함경도 준원전의 태조 어

고종 황제 어진

진을 모사했으나 어진이 소실되자 고종이 다시 불러 태조, 숙종, 영조, 정조, 순조, 헌종의 어진을 모사한 후 1901년 고종의 어진을 그렸으며 기로소 신료 16명의 초상까지 제작했다. 공로로 칠곡군수로 발령을 받으며 가선대부 종2품에 승진하여 많은 선물과 혜택를 하사받았다.

그해 9월 부친상을 당하여 익산 장암리로 돌아가 1904년 3년 탈상을 마치자 1905년(을사늑약) 충남 정산군수를 역임 이때 최익현을 만나 사사하며 초상화 제작을 하게 된다. 관기 최연홍의 열녀행위를 듣고 27세 때의 모습을 상상하여 운낭자 상을 그려 백성들에게 귀감이 되게 하였으며 1906년 정산군수를 끝으로 관직을 마감하고 익산 금마로 낙향 이후 익산을 비롯하여 김제 변산 고부 정읍 나주 남원 칠보 등지를 전전하며 항일의사와 우국지사들과 교유하며 지방갑부 평민들의 초상화를 그려주었다. 1910년(61세)부터 임병찬 윤항식 김직술 김영상등과 1911년 전우 황현 등 초상화를 그렸으며 1914년 4월(65세)에 어진제작 참여기록 "봉명사기奉命寫記를 썼다.

석강실기石江實記에 수록된 채용신의 시

연전에 높은 구중궁궐에서 임금을 모실 적에
나의 호를 바꾸어 내려주사 송구스러운 느낌 남아있네
특히 '강江'이름을 가리켜 깨끗한 정치로 허여하시고
그대로 '석石'글자를 남겨주어 절개가 굳다고 논하셨다
남은 인생 어찌 시선詩仙의 취미를 본받겠는가?
노쇠함에 따라 성주聖主(고종)의 은혜를 잊지 어렵도다.
지난일 지금에 흘러간 물처럼 탄식되는데
종남산終南山(남산) 빛은 저녁구름에 어둡구나.

일본 방문

1917년(68세) 일본 귀족의 초청으로 일본 총독부 관리 '이도오 시로오'가 안내하여 러일전쟁의 승전 장군인 '노기 마레스케'대장의 초상을 비롯 고관대작들의 초상화를 그려주었다. 동경에서 영친왕을 만나 망국의 설움을 나누고 고종어진을 전하였다 1922년(73세)에는 '김영상 투수도'를 그렸으며 최치원, 황희 상을 그렸고 1929년(80세) 부인(67세)과 사별하며 잠깐 방랑하기도 한

소과도

항장길(58) 주낙례(61)부부초상
(채용신(86) 손자 규영(24)합작)

다. 1936년(86세) 황장길 부부 초상를 손자 규영(24세)과 합작으로 마지막 작품을 남겼다.

궁중 어진화가 채용신은 조선시대 전통양식을 따른 마지막 어용화가이다. 산수, 인물, 영모, 화조, 무신도 등 다양한 장르에 능통했으며 특히 초상화에 뛰어나 극세필 채색으로 조선시대의 전통화법과 서양화법에 근대 사진술을 이용 "채석지 필법"이라는 독특한 화풍을 만들었다.

왕의 어진과 최치원, 최익현, 황현 등 우국지사들의 초상화 70여 점을 비롯하여 100여 점의 작품을 남겼다. 그의 그림의 특징으로는 인물의 안면 묘사, 의습 처리에 명암법의 구사가 실체감을 부각시키는 묘사법을 들 수 있다. 특히 인물은 수염 한 가닥 주름 한 줄까지 똑같이 그려냈다. "터럭 한 올이라도 틀리면 그 사람이 아니다 (일모불사一髦不寫 편시타인便是他人)" 하여 초상화의 최우선으로 꼽았다. 초상화에 '전신사조'(정신을 화면에 나타냄)를 구현까지 했다고 평하였다. 양반 출신이 중인 출신 화원들의 전문 분야에 뛰어 들었다는 사실 자체가 혁신적이었다.

스승없이 갈고 닦은 실력이어서 신기에 가깝다고 말한다. 사진처럼 정밀하고 실물처럼 섬세하게 그렸다. "솔거낙조率居落鳥 석강모황石江募皇"(솔거는 새를 떨어 뜨리고 석강은 황제를 모사했다)라는 말이 나올 정도였다. 일본을 거쳐서 파급된 서양화풍을 수용하는 등 조선시대의 전통적인 초상화를 변화시킨 화가로 주목된다. 채용신은 관원보다 화가로 이름

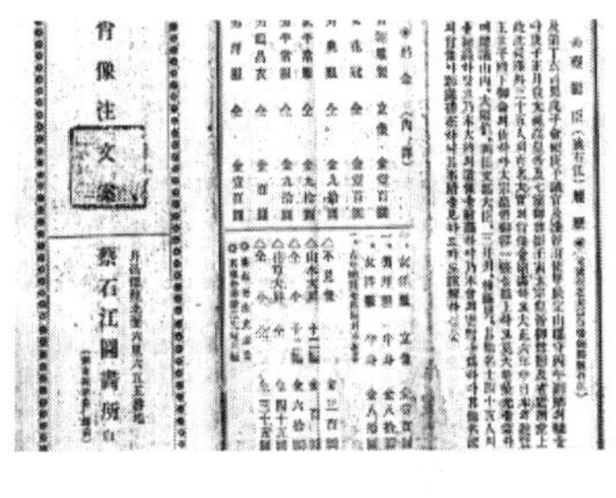

肖像注文

蔡石江圖畫所

석강 도화소 광고전단

을 날렸으며 우국지사들을 그려 항일 의식을 고취시키기도 했다.

전라도로 낙향한 채용신은 1901년 부친상을 당해 익산 왕궁 선영이 있는 곳에서 거주하며 1904년 탈상을 복직한 후 1905년 정산군수로 부임, 을사보호조약이 체결된 후 1906년 정산군수를 끝으로 익산 금마면 (동고도리 777번지)으로 낙향했다. 1917년에는 일본귀족들의 초청으로 도일하여 일본 고관대작들의 초상화를 많이 그려주어 친일 논란에 휩싸이기도 하다. 정읍 신태인 육리(당시 용북면 육리)에 사는 교육자(야간학교 교장)이자 마을 부호인 황장길黃長吉(?~1958)의 도움으로 옆집에 거처를 마련한 후 변산, 고부, 나주. 칠보등지를 돌아다니며 그림을 그려 주었다. 황장길의 부친과 채용신이 잘 아는 사이의 인연으로 신태인에 정착하였다 한다. 당시 큰아들 경묵과 막내아들 관묵이 같이 합류하였다.

석강도화소

1923년 우리나라 최초의 영업공방인 "석강도화소"를 20년 가까이 정읍 신태인읍 육리 (정읍군 용북면 육리 655번지)에 열고 손자인 규영(둘째 아들 상묵의 큰아들)과 합작하여 일본 방문 시 구입한 사진기로 촬영을 하여 사진을 바탕으로 초상화를 실물처럼 그렸다. 주문 제작 공방으로 초상화는 쌀 1말 1.8원하던 시절 '전신을 그려주는데 100원'이라는 광고 전단까지 만들어 홍보까지 했다 한다. 현존하는 초상화 중 가장 많은 작품을 남겼다.

매천 황현 선생의 초상화 (국보 지정), 면암 최익현을 만나 감명을 받았다 하며 당시 보천교 교주인 강증산의 초상도 그렸다. 원불교 지도자 소태산을 만나 초상도 그리고 고종 어진도 남겨 원광대박물관에서 소장하였으며 사망하기 1년 전에 원불교에 입교했다 한다. 그리고 원광대박물관에는 육리 당산 초상화와 같은 그림이 있다한다.

육리마을 당산의 할머니 할아버지 마부를 함께 그린 초상과 화호리 당산의 초상도 그렸으나 불에 타거나 없어졌다. 이렇게 왕의 어진은 물론 지방의 유림 선비와 호족 일반인들의 인물까지 많은 초상화를 그려 후세에 많은 작품을 남겼다. 사후 2년 1943년 6월 4일~10일 유작전을 서울 화신화랑에서 열었으며 2001년 6월 27일~8월 26일 서거 60주년기념 '석지 채용신' 전시회가 덕수궁 미술관에서 열렸으며 2011년 국립전주박물관에서 '석지 채용신 붓으로 사람을 만나다.'기획 전시와 '서거 70주년 채용신 학술대회'가 전북도민일보 주최로 열렸다.

신태인 육리 채용신이 노후생활을 하며 석강도화소를 운영했던 육리마을(일명 장군리라 불리며 봉아시, 생각골, 서둑끝, 서당끝, 용구메, 새박동 등이 모여 육동 유리가 됐음) 황씨 집성촌으로 일가 친척이 모여 살았다. 마을이 번성할 때는 160여 호(1000여명)가 살았으나 현재는 50여 가구(100여 명)만 남았다. 채용신에게 거처를 제공한 황장길은 종가집의 부호로 교육에도 관심이 있어 마을에 야간학교를 세우고 교장으로 활약 하였다. 마을에는 오래 전부터 향약(마을규약)이 있었으며 당산제가 있어 정월 초 삿날이면 마을의 안녕과 풍년을 기원하였다 당산제를 주관

채용신의 묘 (이평면 산매리)

하는 모임이 있어 제관을 선출하고 마을을 돌며 형편 따라 경비를 거출하여 제물을 준비한 후 섣달 그믐날 동네입구에 있는 당산나무(400여 년 된 회나무인데 1970년대 태풍으로 쓰러짐)부터 메구굿(풍악)을 시작 당산에는 금줄을 치고 출입을 막고 정화수는 마을수렁배미에서 아무도 손대지 않은 깨끗한 물로 써야한다며 떠왔다. 당산에는 당산할머니와 할아버지가 나란히 앉고 옆에는 마부가 서 있는 그림(채용신 제작)인데 마부는 할머니 할아버지가 거동할 때 필요하기 때문이란다. 채용신의 육리 당산 할머니상이 훼손되자 육리마을에서 나서서 부안 백산면 평교에서 다시 만들어 걸었었으나 2000년 전후에서 당산제가 열리지 않고 당산도 관리하지 않아 무너진 채 방치되어 대나무가 우거져 사람이 안으로 들어 갈수 없으며 옛날부터 신성시 하던 곳으로 소변을 보거나 더럽히면 벌을 받는다는 속설이 전해지고 있어 누가 나서지 않고 있는 실정이다.

채용신의 묘

정읍 신태인 육리에서 1941년 6월 4일 91세로 생을 마감했다. 익산시 왕궁면 동촌리 포전마을 앞 채씨 종산의 10대조 인필, 조부 홍순,부친 묘소 옆에 자리 잡았다. 야트막한 구릉지대에 있던 채용신의 종산은 2015년 국가식품 클러스터 단지에 포함되어 그 자리는 공사 중 이어서 흔적조차 남아있지 않았다. 2016년 정읍 이평면 천태산 백운사 가는 방향 산자락 밑에 이장 (묘비 상석도 같이 옮겨 왔다) 조부 묘를 비롯 10여 기의 가족 묘지가 조성되어 있다. (이평면 산매리 (장춘)410-12)

도화소 자리는 집터가 넓어 집 주위에는 감나무 과수원이 있어 과목장집으로 불렸으며 탱자나무 울타리가 있었으나 채용신이 별세하자 후손들이 떠나면서 집을 처분하여 매입한 사람이 두세번 바뀌고 잠시 살기도 했으나 도시로 이사하면서 집은 비어 있고 관리를 하지 않아 채용신이 살았던 당시의 모습과 많이 변했으며 쓰레기와 잡초더미에 싸여 있는 실정이다. 채용신 사후 손자 규영은 한때 안방에 서당을 개설하여 보리 때 보리 한 말 나락 때 쌀 한말을 학비로 받았다 한다.

채용신 생가(석강 도화소)

육리 채용신 생가 위치도

채용신 묘비 뒷면

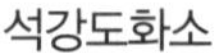

석강도화소

채용신조부묘

근세 조선시대 최고의 어진화가이며 미술사에 큰 공적을 남기신 인물에 대한 유적을 방치하여 채용신이 살았던 육리에 가면 안내판도 없이 생가가 남아있으나 많이 훼손되어 보존이 시급한 실정이다. 유골이나마 다시 20여 년 살았던 정읍지역에 되돌아왔다. 앞으로 관련부처에서는 대책을 세우고 관리 보존하였으면 한다.

채용신의 후손으로는 아들 손자 3대가 초상화가이며 전라도 지역에서 40여 년 전까지 활동하다 서울로 이주했다 한다. 둘째아들 상묵 (초상화가) 손자 규영 (초상화가, 신태인읍 육리 441 서기 1949 亡) 4대 웅, 영석. 5대가 채시라 (영화배우. 탤런트)이다.

참고 문헌

석지 채용신 연구 (하대성, 전북도민일보). 국립전주박물관 '석지 채용신'

한국민족문화 백과사전.

위키 백과.

(사진) 인터넷 네이버의 채용신.

국립 전주박물관 '석지 채용신'

(증언) 후손 채준석, 채일도

익산 왕궁, 정읍 육리 지역 주민들의 증언채록

현지답사와 현장사진 촬영.

하멜이 정읍을 지나갔어?

하멜의 이동 경로와 스페르웨르호(號)모형의 하멜 기념관

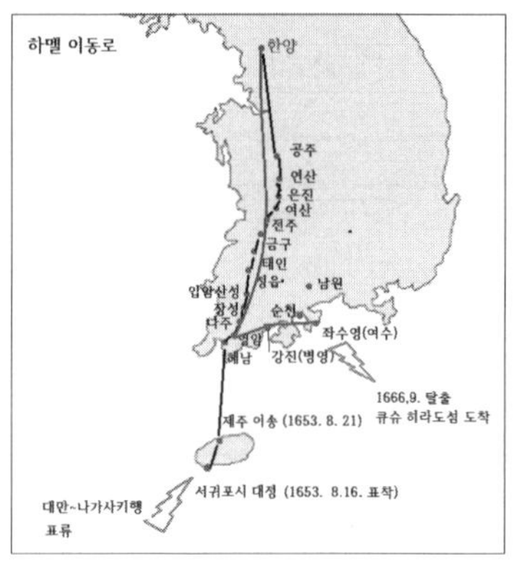

(그림1) 하멜의 이동경로

(그림2) 산방산 용머리해변에 위치한
하멜호 모형의 하멜 기념관

제주도에 가면 산방산 아래 용머리해안에 '하멜상선전시관'이 있다. 나는 하멜에 대해서 학교에서 배운 기억이 있을 정도로만 알고 있었지 『하멜 표류기』 한 번도 읽은 적이 없어 자세히 모르고 있었다. 전라남도 강진군 병영면에 그가 머물렀던 하멜 유적지를 다녀오기도 했다. 제주의 전시관에도 근처에 가서 위에서 내려다만 봤지, 전시관에는 가보지는 못했다.

『하멜 표류기』를 관심을 가지고 읽게 된 것은 최근 TV 방송에 나오는 것을 보면서 마음속에 쌓인 궁금증을 풀기 위하여 도서관을 찾아갔기 때문이다. 요즘 코로나19로 나라가 온통 시끌벅적하여 쉽게 이동할 수 없던 차라 마음먹고 『하멜 표류기』를 읽어 보려 한 것이다. 그 덕분인지 이전보다 몰랐던 사실을 알 수 있었다.

『하멜 표류기』는 원래 「하멜일지」를 헨드릭 하멜이 조선에서의 억류 생활 후 탈출해 일본을 경유하여 네덜란드로 돌아간 다음에 쓴 기록이며 보고서였다. 그리고 이 보고서의 목적은 조선에 억류 동안의 임금賃金을 동인도회사에 청구하기 위함이었다. 하멜 일행은 조선에 무려 13년이란 오랜 시간 동안의 절망감과 함께 고국 네덜란드로 돌아갈 꿈을 버리지 않았음을 느껴진다. 23살 청년이었던 하멜이 30대 중반에서야 고국으로 돌아갈 수 있었음은 그 끈을 놓지 않았기 때문인 셈이다.

하멜이 탄 네덜란드 동인도 회사 소속인 스페르웨르 호號는 1653년(효종 4) 1월 10일 네덜란드 텍셀 항을 출발하여 같은 해 6월 바타비아, 7월 대만에 이르고 7월 30일 일본 나가사키로 가던 중 폭풍우를 만나 8월 중순 제주도 앞 바다에서 파선 조난을 당하였다. 5일간 계속된 폭풍우로 난파되어 악전고투 끝에 8월 16일 제주도에 상륙했다. 선원 64명 중 28명이 죽고 36명만이 살아남은 하멜의 일행은 관원에게 체포되어 13년

28일간 강제로 조선에 억류되면서 군역(軍役)·감금·태형(笞刑)·유형 구걸 등 온갖 풍상을 겪으며 조선 팔도 여러 곳의 풍속 사정을 기록하면서 『하멜표류기』는 시작된다.

1654년 5월 말 하멜 일행 10개월이 지난 다음 해인 1654년 5월 한양에 압송되었다. 제주도에서 전남 해남으로 건너 온 하멜은 말을 타고 빠른 속도로 가까운 길을 택하여 정읍, 태인, 전주, 충청도를 경유 경기도를 지나 서울로 들어왔다. 『고사촬요(攷事撮要)』에 따르면 제주에서 서울까지는 11~12일이 걸렸다고 한다.

하멜 일행은 정읍에서 이틀 밤을 자고 갔다

압송 일정을 보면 제주항을 출발한 36명의 해남에 도착 말을 이용, 영암(1명 매장) –나주 –장성을 거쳐 입암산성을 지나 전북 정읍에 진입한다. 정읍현에서 1박 한 후 아침 출발하여 태인현에서 1박하고, 포함하여 정읍에서 이틀 밤을 숙박하며 지나갔다. 말을 타고 다음 금구에서 점심을 먹고 유지에 둘러싸인 큰 상업의 중심지라는 느낌의 전주에서 하룻밤을 지낸 후 여산에서 1박, 전북에서 총 5일을 지내며 통과한다. 은진 –연산 –공주를 지나 서울에 당도한다. 2년 후 33명이 전라도 강진 등으로 분산 이송된다.

서울로 압송되어 온 하멜 일행은 효종을 만난 후 국왕 호위 부대에 배속되었으며, 조선식 이름과 직역이 새겨진 호패(號牌)를 발급받고 매달 일정한 급료를 받았다. 1666년 조선을 탈출해 네덜란드 본국에 돌아간 하멜은 억류 기간의 임금을 받기 위해, 일지를 정리해 제출하는데, 이 보고서는 17세기 유럽에서 처음 발간된 신뢰성 있는 한국 관련 자료이자, 이후 유럽에 한국에 관한 관심을 일으킨 하멜표류기이다. 이 책은 우리나라 존재를 유럽인에게 알렸을 뿐 아니라, 당시 조선의 실정 풍속 생활을 아는 데 귀중한 사료가 된다. 『하멜표류기』는 당시 조선 사회를 객관적인 입장에서 관찰한 기록으로 조선 후기 정치, 교육, 문화, 풍속 등을 연구하는 데 소중한 기초 자료로 쓰일 수 있으나 하멜표류기를 읽고 나니 몇 가지 아쉬운 점이 생겼다. 우선 하멜이 억류자의 신분으로 얼마만큼 조선을 객관적으로 기술했으며 하멜의 보고서를 얼마만큼 번역하였을까라는 의구심이 든다.

그리고 하멜 일행을 맞아 외국의 문물을 개방적으로 받아들였으면 하는 아쉬움이 든다. 물론 쇄국정책이 우리나라를 지키려 했지만, 한걸음 발전할 수 있는 기회를 외면하는 꼴이 되었다. 좋은 점은 받아들여 기회로 삼았으면 일본을 앞서갈 수 있었을 것이다.

당시 조선은 들어온 외국인을 절대 국외로 내보내지 않았고, 일본과 중국 외에 다른 나라와의 교역도 없었다. 하멜표류기로 인하여 조선을 유럽에 알리는 계기가 되었지만, 이후에도 조선과 교류를 하고자 하는 외국의 시도는 있었지만 성사되지 못했다. 그러고 보면 우리나라가 좀 더 빨리 발전할 수 있는 기회들을 많이 놓친 것 같은 생각이 든다. 특히 부록인 《조선국기(朝鮮國記)》에는 조선의 정치, 경제, 사회, 농업, 국민성과 생활상 등을 외국인의 시각으로 우리를 바라볼 수 있다.

효종(1619~1659 재위 1649~1659)이 하멜 일행에게서 서양의 문물을 배우고 교류를 하려 해야 했던 아쉬움이 남는다. 하멜 일행은 우리보다

월등한 조선술, 항해술이나 난파선에 실린 대포가 30문이나 되었으니 해군을 강군으로 발전할 수 있는 기회이기도 했다.

효종은 도중에 탈출하려는 시도 때문에 서울 생활 3년 만에 1656년 풍요로운 땅 전남 강진군 병영으로 귀양을 보내 노역에 종사하게 하며 월급(식비 교통비 등)을 왕의 비용에서 주도록 한다. 처음 1656년에는 33명이었는데 7년 동안 11명이 사망하여 1663년에는 22명(11명 사망)이 남았으나 여수에 12명, 순천 5명, 남원 5명으로 분산시켰다.

1666년 9월에 하멜은 동료 8명 (여수 5명, 순천 3명)은 야음을 타서 여수 읍성(邑城)에서 일본 나가사키로 탈출한다. 1668년 7월 일본에서 고국 네덜란드로 돌아갔다. 조선에 남은 사람 중 6명이 사망하고 8명은 결혼하거나 하여 남원에 3명, 순천 3명, 여수에 2명 등이 남았다. 귀국한 하멜의 청원과 동인도회사 일본지사의 부탁을 일본 정부가 나서 7명을 네덜란드로 귀국시킨다.

17세기에 들어온 네덜란드인 36명의 일행을 일행 중 서양식 배를 만들 수 있는 선박 제조 기술자 그리고 장거리 항해에 필요한 기술을 가진이 등 다양한 기술자들이 있었다고 한다. 조선 사람들이 적절하게 응대하고 잘 활용하였더라면 서양 문명의 발달을 일찍 수용할 수 있었고 조선의 개화도 더 빨리 이뤄졌을 것이다. 일제 침략과 지배, 나아가 남북분단도 일어나지 않았을지도 모른다. 일본은 나가사키 항을 통하여 유럽과 교역을 틂으로써 조선보다 근대 국가 발전에 결정적 계기로 삼았다고 보인다.

효종에게서 남만인이라고 모두 남(南)씨 성을 받았다. (병영 남씨)

- 1663~1666년 병영 남씨 조선 여인과 결혼.
- 1670년 이후 여수 순천으로 일부 이거 60여 년이지 난 1730년 나주로 집단 이거
- 의령 남씨 충간공파 (200호, 1,000명) 입록, 사천백공파 (150호, 800명) 입록.

주註

- 1668년 발간된 네덜란드인 H.하멜 지음 《난선제주도난파기(蘭船濟州島難破記)》

조선의 실정을 유럽에 소개한 최초의 문헌 네덜란드어(語) · 영역본(英譯本) · 불역본(佛譯本) · 독역본(獨譯本)

- 우리나라 1971년 영국왕립협회 한국지부 'G.레드야드' 의 영역본 발간

《진단학보(震檀學報)》 1~3권에 이병도(李丙燾) 씨가 영 · 불역본에서 번역 전재.

하멜 표류기 연표

- 1653년 1월 10일 네덜란드 텍셀 항 출발
- 6월 1일 당시 네덜란드 동인도회사 총독이 주재하고 있는 인도네시아 자카르타 도착.
- 6월 14일 대만으로 출발 7월 16일 대만 도착, 짐을 풀고 싣고
- 7월 30일 일본 향해서 대만 출발,
- 8월 16일 태풍으로 난파 – 승무원 64명중 36명만 제주도에 생존상륙
  8월 17일 조선군들에게 발견. 8월 22일 제주로 가서 제주목사의 심문을 받음
  10월 29일 서울서 온 네덜란드인 박연을 만남

- 1654년 5월 1차 탈출 기도 실패. 6월 서울로 출발. 8월 청나라 사신이 와서 9월에 갈 때까지 남한산성에 억류
- 1655년 4월21일 그중 2명이 몰래 두 번째 온 청나라 사신을 만나 본국에 송환을 요청, 후에 투옥돼 사망 6월 제주난파선 관계로 3명을 통역사로 보냄
- 1656년 3월 전라병영으로 이송, 위 3명도 합류 (합33명)
- 1660년~1662년 3년간 큰 가뭄으로 기근이 심하여 약탈행위가 심하고 수많은 사람들이 굶어 죽음
- 1663년 3월 식량부족으로 좌수영(여수) 12명, 남원 5명, 순천 5명
  당시 생존자 22명 분산수용 (병영에 있는 7년 동안 11명 사망)
- 1666년 9월 4일 좌수영에 거주한 하멜 일행 8명이 일본으로 탈출.
  9월 14일 일본 나가사키에 도착
- 1667년 7월 1명 잔류 희망자 (얀 클래스탠)제외한 7명, 일본 정부 요청에 의해 일본으로 건너가 먼저 탈출한 자와 합류 한다.
- 1667년 10월 일본에서 출발(15명)
- 1668년 7월 20일 본국 암스테르담에 도착하여, 하멜표류기-조선왕국 견문록

(동인도회사에 임금賃金을 받기 위해 제출한 보고서)가 일반인들에게 발표됨.

정읍사井邑詞여인과 역사歷史속의 여인

1. 여왕 소서노

우리나라의 역사 속에 등장하는 미인들을 살펴보면 주몽을 도와 고구려를 건국했고 비류와 온조 두 아들과 함께 백제를 건국한 실질적 여왕 소서노가 그 첫째 이며 물론 미인이라기보다는 두 나라를 이룩한 세계사에 전무후무한 여걸이다.

『삼국사기(三國史記)』에는 고구려의 2대왕 유리왕은 소서노에게 남편을 빼앗긴 주몽의 첫째부인 예씨를 어머니로 두고 기구한 어린 시절을 보내다가 고구려의 2대왕에 올라 결혼 후 일 년 만에 왕비 송씨가 죽자 계비로 하희와 치희를 들이는데 두 여자가 날마다 시기하며 싸움을 하다가 치희가 집을 나가자 유리왕은 현존하는 우리나라 최초의 시 '黃鳥歌'를 남겼다.

翩翩黃鳥(편편황조) 훨훨나는 꾀꼬리들이어,

雌雄相依(자웅상의) 너희들은 암수 서로 화합하는데,

念我之獨(염아지독) 나 홀로 돌아갈 것을 생각하니,

誰其與歸(수기여귀) 그 누구와 같이 노닐거나.

어떤사람은 먼저 세상을 떠난 왕비 송씨를 그리워하며 지은 시라 하고 중국인이었던 치희와 고구려 명문가의 딸인 하희 사이에서 이러지도 저러지도 못한 신세를 한탄한 시라 한다. 이 기록 속의 하희를 역사 속의 미인으로 이름을 올리는 이도 있다.

2. 고구려 관나부인

『삼국사기(三國史記)』의 『高句麗 본기』 중천왕(中川王) 조(條)에는 중천왕의 소비(小妃)인 관나부인이 얼굴이 아름답고 두발(頭髮)이 길어 왕의 총애를 받게 되자 왕후 연씨(椽氏)는 왕에게

"지금 위(魏)나라에서 천금을 주고 장발을 구한다 하니 장발미인을 위나라에 보내면 다시는 우리나라를 침범하지 않을 것입니다"

라고 말하여 관나부인을 왕의 곁에서 멀리 떠나보내려 하였으나 이것을 들은 관나부인은 왕이 사냥에서 돌아올 때 가죽 주머니를 들고 나와 맞으며

"왕후가 나를 여기에 넣어 바다에 버리려고 하니 집에 돌아가게 하여 주십시오"

라고 말하여 왕후를 모함하였으며 왕은 거짓임을 알고 노하여 관나부인을 가죽 주머니에 넣어 서해(西海)에 던지게 하였다. 고국천왕 왕비 우

씨는 남편이 죽자 권력을 미끼로 첫째아우인 발기를 제치고 과감히 남편의 둘째동생인 연우(山上王)와 결탁해 결혼과 함께 권력과 부를 누렸으며 미인이며 담대한 성격이었다. 산상왕이 황후 우씨의 눈을 피해 궁 밖에서 만난 여인으로 산상왕의 다음왕인 동천왕의 어머니를 더 미인이라고 한다.

3. 백제 도미(都彌)의 처(妻)

『삼국사기(三國史記)』 권 48 열전 제 8 '도미(都彌)'편에 도미(都彌)의 처(妻)의 아름다움과 굳은 절개를 말하고 도미는 가난한 평민이었으나 의리를 아는 사람이었으며 그 아내는 아름답고 행실이 곧아서 사람들에게 칭송을 받았으며 蓋婁王이 이를 듣고 도미의 아내를 탐내 도미를 불러다가

"부인의 덕은 정절이 제일이지만 어둡고 사람이 없는 곳에서 좋은 말로 꾀면 마음을 움직이지 않을 사람이 드물 것이다"

라고 말하자 도미는

"사람의 정은 헤아릴 수 없지만 신의 아내 같은 사람은 죽더라도 마음을 바꾸지 않을 것입니다"

라고 아내에 대해 확신을 보였으나 이를 시험하기 위해 蓋婁王은 都彌를 잡아두고 가까운 신하를 왕으로 꾸민 후 도미의 아내에게 보내 "都彌와의 내기에서 이겨 너를 궁녀로 삼게 되었으니 너는 내 것이다"라고 속였으나 도미의 아내는 몸종을 자기처럼 단장시켜 들여보내 왕의 일방적인 횡포에 맞섰으나 자신이 속았음을 알게 되자 화가 난 蓋婁王은 都彌

의 두 눈을 뺀 다음 멀리 보내버리고 도미의 아내를 범하려 했으나 도미의 아내는 몸을 씻고 오겠다며 궁을 탈출해 강가에 이르러 더 이상 갈 수가 없자 하늘을 우러러 크게 울자 어디선가 조각배 한 척이 밀려와 올라타니 배가 천성도(泉城島)에 이르렀는데 눈먼 도미가 거기에 살아 있어서 극적으로 만나게 된 두 사람은 갖은 어려움 끝에 고구려 땅에 도착해 그곳에서 살게 되었다.

백제의 또 다른 미인으로는 고구려 태자였던 안장왕과의 인연으로 연애전쟁을 일으키게 했던 빼어난 미모의 한주가 있다. 국경을 뛰어넘은 아름다운 로맨스는 『三國史記』 '잡지' 지리 편, 『세종실록』 지리지, 『新增東國輿地勝覽』, 그리고 丹齋 申采浩가 『해상잡록』이란 책을 인용한 〈조선상고사〉에 실려 오늘날까지 전해오고 있는 향가에 신라시대의 사료는 많이 있다.

4. 정읍사井邑詞여인

품행이 방정한 여인을 거론할 때의 기준을 세 가지(삼 씨)로 삼아 말씨는 무게가 있으면서도 조곤조곤해야 하고, 맵시는 은근하면서도 기품이 있어야 하고, 솜씨는 날렵하면서도 우아한 멋을 풍겨야 한다고 이야기한다. 백제가요 정읍사에 등장하는 여인은 장사나간 남편이 오래도록 돌아오지 않자 기다리다 걱정이 되니 문밖으로 한 발짝 두 발짝 나오다 마을 앞 산마루에 이르게 되었다. 행여 밤길에 돌아오는 도중 나쁜 일을 당하지 않을까 걱정하다 돌이 되었다는 여인의 곧은 정절이 사랑 이야기로 우리들의 가슴속에 현제까지 전해지고 있다.

1) 〈고려사악지의 삼국속악조 권25, 악2〉 원본

井邑 全州 屬縣 縣人爲行商久不至 其妻登 山石以望之恐其夫夜行犯害托泥水之汚以歌之 世傳登岾望夫石

2) 〈신증동국여지승람 권34, 정읍현 고적조〉 원본

「望夫石」

在縣北十里 縣人爲行商以不지其妻登山石以望之 恐其夫夜行犯害托泥水之汚以作歌 名其曲曰井邑 世傳登岾望夫石足跡猶在

3) 〈중종실록 권32, 중종 13년 4월조〉

四月 己巳朔 大提學南袞啓曰 前者 命臣改製樂章中 語涉淫詞釋敎者臣與掌樂院提調及解音律樂師 反覆商確 如牙拍呈才動動詞 語涉男女間淫詞

代以新都歌 蓋以音節同也…〈中略〉…舞鼓呈才 井邑詞 代用五冠山亦以音律叫也.

5. 수로부인

『三國遺事』에 전하는 설화에 한국 歷史속의 최고의 미인인 수로부인은 신라 제33대 성덕왕(聖德王) 때 강릉태수(江陵太守) 순정공(純貞公)의 아내로 남편이 강릉으로 부임하는 도중 벼랑에 핀 철쭉꽃을 꺾어 달라고 하자 소를 몰고 가던 늙은이가 헌화가와 함께 꽃을 바쳤으나 임해정(臨海亭)에 이르러 해룡(海龍)에게 붙들려 바다 속으로 잡혀가자 백성들이 해가(海歌)를 불러 다시 육지로 나왔으나 絕世美人이어서 깊은 산과 큰 못을 지날 때마다 신물(神物)에게 괴로움을 당했다.

6. 신라의 미녀

『화랑세기』에서 미실은 미색과 재능으로 40여 년간 신라황실을 주무른 절세의 미모로 꼽는다. 절정의 색공(色功)으로 세종에게 시집을 갔음에도 화랑 사다함의 연인으로 정분을 나누었다. 진흥왕과 동륜태자 금륜태자(진지왕) 3부자와 모두 연을 맺었다. 그 다음 임금인 진평왕과도 관계를 가졌다고 한다. 국경과 신분을 초월하여 사랑을 나눈 서동요 속의 선화공주 신도 흠모해 범하지 않을 수 없었던 처용가 속의 처용의 아내다. 신라 사륜왕조차 탐내던 유부녀인 도화녀, 한국의 최고의 고승 원효(元曉) 대사를 파계시킨 과부 요석공주, 김유신의 사랑과 배신을 함께 맛보아야 했던 천관녀 등이 신라를 대표하는 미인들이다. 그중에 신라의 대표적 미인은 선덕여왕이다. 신라 최초의 여왕으로 뛰어난 정치력으로 신라 귀족사회의 존경을 받으며 위기에 빠진 나라를 구하고 삼국통일의 기반을 마련한 군주이다.

7. 고려시대 천추태후

고려를 건국한 태조 왕건(王建)의 손녀로 고려 제5대 왕 경종의 왕비였으며 제7대 목종(나약한 임금)의 모후였다. 천추태후는 12년간의 섭정으로 고려의 운명을 짊어졌던 자유롭고 당당했던 정치가였다. 유학자들은 그녀를 불륜한 여자로 보고 있으나 현대의 사가들은 고려 전통을 되살렸다고 평한다. 고려의 자주정신을 되살리고 유연한 외교 전략으로 외세의 침입으로 부터 고려를 지켜낸 여성 정치가로 평하기도 한다. 고려 오백년을 통해 가장 강력한 정치권력을 행사한 고려 최고의 여걸로 평가하고 있다. 원나라에 공녀(貢女)로 끌려갔다가 원나라의 황제 순제의 황후까지 오른 기황후도 고려의 대표미인으로 들 수 있다. 〈원사(元史)〉의 후비열전에는 기황후의 모습을 그는 영특한 성품과 살구 같은 얼굴, 복숭아 같은 빰, 버들 같은 허리를 가지고 있었다. 라고 소개했다. 노국공주는 원나라 여인이었으며 원의 쿤란 태자의 청혼을 받았으나 기황후의 반대에 반원주의자인 공민왕과 정략결혼을 하였다. 공민왕을 도와 도탄에 빠진 고려를 위해 정성을 다하여 고려의 미인 반열에 올랐다.

8. 조선시대 어우동은 천하의 색녀(色女)로 유부녀였지만 수많은 유생들이나 조관들과 정분을 나누었으나 유교사회였던 조선에서 용납될 리 없어 그녀는 결국 사형되었다.

9.장녹수

제안대군의 여종이었으나 용모가 뛰어나고 가무에 능해 燕山君의 총애를 받았고 왕의 총애를 이용하여 국사에 관여하여 연산군의 실정을 부추기다 결국 중종반정에 의해 참형을 받았다.

10. 장희빈

숙종의 총애를 받던 인현왕후를 폐출하고 왕비의 자리에 올랐다가 다시 희빈으로 강등되었다가 결국에는 사약을 받고 세상을 떠났다. 미인박명(美人薄命), 미인박복(美人薄福)이란 말이 어울린다.

조선의 명기 〈어우야담〉에 나오는 기생 성산월은 모습이 너무 아름다워 미모가 이 세상 사람이 아닌 것처럼 보일 정도였다. 계월향은 선조 때 명성을 떨쳤던 평양의 명기로 1592년 임진왜란으로 평양성이 함락되자 적장 고니시 유키나까에게 체포되어 총애를 받게 되었다. 조선의 명장 김경서 장군의 애인이었던 계월향은 거짓으로 마음을 주는 척 하였다. 김경서 장군의 평양성 공격일시에 맞추어서 적장을 대취하게 만들면서 성문을 개방하였다. 적장도 살해하고 평양성도 수복하게 되는 결정적 수훈을 세웠다. 평양성 전투에서 승리한 후 김경서 장군을 만난 계월향은 그간 적장에게 수모를 당한 죄책감을 사죄하고 나간 후 자결하였다.

11.황진이

우리나라 미인 사에서 빼놓을 수 없는 여인이 바로 황진이로 사서삼경은 물론이요 시, 서, 음률에도 뛰어난 재능을 가졌다. 그녀와 같은 시대를 살았던 한음 이덕형이 황진이가 머문 곳에는 사흘 동안 향기가 있었다고 말했다. 동네 총각은 황진이를 연모하다 상사병을 앓다 죽었으며, 살아있는 생불이라 추앙받던 지족선사를 파계시켰다. 도도한 품성의 종실 청년 벽계수를 조롱하였으며 중국 사신 소세양이 넋을 잃었다. 당대 최고의 지성 화담 서경덕을 흠모하여 그를 유혹하였으나 이루지 못하고 사제지간을 맺었다. 황진이와 박연폭포, 화담선생을 송도삼절(松都三絕)이라 칭했다는 일화는 그녀의 아름다움을 말해준다.

우리나라 미인들에 대한 내용을 살펴 알아보니 미인은 옛날이나 지금이나 외적 아름다움도 중요하지만 내면의 아름다움(진, 선, 지혜의 아름다움)이 진정한 아름다움이 아닌가 생각하게 한다. 지혜와 덕, 정치적 군사적으로 업적을 남기기도 하였다. 예술적 재능과 풍류를 즐기면서 당당하게 살아온 아름다움이야 말로 그들을 오늘 날에도 미인으로 이야기 하는 것이다.

또한 웅녀, 유화, 낙랑공주, 허 황옥, 평강공주, 연 수영(최초의 女將軍), 진성여왕, 문정황후, 신사임당, 허난설헌, 논개, 소현세자 비 강씨, 임윤지당(조선시대 최고의 여성 性理學者), 명성황후 등뿐만 아니라 우리나라는 여성에 대한 기록이 별로 없어서 많이 남기지 않았다.

참고문헌

정읍사 논총(2004. 이화출판)

한국민족문화대백과사전

우리나라의 10대 미녀들 (宋 哲 孝 記者)

「정읍사」를 비롯한 〈백제5가〉에 대한 고찰

백제가요 「정읍사」는 우리나라에서 가장 오래된 백제가요로 백제인들의 사상과 감정을 잘 표현하고 있어 정읍에 살고 있는 우리에게는 더욱 친근하고 소중한 느낌을 자아낸다.

가사는 『고려사지』등에 실려 지금까지 우리들에게 전해오고 있으며 「정읍사」는 현재 정읍이라는 지명을 그대로 사용하고 있는 유일한 가요로 국내에서 유일하다.

「정읍사」의 문학적 해석과 역사적 현장성은 다를 수도 있으나 백제 문화와 생활사를 이해하는데 도움이 되고 있으며 백제 가요라는 관점에서 앞으로도 많은 연구가 필요하다 생각한다.

고려시대에는 「정읍사」가 고려와 조선 궁중속악으로 가창되다가 중종대에 이르러 화류계와 음탕한 여인의 이야기라는 해석으로 음사라 지탄을 받으며 「정읍사」의 본질을 왜곡하고 호도되어 궁중음악에서 제외되었다.

백제가요에는 「정읍사」외에도 「선운산」가 「방등산」가 「무등산」가 「지리산」가 등 백제5가가 민간속요로 알려져 있다. 백제 다섯 가요 중 유일하게 정읍사만 가사가 전해오며 나머지 4개의 노래는 곡명과 유래만 남아 전해오고 있다.

「정읍사」는 행상나간 남편이 돌아오지 않음을 걱정하는 한 여인의 마음을 표현했으며 「선운산가」는 장사현의 여인이 전쟁나간 남편을 그리워 부른 노래이며, 「방등산가 (방장산)」는 도적들에게 잡혀간 장일현의 한 여인이, 남편이 자신을 구해주지 않음을 풍자한 노래라고 한다.

「무등산가」는 무등산에 성을 쌓아 백성들이 안심하고 살아갈 수 있다는 노래이며 「지리산가」는 백제 구례현의 지리산 속 한 여인이 자색이 뛰어나 왕이 데려가려 하자 죽음을 맹세하며 거부한 심정을 노래한 것이라 한다.

백제 다섯 가요가 정확한 기록이 없어 속요 민요조로 구전되어 온 만큼 학자들에 따라 여러 가지 학설을 주장하고 있어 시민들에게 기본적으로 나마 쉽게 알 수 있게 전달하고 저 한다.

1. 정읍사(井邑詞)

1) 정읍사의 작품연대

정읍사가 문자로 정착된 것은 백제멸망 이후 800여년이 지나고 "악학궤범"에 나오기 때문에

연대 미상이나 고려시대에 가창된 기록이나 많이 불리워졌다 하여 고려가요로 보는 견해도 있지만 백제가요로 보는 것이 지배적이다.

학자들은 '정읍사는 현제 전하는 백제 노래의 단 하나인 것이다'(가람 이병기) 라고 하였고 '백제시대부터 전하는 노래임이 틀림없다'(윤순호의 정읍사의 연구)라고 하였다.

현행 고등학교 고전 교과서 16종에 나타난 정읍사의 생성 연대와 장르를 크게 나누어 제작시기를 백제시대로 보는 것이 13종으로 고등학교에서 가르치고 있다.

2) 정읍사의 작자

정읍사의 가사는 백제시대 어느 행상인의 아내가 장에 가서 돌아오지 않는 남편을 기다리는 순박하고 아름다운 여인의 마음을 표현한 노래이다. 고대가요는 일반적으로 민요적인 성격을 갖고 있다. 정읍사도 오랜 동안 구전되어 오던 과정에서 민요적인 성격을 띠게 되었을 것이다. 이 노래의 뜻으로 보아 우리의 전통적인 가부장적인 부권사회에서 여자가 남편을 못내 기다리다가 죽은 일이나 또는 남편이 나라 일에 동원되어 오래 동안 돌아오지 못할 때 여인들의 입에서 하나 둘 불려 지면서 점차 내용도 자기의 입장에서 변형되어 가면서 널리 불려 민요로 전승되었다면 정읍사의 작자를 행상인의 아내로 볼 수 없고 행상인의 아내를 주인공으로 불렀다고 할 수 있을 것이다.

3) 정읍사 가사

〈원본〉

달아 노피곰 도다샤

어긔야 머리곰 비취오시라.
어긔야 어강됴리
아으 다롱디리

져재 녀러신고요
어긔야 즌대를 디디욜셰라.
어긔야 어강됴리
어느이다 노코시라

어긔야 내 가는 대 점그랄셰라.
어긔야 어강됴리
아으 다롱디리

〈현대적인 해석〉
달님이시여 높이 좀 돋으시어
어기야 멀리 좀 비춰오시라
어기야 어강됴리
아으 다롱디리
어기야 어강됴리

어디든 짐 벗어놓고
길 저물까 두려웨라

어기야 어강됴리

아으 다롱디리

정읍사의 내용을 보면 규범적인 측면과 규범적이 아닌 측면에서 생각할 수 있다.

규범적 측면은 작품 내용을 보는 관점이 도덕적이고 전통적인 것을 바탕으로 자기(여자)보다 님(남편)을 위한 입장이며 반대적인 측면에서 본다면 종래의 남성 위주의 윤리관에 구애되지 않고 자기 본위의 감정 유발에서 노래한 것으로 본 견해이다

註 장사로 떠돌아 다니느라 집나간 지아비를 밤마다 마중나가
기다리던 백제의 순정한 여인이 망부상이 되었다 한다

2. 선운산곡(禪雲山曲)

선운산(禪雲山 높이 336m)은 고창군 심원면과 아산면 경계에 있는 산으로 본래는 도솔산으로 불렸는데 백제 때 창건한 선운사가 유명해지면서 선운산으로 불려졌다. 선운사가 한창 번성했던 시절에는 승려가 3천여 명이었으며 89개의 암자를 거느렸던 대가람으로 조계종 24교구 본사이다.

선운산곡(禪雲山曲)은 《고려사》 권71에 기록되어 이름만 전해오는 백제 가요이다. "장사 사람이 전쟁터에 출정하여 기한이 지나도록 돌아오지 않는지라 그 아내가 남편이 그리워 선운산을 바라보며 노래를 불렀다(長

沙人征役 過期不至 其 妻思之 登禪雲山 望而歌之)"하며, 그 가사는 전하지 않는다.

작자 및 제작연대 미상의 백제가요. 원사(原詞)도 한역사(漢譯詞)도 전하지 않으나, 《고려사》 권71 속악조(俗樂條)와 《증보문헌비고》 권106 악고(樂考) 17에 각각 〈선운산〉·〈선운산곡〉이라는 제목과 해설이 기록되어 있다. "백제 때에 장사(長沙) 사람이 정역(征役; 일정한 나이 이상에 이른 남녀가 서울에 가서 일에 복역하는 것)에 나갔는데 기한이 지나도 돌아오지 않으므로, 그의 아내가 남편을 사모한 나머지, 선운산에 올라 바라보며 이 노래를 불렀다(長沙人征役過期不室登禪雲山望而歌之)."고 한다. 구체적인 내용과 형식은 자세히 알 수 없지만, 해설로 보아 남편을 그리는 내용이라고 할 수 있다. 이 작품은 오늘날 거의 전하지 않는 백제가요의 단편을 보여주는 자료이다.

선운사 뒤편에는 3000여 그루의 동백나무 숲(천연기념물 184호)이 특히 4월초부터 동백꽃이 피기 시작하여 매화, 벚꽃, 진달래꽃이 흐드러지게 피어 장관을 이루며 가을에는 장사현 여인의 님을 그리워하는 한을 담은 듯한 상사화를 피우고 단풍나무는 피를 토하듯 빨갛게 피멍이 든다.

[※선운산곡의 배경 선운산]

3.방등산가方等山歌

백제시대에 고창 방장산을 배경으로 쓰인 고대 시가. 「방등산가(方等山歌)」는 방등산[방장산]에 있는 도적 떼에 의해 장일현이라는 여자가 납치되자 남편이 구해주러 오지 않는다고 원망하면서 불렀다는 노랫말인데, 현재 가사는 전해오지 않는다. 『증보문헌비고(增補文獻備考)』 권106 악고(樂考) 17에는 「반등산곡(半登山曲)」으로 나와 있지만 두 작품의 내력은 같다.

방장산(높이 734m)은 고창읍 동쪽에 있는 산이다. 전라북도 고창군과 정읍시, 전라남도 장성군의 경계에 있으며, 양고살재에서 벽오봉[방문산], 고창고개, 봉수대, 써래봉을 거쳐 갈재로 이어진다. 백제 시대 이후 방등산, 또는 반등산이라 하다가, 임진왜란이 끝난 후 조선 인조 때 청나라에 멸망한 명나라를 숭상하던 선비들이 중국의 삼신산과 방장산이 비슷하다 하여 방등산이라고도 불러오고 있다. 고창군의 진산 방장산은 산림청 발표 100대 명산이며 정읍시 고부의 두승산, 부안군의 변산과 더불어 전라북도의 삼신산이라 하며, 지리산, 무등산과 더불어 호남의 삼신산으로 추앙을 받아왔다. 방등산은 『삼국유사(三國遺事)』와 『고려사(高麗史)』 권71 삼국속악조(三國俗樂條)에 방등산(方等山)으로 명기되어 있다. 『증보문헌비고(增補文獻備考)』에는 반등산(半登山)으로 기록되어 있다. 방등이란 불가의 용어로서, 방정하고 평등하다는 의미를 갖고 있다. 반등산이란 이름은 태산이 높고 장엄하여 산을 절반밖에 오를 수 없다 하여 붙여진 이름이다. 『고려사』 악지에 기록된 방등산은 나주시 진관의 속현인 장성, 고창 경계에 있어, 신라 후기에 도적이 반등산에 근거지를 두고 있으면서 양가집 자녀들을 많이 잡아다 부렸다고 한다. 1592년(선조 25) 임진왜란 때 조선을 지원하러 온 명나라 이여송 장군이 고창 방장산의 수려한 산세를 보고 큰 인물이 나올 것을 경계하여 쇠말뚝 다섯 개를 박아 산의 정기를 차단하려 했으며, 일제강점기 때도 쇠말뚝을 박았다 하여 제거 작업을 벌였다. 방장산에 있는 양고살재는 병자호란 때 고창 출신 박의(朴義) 장군이 누루하치의 사위인 적장 양고리(陽古利)를 살해하여 붙여진 이름이다. 박의는 1599년(선조 32) 고수면 초내리 산양동에서 고창 입향조인 관찰사 양오공의 증손으로 태어났다. 용기가 대단하고 말을 잘 타며 총을 잘 쏘아 박포수라 불렀다. 1642년(인조 2) 무과에 급제하였다. 병자호란 때 전라도 병마절도사 김준용이 근위병을 거느리고 수원 근교 광교산에서 적을 만나 싸워 여러 번 이기기는 하였으나, 갑자기 내린 폭설 속에서 양쪽 병사들이 격전을 벌인 끝에 아군이 패하게 되었다. 박의는 적군의 이동로인 방장산 입구에 매복하여 있다가 적이 나타나자 적의 대장을 총탄으로 쏘아 죽였다. 죽은 적의 상장인 양고리는 만주 정황기인으로 누루하치의 사위이며 창평전투에서 58회나 승리하여 청 태종에 총애를 받던 명장이었으나, 예친왕 다락을 따라왔다 박의에게 죽음을 당한 것이다 청 태종은 양고리의 죽음 소식을 듣고 크게 통곡하였다고 전하며, 무훈왕에 봉하였다고 한다. 양고리가 죽은 뒤에 산으로 급하게 피하는 자를 보고 청군이 저 사람이 양부마를 쏜 사람이라 하니, 활을 잘 쏘는 애륵을 시켜 박의를 잡아 목을 베었다고 한다. 박의의 묘소는 고창군 고수면 예지리 양정마을에 있으며, 박의의 후손들은 고수면 장두리와 아산면 중월리 등에 살고 있다. 방장산은 호남고속도로와 서해안고속도로 개통으로 접근이 쉬워짐에 따라 산악인들에게 새로운 관광 명소로 떠오르고 있다. 주위에는 내장산, 선운산, 백암산에 둘러싸여 있어 기세가 당당함을 자랑한다.

(※다른 이름 : 방장산)

4. 무등산가(無等山歌)

무등산(無等山 높이 1,187m)은 광주광역시 동쪽과 담양군, 화순군에 걸쳐 소백산맥에 속한 백악기 화산체의 우뚝 솟은 산이다. 무등산은 등급을 따질 수 없는 산이라는 뜻으로 산세가 웅대한 산이며 통일신라 때 무진악, 무악으로 불려 지다가 고려 때 무등산으로 불렸다. 서석산이라는 별칭 이외에 무당산, 무덤산, 무정산등 여러 이름들이 불렸듯이 민중들의 삶과 애환이 함께한 산이다.

무등산 해발 300~500m 지대의 운림골에서 나오는 무등산수박 (일명 푸랭이수박)은 순 우리것으로 재래종 수박이다.

무등산가(無等山歌)는 백제 시대에 지어진 작자 미상의 가요로 가사는 전하지 않고, 〈지리산가(知異山歌)〉·〈선운산곡(禪雲山曲)〉·〈방등산가(方等山歌)〉 등과 함께 《고려사》 악지에 가사는 전하지 않고 내력만 실려 전한다. 무등산은 광주(光州)에 있는데 백제 때에는 이곳에 성(城)이 있어 백성들이 편안하게 살 수 있었으므로 즐겁게 이 노래를 불렀다고 한다. 따라서 일종의 태평가라 하겠다.

無等山 光州之鎭 州在　무등산 광주지진 주재
全羅爲巨邑城 此山　전라위거읍성 차산
民賴以安 樂而歌之.　민뢰이안 락이가지.

(무등산은 광주(光州)의 진산(鎭山)으로서, 이 산에 성을 쌓으니 백성이 안심하고 살아갈 수 있어 그 기쁨을 노래한 것이라고 한다.)

註 百姓들의 기쁨을 노래한 無等山歌(무등산가) | 작성자나그네

무등산은 등급을 따질 수 없는 산이라는 뜻으로 산세가 웅대한 산으로 백제 때 무진악(武珍岳), 고려 때 서석산(瑞石山)이라고 하였다. 이는 광주의 옛 이름인 무진주에서 기인한 것으로, 무진주에 있는 산이라 하여 무진악 도는 무악이라 불렸고, 상서로운 돌(서석, 瑞石)이라 불릴 만큼 고려 시대부터 무속신앙의 관계자들이 자주 찾던 명산으로 유명했다. 이 때문에 무덤산 혹은 무당산이라는 명칭도 사용되었으나, 1972년 5월 22일, 무등산이 도립공원으로 지정되던 시기를 전후해 무등산에 산재해 있던 무당들을 정리함으로써 현재는 무덤산이나 무당산이라는 명칭은 거의 쓰이지 않는다. 여러 이름들로 불렸듯이 민중들의 삶과 애환이 함께 한 산이다.

5. 지리산가(智異山歌)

백제시대에 지어진 작자 미상의 가요.

원가(原歌)는 전하지 않고 제목과 노래의 내력만이 『고려사』 권71 삼국속악조(三國俗樂條)에 전하며, 그 내용이 『증보문헌비고』 권106 악고(樂考) 17에 옮겨져 있다.『고려사』에는 작품명을 '지리산'이라 적고 있고, 『증보문헌비고』에는 '지리산가(智異山歌)'라고 적고 있다.

노래의 내력은 구례(求禮)의 한 여인이 집안은 가난하지만 아름다운 용모와 부덕을 갖추고 지리산 밑에 살았는데, 왕이 이 소문을 듣고 궁으로 데려가 첩을 삼고자 하였으나 그녀는 이 노래를 지어 죽기를 맹세하고

따르지 않았다고 한다.

내력이 『삼국사기』 열전(列傳) 제8 도미처조(都彌妻條)와 유사한 점이 있어, 「지리산」의 작자가 도미의 처라는 주장이 있으나, 「지리산」에 대한 설명이 너무 짧아 속단하기는 어렵다. 거의 전하지 않는 백제가요의 일면을 보여주는 자료이다.

『고려사』 「악지」에는 백제의 노래로 「정읍(井邑)」, 「선운산(禪雲山)」, 「방등산(方等山)」, 「무등산(無等山)」, 「지리산(智異山)」 다섯 편이 소개되어 있다. 「정읍(井邑)」을 제외한 네 작품 모두 가사는 전하지 않고 노래가 불리게 된 사연을 간단히 소개하고 있다.

고대국가가 형성되면서부터는 지리산은 산신신앙의 대상으로 부각이 된다. 신라 때에는 삼산오악신(三山五嶽神)을 제사하였다.

삼산은 봉래 · 방장 · 영주로 이 중 방장이 지리산에 비견된다. 오악은 동의 토함산, 남의 지리산, 서의 계룡산, 북의 태백산, 중의 부악(父嶽)으로, 나라에서 제사하며 국가와 백성의 행복을 빌었다. 고려시대에도 계속 지리산을 남악으로 삼아 중사(中祀)에 올렸다고 하는데 이때 많은 사찰과 산신당이 세워지게 되었다.

조선시대에 들어와서도 지리산은 삼각산(三角山) · 송악산(松嶽山) · 비백산(鼻白山)과 함께 사악신(四嶽神)으로 정하여져 나라의 제사를 받았다고 한다.

김종직(金宗直)의 「유두류록(遊頭流錄)」에는 대표적인 산신 신앙의 예가 수록되어 있다. 그가 마흔 살 되던 해 가을 종도(宗道)와 선공(鮮空)이라는 두 승려의 안내를 받아 지리산 주봉인 천왕봉에 올라 제일 먼저 성모묘(聖母廟)에 제사를 드렸다는 기록이 그것이다.

그가 당시 목격한 이 성모묘의 모습은 당집의 너비가 3칸이고 양쪽 벽에 중을 그린 그림이 걸려 있었으며, 성모상은 석상(石像)으로 분대(粉黛)로 얼굴과 머리, 눈, 눈썹이 칠하여져 있었다.

머리 부분에 칼로 벤듯한 금이 가 있어 그 연고를 물으니 태조가 등극 전에 이 근처 인월(引月)에서 왜구를 칠 때 크게 패한 왜병이 이 성모의 신조(神助)로 태조가 승첩을 거두었다 하여 보복의 뜻으로 두쪽을 내었던 것을 뒤에 모아 맞춘 것이라 하였다.

성모묘의 동쪽, 바위가 오목하게 꺼진 부분에 돌을 쌓고 그곳에 조그만 불상을 하나 세워 놓았는데 국사(國師)라 부른다는 것이다.

이와 같은 민족의 성산(聖山)으로서의 지리산의 위치는 연면히 이어져 내려 오늘날까지도 변함이 없다. 영남과 호남의 양 지방에 걸쳐서 그 경계를 이루고 있다는 위치적 특성과 산세가 웅장하면서도 험하지는 않다는 지형적 특징 때문에 역사상 특이한 역할을 수행하기도 하였다.

우선 백제의 멸망 후 유민 일부가 유입되었을 가능성을 생각해 볼 수 있을 것이고, 섬진강 유로를 따라 연안에서 노략질을 일삼던 왜구가 그 도피처로서 지리산을 취하는 경우가 간혹 있었다는 것이다.

조선 중기 이후 특히, 임진왜란을 겪은 뒤에는 병화(兵火)와 흉년이 없는 피란 · 보신의 땅을 찾는 정감록신앙(鄭鑑錄信仰)이 지리산을 찾게 된다.

『정감록』 감결(鑑訣)과 『삼한산림비기(三韓山林祕記)』·『도선비결(道詵祕訣)』·『남사고비결(南師古祕訣)』·『남격암산수십승보길지지(南格庵山水十勝保吉之地)』·『이토정가장결(李土亭家藏訣)』·『서계이선생가장결(西溪李先生家藏訣)』 등 도참서류(圖讖書類)에는 대부분 피란·보신의 장소로 열 군데(이름하여 十勝地라고 함)를 제시하고 있는데 그 중 운봉두류산(雲峰頭流山), 즉 지리산이 반드시 포함되어 있다.

이러한 정감록 관념은 한말에 이르러 농민운동에 실패한 동학교인들이 유민이 되어 흘러 들어오고, 이들 일부가 신흥종교를 개창하였다.

오늘날 계곡 도처에 흩어져 있는 사찰과 산신당 이외에 이러한 민족종교의 전통을 이어받은 산간 마을이 일부 흩어져 있는데, 이 중 가장 대표적인 것이 갱정유도(更正儒道) 신자들로 구성된 경상남도 하동군 청암면 묵계리 도인촌일 것이다.

그들은 묵계리를 전설상의 청학동(靑鶴洞)이라 일컬으며 댕기머리와 상투와 바지 저고리로 우리의 전통 문화관습을 유지하고 있다. 청학동은 선조 때의 문인 조여적(趙汝籍)의 『청학집(靑鶴集)』에 신선에 대한 기록에서 나온 말로, 우리 민족의 이상적인 길지로 구전되어 오던 곳이다.

이런 명산임에도 불구하고 현대사에서는 좌익·우익의 격전으로 뼈아픈 상처를 남기게 된다. 1948년 10월의 여순반란사건에서 패퇴한 좌익세력의 일부가 지리산으로 입산하였으며, 1950년 6·25 때에도 북한군의 패잔병 일부가 노고단과 반야봉 일대를 거점으로 하여 양민 학살, 촌락 방화, 산림 남벌 등의 깊은 상처를 남기게 되었다.

우리나라 31본산(本山)의 하나이며 10대 사찰 가운데 첫째인 화엄사(華

嚴寺)를 비롯한 10여 개의 사찰과 국보 · 보물 · 천연기념물 등의 많은 문화재가 있어 곳곳마다 유적지이다.

주능선을 기준으로 그 남쪽 면을 겉지리(表智異 또는 外智異)라 하고 북 사면을 속지리(裏智異 또는 內智異)라 하는데, 민간신앙과 관계된 유적은 주로 속지리 쪽에, 그리고 불교 신앙 유적은 겉지리 쪽에 분포하는 특성을 보이고 있다.

7. 삼국시대의 문학에 대한 기록

삼국시대에 접어들면서 삼국이 한문을 공식 문자로 사용하고 유학과 불교를 받아들임으로써 한국문학사에 커다란 전환점이 이루어졌다 한다. 한문의 사용은 〈유기留記〉 · 〈신집新集〉 · 〈서기書記〉 · 〈국사國史〉와 같은 역사책을 기록하고 책으로 편찬하였다, 〈광개토대왕릉비廣開土大王陵碑〉 · 〈진흥왕순수비眞興王巡狩碑〉 같은 금석문을 짓는 등 국가의 체제를 정비하는 데 있어서는 물론, 구비전승에만 의존했던 한국문학이 구비문학과 기록문학을 공유하는 시대로 접어들게 하는 중대한 구실을 했다 하겠다.

유학과 불교도 보편적인 이념을 구현하면서 한국문학의 주제를 심화하는 데 크게 기여했다 한다. 을지문덕의 〈여수장우중문시與隋將于仲文詩〉는 고구려인의 넘치는 기상을 드러냈고, 진덕여왕의 〈치당태평송致唐太平頌〉은 그 내용이 비록 사대적이기는 하지만 신라문학의 높은 수준을 보여주었다.

삼국시대의 노랫말이 온전하게 전하지는 않지만 백제에서는 〈선운산

禪雲山〉·〈무등산無等山〉·〈방등산方等山〉·〈지리산 智異山〉 등 자연을 노래하는 가요가 유행했다는 기록이 남아 있으나 가사는 전해지지 않았다. 〈정읍사井邑詞〉는 행상나간 남편이 돌아오지 않자 동구밖 너럭바위에 올라 무사귀가를 염원하며 부르던 노래를 백제 5가 중 하나라고 하며 가사와 함께 유일하게 지금까지 전해오고 있다.

백제가요 정읍사는 학자들 간에 많은 연구와 발표가 있었으나 시원스런 합의점을 찾지 못하고 있다. 정확한 기록이 없이 설로만 전해져 누가 만들었는지 배경의 지역이 어디인지 정화하지가 않기 때문이다. 다행히 고려조에 가사가 기록으로 남아 있어 앞으로 더 많은 연구를 통하여 백제가요 정읍사의 문학적 요소와 역사적 근거를 찾아 결정적인 고증의 결론이 하나로 이뤄지기 위하여서는 지자체인 정읍시의 전폭적인 지원과 시민들의 관심이 절실히 필요로 하는 바람이다.

정읍지방에서는 이를 전승하고자 〈정읍사 문화제〉를 개최하고 있다.

고구려에는 〈내원성가來遠城歌〉·〈연양가延陽歌〉·〈명주가溟州歌〉 등의 가요가 있었고, 신라에서는 〈도솔가兜率歌〉·〈회소곡會蘇曲〉과 같은 새로운 노래를 만들어 불렀으며, 특히 신라에서는 한자를 이용하여 우리말을 표기하는 향찰이 창안되면서 향가가 나타났다 한다.

〈서동요薯童謠〉·〈풍요風謠〉와 같은 4구체 향가는 민요적 특성을 보이는 초기의 향가라고 할 수 있다. 이 4구체를 거듭하여 8구체 향가가 생겨났고, 신라 귀족문화의 발전과 더불어 '사뇌가'라고도 하는 10구체의 정제된 형식의 향가가 이루어졌다. 불교적인 주제를 다룬 사뇌가의 대표적인 작자층은 화랑 · 승려인데, 융천사의 〈혜성가彗星歌〉는 사뇌가가 화랑의 등장과 깊은 관련이 있음을 보여준다. 충담사의 〈찬기파랑가讚耆婆郎歌〉, 희명의 〈천수대비가天手大悲歌〉 등은 향가의 작자층이 확대되면서 창작되었고, 〈처용가處容歌〉는 주술시가의 일면을 보여주는 후대의 작품이다 한다.

진성여왕 때 〈삼대목三代目〉이라는 향가집이 편찬되어 향가를 집대성했다고 하나 오늘날 전하지 않고 〈삼국유사〉에 14수만이 전한다. 고구려나 백제에도 신라의 향찰과 향가에 상응하는 표기방식과 노래가 있을 법하나 그 자취를 더듬어보기 어려운 실정이다. 신라가 삼국을 통일한 이후에 한문학은 본격적인 발전을 이룩했는데, 설총 · 강수 · 김인문 · 김대문 · 최치원으로 이어지는 6두품 출신 문인들이 많은 역할을 했다. 이들은 유학과 문학의 의의를 주장하면서 문학주도층으로 성장했다. 국학 설립에 관여한 설총은 꽃을 의인화하여 왕을 풍자한 〈화왕계花王戒〉를 지었으며, 당나라에 유학하여 과거에 급제했던 최치원은 시와 문을 지어 그 명성을 드높이고 한문학 발전에 크게 기여했다 한다.

설화 쪽에서는 김춘추의 영웅상을 부각시키는 과정에 삽입된 〈구토지설龜兎之說〉, 왕의 횡포로 처참한 시련을 겪는 〈도미설화都彌說話〉, 여왕을 사랑하다 불귀신이 되었다는 〈지귀설화志鬼說話〉 등이 등장하여 신화적 인물의 영웅적 투쟁과 성취를 다룬 전대 설화와는 다른 양상을 보여주고 있다 한다.

출처 다음백과

백암리白岩里당산堂山과 박잉걸朴仍榤先生

칠보면七寶面의 역사적 유적 12선選에서 빼놓을 수 없는 백암리白岩里당산堂山에 얼킨 전설을 소개한다.

칠보면 백암리 원백암 마을은 칠보산과 태자산 줄기 따라 좌청룡 우백호 풍수지리 지맥에 의한 소쿠리 안속형 동네를 이루고 살아가는 마을이다. 오래전부터 내려오는 전설에 의하면 백암마을 입구에 자리한 오래된 돌이 서 있어 마을의 수호신 가운데 하나로 장군석 또는 망부석이라 부른다. 남근석(男根石)은 네모난 받침돌 위에 남자의 성기 모양을 조각한 것인데 300 여 년 전에 마을주민 박잉걸朴仍榤이 이 마을의 번영과 도독을 방지하고 여근곡의 강렬한 기운을 막기 위해서 세웠다 한다. 예전엔 남근석 앞에 여성의 성기 모양을 새긴 여근석(女根石)이 있었다 하나 지금은 없어졌다. 음력 정월 초사흘이면 마을사람들이 남근석 앞에 모여 풍년을 기원하고 복을 비는 당산제를 올린다. 이 남근석에는 자손이 귀한 사람이나 불림증이 있는 여자가 네 번 절하고 이 돌을 안아주면 아이를 갖는다는데 이런 내용이 멀리까지 알려져 일본인 여자가 이곳을 찾아 몰래 밤만 되면 남근석을 안고 사나흘 자고 갔다는 이야기가 전설로 내려오고 있다.

남근석 인근 개울 양쪽에 석장승 2기가 있다. 동쪽에 위치한 돌장승을 남장군석 또는 할아버지 당산(높이 2.1m) 서쪽에 위치한 돌장승을 여장군석 또는 할머니 당산(높이 1.65m)이라 한다. 이돌 장승은 원백암리 마을 초입을 지키는 수문장으로 재질은 화강암이며 몽톡한 눈과 코 가늘게 표현한 입은 친근감 있게 표현되었다. 남근석이 자리한 곳은 예전에 숲정이라 불리던 곳으로 마을의 입구가 너무 트여 자세가 흩어 지는 것을 막기 위하여 숲을 조성하고 마을 뒤편 태자산 여근곡에 대응하기 위해

모은 박잉걸선생 慕隱 朴仍傑先生의 기적비記蹟碑

남근석을 세웠다 한다. 또한 이 마을에는 노거수老臣樹, 암석岩石, 입석立石등 여러 형태로 된 24개의 당산이 있으나 오랜 세월 지내며 많은 수가 없어지고 7~8개만 남아 있던 것을 복원하여 현재는 12당산에 금줄을 치고 마을의 풍년과 안녕을 기원하며 당산제를 올린다. 풍설에 따르면 할아버지 장승에 빌면 자손이 대대로 많아서 집안이 번창하게 된다고 전해진다. 소원을 이루러 찾아오는 12당산이 마을에 남아있다. 이와 함께 백암리 당산과 남근석에 얽힌 전설에는 북면 오류리 마을 내력을 빼놓을 수가 없다. 백암리에서 직선거리 약4km에 위치한 오류리 마을은 버드나무와 여인의 "단속곳"에 얽힌 전설이 있다. 외지에서 오류리에 시집온 여인이 바람이나(서방질)서 퇴박당하는 불행한 사연은 백암리 태자산의 여근곡으로부터 비치는 물빛에 의해서 불상사가 생긴다 해서 마을 앞에 버드나무와 뙤를 심어 여근곡 물빛을 차단하여 음양의 조화를 막기 위해 여인들의 "단속곳"(속옷)을 머리에 쓰고 액맥이제 행사를 매년 실시해오다 어느 때인가부터 이런 액맥이제 풍속이 사라졌다. 최근 지자제지원금을 받아 단속곳 행사가 이어지고 있다 한다. 백암리에서는 매년 정월 당산제를 올리는데 당산제 축문인 대축大祝과 가호家戶마다 소축小祝이 있다. 벌수伐水마을 줄다리기는 음력 정초에 가구마다 짚과 당산제 제수비용을 거두어서 14일까지 짚으로 줄을 꼬아 준비했다가 보름날(15일) 부락민 전부가 나와서 남녀 두편으로 나눠 줄다리기를 하는데 여자편이 이겨야 풍년이 든다고 해서 항상 여자편이 이기고 줄다리기가 끝나면 농악을 울려서 부락의 화합을 다지고 즐겁게 놀이를 하다가 줄을 마당 당산나무 둘레에 감아서 방책防柵을 해주고 준비한 재수로 당산제를 지내는 풍습이 예부터 전래 되었다가 근간에는 농촌인구의 자연 감소로 행사가 이어지질 못하고 있다 한다.

도승道僧과 모은慕隱 박잉걸朴仍楪

당산돌을 새우게 된 유래에 대한 기록은 없으나 촌로들의 설화에 의하면 약300여년 전 이 마을에 살았던 모은 박잉걸이 세웠다고 한다. 20개의 여러 형태로 된 당산은 오랜세월이 지나는 동안 점점 없어지고 있을 뿐이다. 기왕 남근석에 얼킨 전설에는 모은 박잉걸은 조선 영조 때 자선 사업으로 유명했던 인물로 1676년(숙종2년) 현 정읍시 칠보면 백암리에서 출생하여 여러 분야에 걸쳐 알려지고 있다. 당시 험한 고갯길을 닦고 다리를 놓아 행수行修에 덕을 쌓았고 굶주리는 사람들에 밥과 옷을 주었으며 또 태인 고을의 육방에 토지를 내놓아 아전衙吏들의 인재수탈을 막았다. 그가 이렇게 많은 재물을 들여 자선사업을 배풀게 된 동기에 대한 일화가 있다. 기록으로는 찾아 볼 수 없는 설화가 전해 내려오고 있다.

할아버지 석장승

그는 만년에 이르러 하나

의 고민이 생겼다. 그는 몸통에 비늘 같은 것이 생기기 시작한 것이다. 그리하여 원근의 이름 있는 명의를 불러 약을 쓰고 다스렸으나 이렇다 할 효험을 얻지 못했다. 백방으로 치료를 했으나 신통한 묘약이 없었다. 재산이 있고 몸이 귀하게 되면 생명에 대한 애착이 강해지는 것이 인간의 생리이다. 자나 깨나 신병치료에 근심이 되었다. 1745년(영조21년) 초가을 어느 날이다. 모은의 둘째 아들이 살고 있는 '진상골' (정읍시 산내면 매죽리 중리)을 찾아가는 모은은 말을 타고서 굴치屈峙를 한참 오르고 있었다. 백암리에서 진상골로 가는 길이 두 갈래 길이 있으니 하나는 행단(칠보면 시산리)을 지나 구절치를 넘는 길이요. 굴치屈峙는 거리로는 가까우나 길이 험하다. 박잉걸은 고개중턱에 이르러 어느 때와 같이 한참을 쉬고 있는데 때마침 재에서 백발노승이 내려 보고 있었다. 노승과 맞부디쳐 보는 모은 박잉걸은 선풍도골의 그야 말로 신선神仙과 같은 노승에게서 일찍히 사람을 대하여 느껴본 적 이 없는 화기를 느꼈다. 어쩌면 도를 깨우친 노승인지도 모른다고 스스로 느끼는 순간, 이때 도승 역시 모은慕隱을 바라보고 있었다. 이윽고 도승이 입을 열어 박잉걸에게 인자한 목소리로 말하는 것이었다. "대감 신변身亿을 너무 걱정 마시

할아버지 석장승

오” 이 말을 들은 박잉걸은 귀가 번쩍 했다. “도승께서는 이 사람에게 좋은 비방을 일러주시오” 도승에게 간절한 마음으로 예의를 갖춰 인사를 하였다. 마침 도인은 “중생에 적선하시오. 우선 이 험한 길을 닦으시오” 이와 같이 말하고 뒤돌아보지 않고 가던 길을 내려가 버렸다.

순간의 짧은 대화였으나 아쉬움에 몸 둘 바를 잊었다. 박잉걸에게는 꿈만 같은 짧은 시간이었다. 박잉걸은 깨달았다. 이것이 산신령의 계시라고 깨닭은 그는 가던 길을 되돌아서 백암리로 돌아왔다. 이상하게도 육체를 괴롭히던 아픔이 깨끗하게 낳아져 편안함을 느끼게 된 것이다. 그 이후 중생을 건지는 자선사업을 하게 됐다 한다.

이해 가을 추수를 마치고 먼저 구절치 잿길을 닦았다. 그리고 다음해 이른 봄에는 굴치屈峙 길도 닦았다. 그리고 굴치屈峙의 암벽岩壁에는 치도불망비治道不茫碑수도비가 새겨있다. 그리고 태인의 대각교를 놓았다. 대각교(대겨고)는 전주 감영에서 남도로 통하는 교통의 요지다. 홍수가 한번 지나가면 나무다리는 떠내려가고 많은 행인의 불편은 이루 말할 수 없었다. 그리하여 태인 고을에서 이 다리를 관리하는 문제가 여간 큰 일이 아니다. 이에 박잉걸은 사재를 들여 석재를 다듬어다가 장대석으로 큰 다리를 놓으니 아무리 홍수가 나도 다리는 안전했다. 사람들은 이 다리를 통칭 “큰 다리” 일컬었다.

신동국여지승람(新增東國輿地勝覽) 태인현 편에 의하면 옛날에는 태거교로 기록하고 있으나 대각교란 ‘큰 다리’의 한자표기에서 유래한 명칭이다. 모은 은 또 빈민 구제 사업을 벌였다. 춘궁기가 되면 가난한 농민들에게 곡식을 나누어주고 집에서 죽과 밥을 먹였다. 그리고 마을 입구에 막을 치고 옷과 신발 같은 것을 항상 걸어 놓고 가난한 사람들이 언제나 와서 가져다 입고 신을 수 있도록 하니 가난한 사람들이 먼 곳에서 까지 소식을 듣고 찾아와서 옷을 갈아입고 신발을 바꿔 신고 가는 것이었다. 일부러 이곳을 지나가기라도 하며 지금까지 불리어 오고 있다. 정읍井邑–칠보七寶간 지방도로의 칠보방면으로 가노라면 백암초등학교 앞마을이다. 1958년 이곳에 모은慕隱 박잉걸朴仍桀 선생先生의 유적비遺蹟碑가 세워져 있다.

白岩里

본래本來 태인군 남촌 일변면 구역인데 1941년 행정구역 개편에 상일리 중일리 제내리, 축촌리, 석정리와 고현내면 이리, 삼리 및 동촌면 칠전리, 남촌 이변면 덕두리 각 일부와 원두리, 사제리를 병합하여 중심마을 이름을 따서 백암리라 하고 정읍시 칠보면에 편입하였다.

* 걸치기 : 박잉걸 선생이 마을아래 큰 길가에 막을 쳐놓고 의복과 신발을 걸어 놓고 지나가는 가난한 행인에 쓰게 하였다 해서 붙혀진 마을

* 백암 : 백암리에 있는 중심마을 원백암리라 함

* 열두당산 : 백암 오른쪽에 있는 두 개의 산

* 당산나무 : 백암리 가운데 있는 30아름 되는 괴목

* 박잉걸 영당 : 영당등 가운데 있음

* 느티나무 : 원두 도로변에 있는 나무 시나무 지정(1982.9.20.)
수령 500여년 높이 25m 둘레 6.3m

참고문헌 : 칠보면지 (1973. 7.)

재보(구술) : 안종대 (정읍신문 산외지국장)
유종수 (원백암리, 전이장)

향토사鄕土史고찰考察 명금산성鳴琴山城과 제주방죽

청동기시대에 벼농사가 본격화 되면서 둠벙과 방죽 등이 만들어지면서 백제시대에 본격적인 수리시설인 벽골제가 축조될 수 있었고 이 지방은 동진강을 끼고 있어 선사시대부터 근대에 이르기까지 다양한 삶의 문

명금산과 제주방죽터

화가 이뤄질 수 있는 곳이면서 농업은 자연히 생업의 기반이 되었다. 낮은 구릉지나 평지에 마을을 이루고 벼, 조, 콩, 수수, 보리 등 을 주로 재배하면서 물고기 잡이, 수렵활동도 지속적으로 이뤄졌다. 물자가 풍부한 고장이어서 인근에 있는 동진강을 통하거나 하여 일제강점기 이전부터 왜적의 침입 약탈이 이뤄졌다. 그리고 서해를 거쳐 인근 만경강과 동진강을 통하여 중국이나 일본의 문화가 유입되기도 하였다.

명금산(54.1m)은 정읍 북부지역에 위치한 신태인 지역의 서쪽으로 바다와 평야를, 동쪽으로는 산간지역을 두고 있어서 다양한 자연환경을 접할 수 있는 곳이다. 북동부 구릉지대로 가장 서쪽에 위치 동쪽으로 감곡면 승방산과 신태인 백산(일명 잣뫼산 107m)으로 이어진다. 이 산줄기는 태인 천태산을 지나 산외 상두산으로 이어져 호남정맥과 연결된다.

제주방죽은 신태인 청천리 상서마을 앞에 있었는데 1925년에 동진수리조합에서 방죽을 메워 논을 만들었으며 당시의 제방은 현재 농업용 도로로 이용되고 있다.

명금산과 제주방죽 자리는 신태인 청천리 상서마을과 김제시 부량면 신두리와 경계를 이루고 있어 벽골제 남쪽 끝 부분에 마주하고 있다.

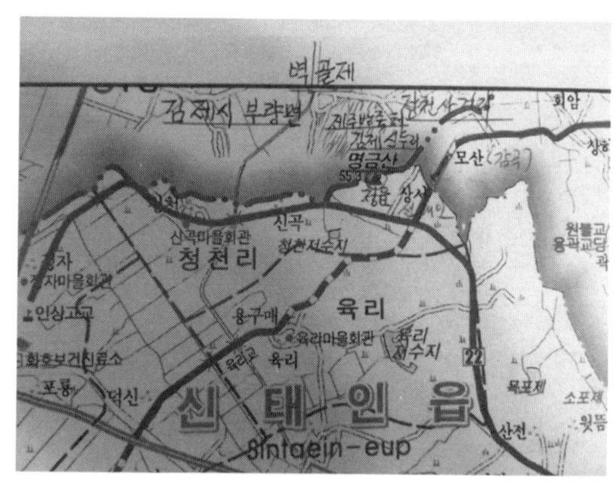

명금산과 제주방죽 위치도

행정구역

정읍 신태인은 삼한시대에는 마한馬韓 54개 소국小國의 하나인 불미국不彌國에 속했으며 당시의 소국은 수 천여 호 정도에서 만여호로 구성되었다 한다. 고대국가 마한은 한성백제와의 교류를 통하여 지역 집단으로 한층 더 성장할 수 있었다. 마한은 3세기 이후 점차 백제로 편입되었으며 5세기부터 본격적인 영향을 받았다. 백제시대 근고초왕 때 중방 고사부리성 관활 빈굴현에 해당 통일신라 경덕왕때는 빈성현으로 이름을 변경 고려시대에는 인의현으로 불리웠다. 인의현은 조선 태종9년(1409년) 태산군과 함께 태인현이 되었으며 1895년 을미 개혁때 태인군으로 명칭을 변경하였다.

1910 일본과 경술합방을 통하여 1914년 행정구역을 개편 태인군은 고부군과 함께 정읍군에 통합되었다. 신태인은 용구산면과 북촌면이 통합되어 용북면이 되었고 면소재지는 화호리에 두었다. 1912년 호남선이 개통 용북면 삼천리에 기차역을 설치 1914년 1월 11일 기차가 처음으로 섰다. 역이 들어서며 인구와 물자가 화호에서 삼천리로 이동하여 1935년 용북면이 신태인면으로 바뀌며 삼천리도 신태인리로 바뀌면서 소재지도 옮겨왔다.

명금산성鳴琴山城

명금산에 있는 명금산성은 평탄지대에 있어 높지 않은 산이나 주위에 산이 없어 멀리에서도 보여서 시각적으로 더 커 보이는 산이다. 해발 54m의 독립된 고지에 테머리 식으로 감은 둘레 284m의 토성으로 북쪽으로는 벽골제의 남단을 두른 요지이다.

정읍과 김제의 양 시 경계에 있는 작은 산맥 상에 있다. 주위는 약 200

칸의 토축으로서 형성되었으나 현제는 모두 붕괴되었다. 산성은 거의 평탄하며 토루의 높이는 4m이며 안쪽의 흙을 파서 쌓은 삼국시대에 축조된 것으로 사료된다. 명금산은 신털뫼산으로 불리는 산인데 전하는 말에 의하면 벽골제 공사에 동원된 인부들이 하루일이 끝나면 신에 묻은 흙을 털거나 헌짚신을 한곳에 버린 것이 쌓여 산을 이룬 곳이라 한다. 이외에도 상서마을 북쪽으로 신털뫼, 신털메 라고 불리는 명금산보다 작은 산이 있으며 벽골제 북쪽 끝편에도 신털뫼산이 있는걸로 보아 당시의 제방 쌓는 공사의 규모를 가늠할 수 있으며 공사감독이 신라 사람이었고 인부들이 제주도 완도사람들이 동원됐던 것으로 보아 전국에서 인부들이 징발되었든 것을 알 수 있다. 이사람들이 모여 인근에 지역별로 흙집이나 때집 움집을 짓고 집단생활을 하며 공사에 필요한 자재와 생필품이 조달되며 인위적으로 자연스럽게 주변에 형성되었음을 생활터전이나 민묘에서 나온 유물과 주민들이 전하는 설設에 의하여 추측할 수 있다. 명금산은 잡목으로 우거진 채 곳곳에 묘지가 무차별적으로 들어서 있어 시급히 보존 되어야 할 것이다.

제주방죽 터

제주방죽 상서마을 앞에 있었든 제주방죽은 1415년(태종15년) 9월에 대보수공사를 할때 제주도와 완도에서 징발된 장정들이 제방 공사용으로 흙을 파다보니 방죽이 형성되어 제주방죽으로 불렸다는 설과 제주도에서 바다를 건너 올라오는 기간이 길어져 도착하고 보니 공사가 끝나 그냥 돌아 갈수도 없어 방죽공사를 하였다는 설이 전하는데 전자에 설득력이 있다. 또한『삼국사기』에 "문성왕3년(851) 청해진을 혁파하고 주민들을 벽골제로 이주 시켰다."라는 기록을 보면 제주방죽은 조선 초기보다 삼국시대 벽골제와 관련이 있을 수도 있다. 제주방죽의 면적은 약10여 정보에 달했으며 1925년초 동진수리조합에서 방죽을 메꿔 논으로 변했다. 당시의 제방은 현재 도로로 사용되고 있어 그나마 방죽자리라고 가늠할 수 있다. 벽골제 대공사로 주변은 붐볐고 자연히 인근에 명금장이 형성되었으며 정천동 사거리(부량, 청천 화호, 감곡 용곽, 육리 신태인 방향)의 주막거리는 지금도 흔적이 남아 있다.

정평구와 제주방죽 "청동오리"

정평구(고부군 부량현 제월리 1566~1624 무신武臣 발명가)

정평구는 2번째 과거시험 무과에 합격 진주병영 소속으로 별군관을 지냈다.

"일본서기"에 조선 14대 선조 25년 (1592년) 10월 임진왜란 당시 세계 최초의 비거飛車(대나무+소가죽)를 만들어 진주읍성을 날아들며 성주를 구출하기도 하고 식량이나 폭약을 싣고 높이 2km로 30~50리를 날아갔다며 왜군이 곤욕을 치뤘다고 한다. (라이트 형제의 1903년 12월 비행기보다 311년 빠름) 신경준의「여암전서」에 의하면 선조 임금에게 상소하여 공을 치하하려 했으나 선조와 대신들이 믿지 않아 무산되고 말았다한다.

명금산 정평구의 묘비

정평구는 어릴 적부터 영특하고 개구쟁이었으며 유년시절 개호주(호랑이 덫)를 만들어 사람들을 놀라게 하여 화제가 되기도 했다. 소년 정평구는 동네 아이들과 제주방죽에서 헤엄도 치고 물고기 잡이와 물오리 탈을 쓰고 물오리를 잡기도 하였다. "하루는 한양상인이 제주방죽을 지나다가 정평구를 만나게 되어 물오리 잡는 것을 보고 어떻게 잡느냐 물어보니 정평구는 제주방죽에 놀고 있는 수천마리의 오리가 자기가 키우는 오리라고 답변하면서 상담이 오고가 서울 상인이 다 살 수 없어 반절을 사기로 하고 계약금을 치르자 정평구는 물오리 몇 마리를 잡아 주었다. 서울상인은 서울로 갔다가 다시 내려와 잔금을 치르고 인부를 동원하여 물오리를 잡으려하자 수천 마리의 물오리가 놀라서 하늘로 날아가 버렸다. 서울 상인은 속은 것을 알고 변상을 요구하자 듣지 않아 현감에게 고발을 하였더니 오히려 정평구는 남은 절반의 수천 마리 물오리까지 쫓아버렸다며 변상을 요구 승소하여 물오리를 2번 팔아먹었다" 는 이야기가 전하여 온다. 이외에도 정평구에 대한 이야기는 무진장 협곡에서 벌통을 폭약으로 위장 왜군을 물리친 이야기 등 유쾌하고 재미있는 이야기가 많이 전해진다. 정평구는 58세의 나이로 고향에서 생을 마감 명금산 동쪽 자락(신태인 청천리 구역)에 부부 묘와 1988년에 건립한 묘비가 서있다.

주변마을 형성

상서마을은 신곡마을 동쪽의 명금산을 따라 펼쳐진 마을로 명금산 동남쪽은 윗상서 서쪽은 아랫상서 마을로 불린다. 윗상서는 명금산 동쪽으로 이어진 해발 40m정도의 구릉에 길게 위치하여 마을 앞에는 조산저수지가 있고 북쪽으로는 감곡면 용곽리로 이어진다. 상서동 남쪽으로 서낭당이 있었고 아랫상서 마을의 북쪽은 김제시 부량면과 경계를 이뤄 마을 한편의 2가구는 부량면 신두리 상서마을로 나눠져 있다. 마을도 아랫상서, 큰뜸, 새뜸으로 나뉘어 불린다.

청천마을은 300년 이상 형성된 마을로 마을 앞에는 청당清塘이라는 둠벙(방죽)이 있었는데 둠벙 가운데에 섬을 만들어 란정 이라는 정자가 있었다. 넓이가 2500평 정도인 둠벙에는 마름풀과 물고기가 많았는데 1980년대까지 있었다하나 지금은 둠벙도 정자도 없어지고 이와 관련된 "청당유수" 란 시가 전하여 오고 있다.

청당유수 清塘 流水 -우제필-

清塘一水抱村回 청당의 물줄기 하나 마을을 휘감고
幾夜先登得月臺 몇일 밤이나 월대에 먼저 오를 것인가
寄語諸君修契事 제군에게 수계 할 것을 부탁하였더니
蘭亭可以曲流盃 난정이 어찌 곡류에 흐르는 잔과 비슷 하겠는가.

김제 부량면으로 넘어가는 고개를 불무재(현 벽량초등 자리)라 불렸으며 이곳에서 마을의 풍요와 안녕을 기원하는 당산제를 지냈었다. 부량으로 가는 길목에는 2기의 선돌(할아버지, 할머니 당산)이 서 있었는데 현재는 1기의 선돌(할머니 당산)만 남아있다. 길목에는 마차를 끌고 말의 징을 박아주던 대장간도 있었다. 마을마다 칠석날이면 마을주민들이 모여서 우물청소를 한 후 술메기 굿을 했다. 청천리 남쪽으로 나무다리가 있었다 한다.

명금산 정평구의 묘비

신곡마을(초록골)은 명금산 서쪽으로 뻗어나는 능선이 마을에서 갈라져 한편은 부량면 월승리 한편은 청천마을과 부량면 대평리로 이어지며 마을 동쪽으로 동진도수로 김제간선이 흘러 벽골제로 이어진다. 마을앞에는 뎃골다리가 있었다 한다. 주변마을의 구릉지대에는 민묘가 발견되어 오래전부터 사람들이 살았을 것으로 추정하며 삼국시대 초기의 여러 형태의 토기 파편이 수습되었다. 고려시대부터 사람들이 살았다는 기와파편이 지금도 많이 나오며 마을에 대나무가 많아서 초록골로 불리기도 한다.

지금은 부량면이 김제시 행정 관할 지역이지만 행정구역 개편 이전은 고부군 부량현 이었고 지금도 이웃마을 대소사에도 참여하는 등 교류하며 지낸다. 정천동 사거리가 사람들의 왕래가 빈번할 때는 주막에서 윷놀이 등 도박판이 벌어지기도 했는데 신고가 들어가 경찰이 출동하면 김제경찰이 오면 정읍쪽 주막으로 피했고 정읍경찰이 출동하면 김제주막으로 피했다고 전하여 오며 현재도 도박은 근절 되었지만 제주방죽 가게에는 인근 마을 주민들이 모여 막리리, 음료로 갈증을 해소하며 농사정보를 나누는 등 사랑방 역할의 모습을 볼 수 있었다.

신덕신 마을의 모정에서 보면
관풍정 6경　觀豊亭 六景이라 하여
계화낙조　계화도로 지는 해
두승운우　두승산의 구름과 비
동진유수　동진강의 흐르는 강물
명금소월　명금산의 맑은 달
백산개운　부안 백산에 걷히는 구름
죽산청풍　김제 죽산의 맑은 바람을 노래하여 전해온다.

참고문헌

고적자료

『신태인백년사』 (2014 신태인백년사 편찬위원회)

『한국민족문화백과사전』

제주방죽 주막거리

제주방죽터 이정표

3부 / 세시풍속(歲時風俗)과 여정의 조각들

24절기(節氣)에 대한 고찰(考察)

유래 태양의 운행 주기에 따라 농사를 짓는다.

옛날부터 우리나라가 음력을 이용하여 날짜를 세었다는 것은 잘 알려져 있다. 그래서 24절기도 음력일 것이라고 생각하는 사람이 많다. 하지만 음력을 쓰는 농경 사회의 필요성에 의해 절기가 만들어졌지만 이는 태양의 운동과 일치한다. 실제로 달력을 보면 24절기는 양력으로 매월 4~8일 사이와 19~23일 사이에 생긴다. 24절기의 이름은 중국 주(周)나라 때 화북 지방의 기상 상태에 맞춰 붙인 이름이다. 그러므로 천문학적으로 절기는 태양의 황도黃道상 위치에 따라 계절적 구분을 하기 위해 만들었다. 황도에서 춘분점春分點을 기점으로 15도 간격으로 점을 찍어 총 24절기로 나타내었다.

절기의 필요성 인간이 월력月曆을 만든 가장 큰 이유는 계절의 변화에 따라 민감할 수밖에 없는데 농사를 짓기 위해 씨를 뿌리고 추수를 하기 위해 가장 좋은 날씨를 알아야 했기 때문이다. 음력을 기준으로 한 24절기도 이런 바탕에 근거를 두고 있다.

24절기는 봄, 여름, 가을, 겨울. 4계절에 각각 여섯 개씩 자리 잡고 있으며, 각각의 절기는 앞 뒤 절기와 유기적인 연관성을 가지며 1년을 이룬다.

절기를 만드는 원리 24절기는 태양의 운동에 근거한 것으로 춘분점으로부터 태양이 움직이는 길인 황도를 따라 동쪽으로 15도 간격으로 24점을 정하였을 때 태양이 각 점을 지나는 시기를 말한다. (*춘분점: 태양이 남쪽에서 북쪽으로 향하는 적도를 통과하는 점)

정확히 말하면 천구상에서 태양의 위치와 황도가 0도 일 때 춘분春分, 90도 일 때를 하지夏至, 180도 일 때 추분秋分, 270도 일 때를 동지冬至, 300도 일 때를 대한大寒으로 정한 것이다. (15도×24=360도)

봄, 여름, 가을, 겨울이 생기는 이유 지축(지구의 땅꽂이)이 23.2도 기운 채 태양을 공전하기 때문이다. 남극과 북극을 지는 지축(땅꽂이)은 항상 북극성을 향한 채 자전自轉 하면서 공전空轉한다. 서양에는 7일을 주기로 생활했으나 중국과 우리나라는 24절기를 이용해서 15일을 주기로 생활하였다고 보면 된다. 실제도 음력에 따르는 것이 농경 사회에 적합했다. 왜냐하면 해를 기준으로 하기 보다는 달을 기준으로 하면 어김없이 15일 주기로 변화하기 때문이다. 문제는 해와 달의 순기가 1년을 기준으로 서로 차이가 난다는 점이다. 생활 속에서 느끼는 하루하루의 편리성은 달을 기준 삼는 것이 좋지만 양력으로 짜 맞추어진 절기와 봄, 여름, 가을, 겨울의 계절과는 차이 난다는 단점이 있다. 달이 지구를 1번 공전하는 데 걸리는 시간은 29.5일이고, 12번이면 354일이 된다. 하지만 지구가 해를 공전하는 데 걸리는 시간은 365일로 11일 차이가 나기 때문이다.

24절기의 배치는 봄, 여름, 가을, 겨울로 나누고 각 계절을 다시 6등분하여 양력 기준으로 한 달에 두 개의 절기를 배치하도록 구성되어 있다. 즉, 태양의 움직임에 따른 일조량, 강수량, 기온 등을 보고 농사를 짓는데, 순태음력(純太陰曆)은 앞서 말한 대로 불편함이 있었다. 그래서 태양의 운행, 즉 지구가 태양의 둘레를 도는 길인 황도(黃道)를 따라 15°씩 돌 때마다 황하 유역의 기상과 동식물의 변화 등을 나타내어 명칭을 붙인 것이다. 그 명칭은 다음과 같다.

봄 : 입춘(立春), 우수(雨水), 경칩(驚蟄), 춘분(春分), 청명(淸明), 곡우(穀雨)

여름 : 입하(立夏), 소만(小滿), 망종(芒種), 하지(夏至), 소서(小暑), 대서(大暑)

가을 : 입추(立秋), 처서(處暑), 백로(白露), 추분(秋分), 한로(寒露), 상강(霜降)

겨울 : 입동(立冬), 소설(小雪), 대설(大雪), 동지(冬至), 소한(小寒), 대한(大寒)

1) 입춘(立春) 양력 2월4일, 5일. 태양위치 315도.

24절기 중 봄 : 입춘 우수 경칩 춘분 청명 곡우

계절의 시작을 알리는 봄에 들어선다.

24절기 중 첫 번째 절기로 대한과 우수 사이의 보통 양력 2월 4~5일경에 오며 태양이 황경(黃經) 315도 일 때 봄이 시작 되었다.

고려 때부터 왕실에서 민간에 이르기까지 널리 행해졌던 풍습으로 입춘첩(立春帖), 입춘축(立春祝), 등으로 불리는 입춘방(立春榜)을 대문과 집안의 기둥에 붙이는 풍습을 이어오고 있다.

입춘첩의 유래는 궁중에서 설날이면 문신(文臣)들이 지어올린 연상시(延祥詩)중에서 잘 된 것을 선정하여 대궐의 난간에다 춘첩자(春帖子)를 붙인 것에서 기원했다 고 한다.

–대표적인 입춘대길(立春大吉), 건양다경(建陽多慶)을 정확하게 절입시간에 붙여야 한다. 대문의 왼쪽에는 입춘대길을 오른쪽에는 건양다경을 붙인다. 여덟 八자 모양으로 부치는 게 일반화 되었지만 사실은 들 入자 모양으로 붙였다 한다. 그 이유는 가운(家運)이 상승하라는 것과 봄이 집 안으로 들어온다는 의미로 볼 수 있겠다. 입춘첩을 붙여 놓고 한해의 복을 기원하는 풍습이다.

봄이 곧 오니 매서운 마지막 추위를 이겨 내고 새로운 봄을 반갑게 맞이하여 한 해를 무탈하게 보내겠다는 의지가 담긴 입춘방을 붙였다.

立春은 동지 이후 대지의 음기가 양기로 돌면서 모든 사물이 왕성히 생동하기 시작하는 봄의 전령이자 24절기의 처음이다. 입춘에는 크게 좋은 일이 있고 새해가 시작됨에 경사스러운 일이 많이 생기기를 소망한다. 가정에 많은 액운을 물리치고 행운을 불러 오는 의미로 오랜 옛날 우리 선조들의 지혜가 만들어낸 문화유산이다.

입춘절식이라고 해서 노랗고 붉고 하얗고 푸르고 검은 다섯 가지 색의 매운 음식을 만들어 먹는데 이것은 삶에 따르는 다섯 가지 괴로움을 극복하라는 의미가 있다. 입춘 음식으로는 지역 마다 다른 음식들이 있었다. 함경도 지방에서는 명태 순대를, 궁중에서는 오신반이라는 다섯 가지의 자극성이 있는 나물인 움파, 멧갓, 당귀싹, 무싹, 파 등의 다섯 가지

햇나물을 겨자에 무쳐 임금님께 진상했다 한다.

입춘 희망(立春 希望)

태양처럼 떠오르는 아침 봄은 따뜻한 기다림과 설렘이 가득합니다.

길게만 느껴지던 겨울을 마무리하고 희망이 우리들을 자신감 있고 씩씩하게 잘 살게 할 것입니다.

봄을 기다리는 우리들에게 봄소식을 알려주는 입춘 봄이 시작되니 움츠렸던 들에는 파릇한 생기가 피어납니다.

입춘첩(立春帖)

(1) 입춘대길(立春大吉) 건양다경 (建陽 多慶)

입춘이 되니 크게 길 할 것이요 / 따스한 기운이 되어 경사가 많으리라.

| 국립민속박물관

따스한 봄날을 알리는 입춘입니다 /가정에 봄 햇살 웃음 가득하시고 건강하세요.

봄이 되니 크게 길하고 크게 길하고 경사스러운 일이 많이 생기기를 기원합니다.

(2) 소지 황금출(素地 黃金出), 개문 백복래(開門 百福來)

청소를 하니 황금이 나오고 대문을 여니 만복이 오는구나.

(3) 백복자집(百福自輯)

세상의 모든 복이 저절로 모여든다.

2) 우수(雨水) 양력 2월 18일, 19일. 태양위치 330도.

봄비가 내리고 싹이 틈.

24절기 중 두 번째 절기로 양력 2월 18~19일 무렵 내리던 눈은 그치고 비가 온다. 우수라는 말은 눈이 녹아서 비가 된다는 뜻으로 "우수 경칩에 대동강이 풀린다."는 속담이 있듯이 봄기운이 돌고 초목이 싹튼다.

음력 대보름 때가 되면 봄비가 내리기 시작한다. 그래서 이 시절을 우수라고 불렀으며 우수 때 내린 빗물들이 얼었던 대지를 녹여 주었다. 대보름 때에는 지신밟기를 하고 보리밭 밟기도 하는데 지신밟기는 귀신들을 밟아서 쫓아내는 행사인데 지신밟기라고 쓴 깃발을 들고 풍물놀이를 하며 집집마다 다니면서 지신들을 밟아서 1년 동안 가운을 못 쓰게 하여 무사안일을 기원하였다. 보리밭 밟기는 부풀었던 뿌리를 튼튼하게 내리라고 보리 싹을 밟아 주었으며 논에서는 쥐불놀이를 하는데 논두렁에서 자라는 잡초와 그 속에서 겨울을 나는 벌레들과 쥐들을 쫓으려고 논두렁을 불태웠다.

아이들과 어른들까지 너른 논에 나와 통조림 깡통에 관솔이나 솔방울을 담아 불싸움 놀이도 하였다. 달이 뜨면 싸우기 시작하는데 마을끼리 편을 갈라서 상대편을 몰아내면 항복을 받은 거나 다름없었다. 불놀이나 연날리기는 대게 정월 보름을 전후해서 마감을 했다.

3) 경칩(驚蟄) 양력 3월 5일, 6일. 태양위치 345도.

개구리 울음소리가 시작하는 날

24절기 중 세 번째 절기(節氣). 계칩(啓蟄)이라고도 한다. 태양의 황경(黃經)이 345도에 이르는 때로 동지 이후 74일째 되는 날이다. 양력으로는 3월 5일 무렵이 된다.

3월은 겨울에서 봄으로 계절이 빠르게 바뀌는 달이다. 3월은 눈보라가 밀어 닥치며 시작하지만 하순에는 온갖 봄나물이 돋아나고 봄꽃이 피면서 끝난다. 3월의 시작은 겨울 잠자던 벌레들이 잠에서 깨어나기 시작한다.

경칩(驚蟄)의 의미와 관련 풍속

만물이 겨울잠에서 깨어나는 시기인 이즈음이 되면 겨울철의 대륙성 고기압이 약화되고 이동성 고기압과 기압골이 주기적으로 통과하게 되어 한난(寒暖)이 반복된다. 그리하여 기온은 날마다 상승하며 마침내 봄으로 향하게 된다. 『한서(漢書)』에는 열 계(啓)자와 겨울잠을 자는 벌레 칩(蟄)자를 써서 계칩(啓蟄)이라고 기록되었는데, 후에 한(漢) 경제(景帝)의 이름인 계(啓)를 피휘(避諱)하여 놀랠 경(驚)자를 써서 경칩(驚蟄)이라 하였다. 옛사람들은 이 무렵에 첫 번째 천둥이 치고, 그 소리를 들은 벌레들이 땅에서 나온다고 생각했다. 『동의보감(東醫寶鑑)』 논 일원 십이회 삼십운(論 一元 十二會 三十運)에는 "동면하던 동물은 음력 정월[寅月]에 활동하기 시작하는데, 절기로는 경칩에 해당하며, 음력 9월[戌月]에는 동면을 시작하는데 절기로는 입동(立冬)에 해당한다."라고 밝히고 있다. 이와 관련하여 『예기(禮記)』 「월령(月令)」에는 "이월에는 식물의 싹을 보호하고 어린 동물을 기르며 고아들을 보살펴 기른다."라고 되어 있다. 이는 경칩이 만물이 생동하는 시기이므로 이를 보호하고 관리하는 시기임을 의미한다. 조선시대 왕실에서는 왕이 농사의 본을 보이는 적전(籍田)을 경칩이 지난 해일(亥日)에 선농제(先農祭)와 함께 행하도록 정하였으며, 경칩 이후에는 갓 나온 벌레 또는 갓 자라는 풀을 상하지 않도록 하기 위하여 불을 놓지 말라는 금령(禁令)을 내리기도 했다. 『성종실록(成宗實錄)』에 우수에는 삼밭을 갈고 경칩에는 농기구를 정비하며 춘분에는 올벼를 심는다고 하였듯이, 우수와 경칩은 새싹이 돋는 것을 기념하고 본격적인 농사를 준비하는 중요한 절기이다.

우수와 경칩이 지나면 대동강물이 풀린다고 하여 완연한 봄을 느끼게 된다. 초목의 싹이 돋아나고 동면하던 벌레들도 땅속에서 나온다고 믿는다. 이날 농촌에서는 산이나 논의 물이 괸 곳을 찾아다니며, 몸이 건강해지기를 바라면서 개구리(또는 도롱뇽) 알을 건져다 먹는다. 또 경칩에 흙일을 하면 탈이 없다고 하여 벽을 바르거나 담을 쌓기도 한다. 특히 빈대가 없어진다고 하여 일부러 흙벽을 바르기도 한다. 빈대가 심한 집에서는 재를 탄 물그릇을 방 네 귀퉁이에 놓아두기도 한다. 경칩에는 보리 싹의 성장을 보아 그 해 농사를 예측하기도 한다. 또한 보통의 나무들은 절기상 2월의 중기인 춘분(春分)이 되어야 물이 오르지만 남부지방의 나무는 다소 일찍 물이 오르므로, 이처럼 경칩은 만물이 약동하는 시기로, 움츠려 지냈던 겨울이 끝나고 새로운 생명력이 소생하는 절기이다.

4) 춘분(春分) 양력 3월20일, 21일. 태양위치 0도

둘로 나눈 봄의 한가운데로 밤과 낮의 길이가 같다. 점점 낮이 길어진다.

24절기의 네 번째 절기. 춘분(春分)은 경칩(驚蟄)과 청명(淸明)의 중간에 드는 절기로 양력 3월 21일 전후, 음력 2월 무렵에 든다. 이날 태양이 남쪽에서 북쪽으로 향하여 적도를 통과하는 점, 곧 황도(黃道)와 적도(赤道)가 교차하는 점인 춘분점(春分點)에 이르렀을 때, 태양의 중심이 적도(赤道) 위를 똑바로 비추어, 양(陽)이 정동(正東)에 음(陰)이 정서(正西)에 있으므로 춘분이라 한다. 이날은 음양이 서로 반인만큼 낮과 밤의 길이가 같고 추위와 더위가 같다. 이 절기를 전후하여 농가에서는 봄보리를 갈고 춘경(春耕)을 하며 담도 고치고 들나물을 캐어먹는다.

고려시대나 조선시대에는 이날 조정에서 빙실(氷室)의 얼음을 내기 전에 소사(小祀)로 북방의 신인 현명씨(玄冥氏)에게 사한제(司寒祭)를 올렸다. 『고려사(高麗史)』 권63 지17 길례(吉禮) 소사(小祀) 사한조(司寒條)에 "고려 의종 때 상정(詳定)한 의식으로 사한단(司寒壇)은 맹동과 입춘에 얼음을 저장하거나 춘분에 얼음을 꺼낼 때에 제사한다. 신위는 북쪽에 남향으로 설치하고 왕골로 자리를 마련하며 축판에는 '고려 국왕이 삼가 아무 벼슬아치[某臣] 아무개[姓名]를 보내어 공경히 제사합니다.'라고 일컫고, 희생으로는 돼지 한 마리를 쓴다. 제사하는 날에 상림령(上林令)이 복숭아나무로 된 활과 가시나무로 만든 화살을 빙실(氷室) 문 안 오른쪽에 마련해 놓고 제사가 끝나도 그대로 둔다. 사관(祀官)이 재배를 하고 삼헌(三獻)을 하며 축은 불에 태우고 음복을 한다." 하였다. 조선시대에는 『증보문헌비고(增補文獻備考)』 제63권 예고(禮考)10 사한조(司寒條)에 "사한단은 동교(東郊)의 빙실 북쪽에 있는데, 제도는 영성단(靈星壇)과 같고 현명씨(玄冥氏)를 제사한다. 『오례의(五禮儀)』에는 계동에 얼음을 저장하고 춘분에 얼음을 꺼낼 때에 제사를 지낸다. 찬실(饌實: 음식과 기물), 준뢰(尊罍: 술 그릇), 생뢰(牲牢: 희생물), 헌관(獻官), 향의(享儀)는 명산대천의 의례와 같으나 다만 폐백이 없고, 축문에는 조선국왕감소고우 현명지신(朝鮮國王敢昭告于玄冥之神)이라 일컫는다."라고 하였다. 『고려사』 권84 지38 형법 공식 관리급가조(官吏給暇條)에 따르면, 고려시대에는 관리에게 이날 하루 휴가를 주었다. 또 이날 경주지방에서는 박(朴), 석(昔), 김(金) 삼성(三姓)의 초대 왕에 대한 능향(陵享)이 있다.

농사의 풍흉(豊凶)과 수한(水旱)

이날 날씨를 보아 그 해 농사의 풍흉(豊凶)과 수한(水旱)을 점치기도 하였다. 『증보산림경제(增補山林經濟)』 권15 증보사시찬요(增補四時纂要)에 의하면, 춘분에 비가 오면 병자가 드물다고 하고, 이날은 어두워 해가 보이지 않는 것이 좋으며, 해가 뜰 때 정동(正東)쪽에 푸른 구름 기운이 있으면 보리에 적당하여 보리 풍년이 들고, 만약 청명하고 구름이 없으면 만물이 제대로 자라지 못하고 열병이 많다고 한다. 이날 운기(雲氣)를 보아, 청(靑)이면 충해(蟲害), 적(赤)이면 가뭄, 흑(黑)이면 수해, 황(黃)이면 풍년이 된다고 점친다. 또 이날 동풍이 불면 보리값이 내리고 보리 풍년이 들며, 서풍이 불면 보리가 귀(貴)하며, 남풍이 불면 오월 전에는 물이 많고 오월 뒤에는 가물며, 북풍이 불면 쌀이 귀하다고 하였다.

5) 청명(淸明) 양력 4월 4일, 5일. 태양위치 15도

따뜻하고 맑은 화사한 봄 날씨로 봄 농사를 준비한다.

음력 3월에 드는 24절기의 다섯 번째 절기. 청명(淸明)이란 하늘이 차츰 맑아진다는 뜻을 지닌 말이다.

청명은 음력으로는 3월에, 양력으로는 4월 5~6일 무렵에 든다. 태양의 황경(黃經)이 15도에 있을 때이다. 이날은 한식(寒食) 하루 전날이거나

같은 날일 수 있으며, 춘분(春分)과 곡우(穀雨) 사이에 있다. 중국에서는 청명 15일 동안을 5일씩 3후(候)로 나누어 초후(初候)에는 오동나무의 꽃이 피기 시작하고, 중후(中候)에는 들쥐 대신 종달새가 나타나며, 말후(末候)에는 무지개가 처음으로 보인다고 하였다. 『동국세시기(東國歲時記)』 청명조(淸明條)의 기록에 따르면, 이날 버드나무와 느릅나무를 비벼 새 불을 일으켜 임금에게 바치며, 임금은 이 불을 정승과 판서를 비롯한 문무백관 그리고 360 고을의 수령에게 나누어준다. 이를 '사화(賜火)'라 한다. 수령들은 한식날에 다시 이 불을 백성에게 나누어주는데, 묵은 불을 끄고 새 불을 기다리는 동안 밥을 지을 수 없어 찬밥을 먹는다고 해서 한식이라고 한다. 『열양세시기(洌陽歲時記)』에서는 불을 나누어주는 일을 한식조(寒食條)에 기록하고, 청명에 대하여서는 언급이 없다. 청명과 한식은 흔히 같은 날이 되기 때문에 뒤섞이는 경우가 많아 오늘날 민간에서도 뚜렷한 구분 없이 전해지고 있다.

농사력으로는 청명 무렵에 논밭의 흙을 고르는 가래질을 시작하는데, 이것은 특히 논농사의 준비 작업이 된다. 청명이 되면 비로소 봄밭갈이를 한다. 청명은 농사력의 기준이 되는 24절기의 하나로 날씨와 관련된 속신이 많다. 청명이나 한식에 날씨가 좋으면 그 해 농사가 잘 되고 좋지 않으면 농사가 잘 되지 않는다고 점친다. 바닷가에서는 청명과 한식에 날씨가 좋으면 어종이 많아져서 어획량이 증가한다고 하여 날씨가 좋기를 기대한다. 반면에 이날 바람이 불면 좋지 않다고 생각한다. 또 파도가 세게 치면 물고기가 흔하고, 날씨가 맑아도 물밑에서 파도가 치는 경우가 많다. 이에 비해 경남 사천에서는 청명날의 날씨가 좀 어두워야 그 해 농작물(農作物)에 풍년(豊年)이 들고, 너무 맑으면 농사(農事)에 시원치 않은 것으로 생각하기도 한다.

어떤 지역에서는 청명에 나무를 심는데, 특히 '내 나무'라 하여 아이가 혼인할 때 농을 만들어줄 재목감으로 나무를 심었다. 이날 성묘(省墓)를 가기도 한다.

제주도에서는 청명이나 한식은 지상에 있는 신들이 하늘로 올라간 날이어서 특별히 택일(擇日)을 하지 않고도 산소를 돌보거나 이장(移葬)을 해도 좋다고 믿는다. 또 이날은 손이 없기 때문에 묘자리 고치기, 비석 세우기, 집 고치기를 비롯해 아무 일이나 해도 좋다고 한다.

청명이란 말 그대로 날씨가 좋은 날이고, 날씨가 좋아야 봄에 막 시작하는 농사일이나 고기잡이 같은 생업 활동을 하기에도 수월하다. 곳에 따라서는 손 없는 날이라고 하여 특별히 택일을 하지 않고도 이날 산소를 돌보거나, 묘자리 고치기, 집수리 같은 일을 한다. 이러한 일들은 봄이 오기를 기다리면서 겨우내 미루어두었던 것들이다.

6) 곡우(穀雨) 양력 4월20일, 21일. 태양위치 30도

농사비가 내림. 촉촉하게 내리는 봄비를 맞으며 새싹이 움 튼다.

24절기의 여섯 번째 절기. 곡우(穀雨)는 청명(清明)과 입하(立夏) 사이에 있으며, 음력 3월 중순경으로, 양력 4월 20일 무렵에 해당한다. 곡우의 의미는 봄비[雨]가 내려 백곡[穀]을 기름지게 한다는 뜻이다.

곡우 무렵이면 못자리를 마련하는 것부터 해서 본격적으로 농사철이 시작된다. 그래서 “곡우에 모든 곡물들이 잠을 깬다.”, “곡우에 가물면 땅이 석자가 마른다.”, “곡우에 비가 오면 농사에 좋지 않다.”, “곡우가 넘어야 조기가 운다.” 같은 농사와 관련한 다양한 속담이 전한다.

곡우가 되면 농사에 가장 중요한 볍씨를 담근다. 한편 볍씨를 담아두었던 가마니는 솔가지로 덮어둔다. 이때 초상집에 가거나 부정한 일을 당하거나 부정한 것을 본 사람은 집 앞에 불을 놓아 그 위를 건너게 하여 악귀를 몰아낸 다음 집 안에 들이고, 집 안에 들어와서도 볍씨를 보지 않게 한다. 만일 부정한 사람이 볍씨를 보거나 만지게 되면 싹이 잘 트지 않아 그 해 농사를 망친다고 믿었기 때문이다.

강원도 평창에서는 곡우 날 사시(巳時)에 볍씨를 담그면 볍씨가 떠내려간다고 하여 사시를 피해 볍씨를 담근다. 볍씨를 담그면 항아리에 금줄을 쳐놓고 고사를 올린다. 이는 개구리나 새가 와서 모판을 망칠 우려가 있으므로, 볍씨 담근 날 밤에 밥을 해놓고 간단히 고사를 올리는 것이다.

전북 익산에서는 곡우 때 씨나락을 담고 솔가지로 덮어놓는다. 초상집이라든가 궂은 일이 생긴 집에 다녀오면 문 밖에서 귀신이 도망가라고 불을 놓고 들어온다. 충남 보령에서는 곡우낙종이라 하여 곡우에 볍씨를 논에 뿌렸다고 한다. 볍씨를 담은 가마니에는 물을 줄 때 한꺼번에 떨어지지 않게 볍씨 위에 솔가지를 덮어두었으나, 물뿌리개가 생긴 뒤에는 솔가지가 필요 없어 올리지 않는다.

곡우 무렵에는 흑산도 근처에서 겨울을 보낸 조기가 북상해서 충남의 격열비열도(格列飛列島)까지 올라오므로 황해에서 조기가 많이 잡힌다. 이때 잡힌 조기를 곡우사리라고 한다. 이 조기는 아직 살은 적지만 연하고 맛이 있어 서해는 물론 남해의 어선들도 모여든다. 전남 영광에서는 한식사리, 입하사리 때보다 곡우사리 때에 잡히는 조기가 알이 많이 들어 있고 맛이 좋다. 그래서 곡우사리 조기를 가장 으뜸으로 친다.

북한에서는 이 무렵이면 용흥강으로 숭어떼가 올라온다. 살진 숭어 같은 물고기들이 산란기가 되어 올라오는데, 강변에 모인 사람들은 어부가 잡은 생선으로 회(膾)나 찌개를 만들어 술을 마시며 하루를 즐긴다. 이때 강변 사람들은 물고기가 오르는 조만(早晩)을 보고 그 해 절기의 이르고 늦은 것을 예측하기도 한다.

경북 지역에서는 이날 부정한 것을 보지 않고 대문에 들어가기 전에 불을 놓아 잡귀를 몰아낸 다음에 들어간다. 그리고 이날은 부부가 함께 자는 것을 꺼리는데, 이는 부부가 잠자리를 하면 토신(土神)이 질투하여 쭉정이 농사를 짓게 만든다고 믿기 때문이다. 곡우에 무명을 갈거나 물을 맞기도 하는데, 이날 물을 맞으면 여름철에 더위를 모르며 신경통이 낫는다고 한다.

경기도 김포에서는 곡우 때 나물을 장만해서 먹으면 좋다고 하는데, 곡우가 지나면 나물이 뻣뻣해지기 때문이다. 또 경북 구미에서는 곡우날 목화씨를 뿌리며, 파종하는 종자의 명이 질기라고 찰밥을 해서 먹는다. 그리고 새를 쫓는다고 동네 아이들이 몰려다니기도 한다. 곡우 무렵은 나무에 물이 많이 오르는 시기로 곡우물을 먹으러 가는 풍습도 있다. 곡우물은 자작나무나 박달나무 수액(樹液)으로 거자수라고도 하는데, 위장병이나 신경통에 효험이 있다고 한다.

경남 남해에서는 이날 바람이 불고 비가 오면 그 해 시절이 좋지 않다고 한다. 인천 옹진에서는 이날 비가 오면 샘구멍이 막힌다고 하는데, 이는 가뭄이 든다는 말이다. 경기도 포천에서는 곡우에 비가 많이 오면 그해 농사가 좋고, 비가 적게 오면 가물어서 흉년이 든다고 하며, 전북 순창에서도 곡우에 비가 오면 농사에 좋지 않다고 여긴다. 이런 날씨점을 통해서도 풍년을 기원하는 소박한 농부의 마음을 읽을 수 있다.

7) 입하(立夏) 양력 5월5일, 6일. 태양위치 45도.

24절기 중 여름 : 입하 소만 망종 하지 소서 대서

입하가 되면 계절이 바뀌어 더위의 시작인 여름이 오고 있다는 신호다. 밭의 농작물과 더불어 모든 식물들이 자라지만 잡초와 풀들도 쑥쑥 자란다. 입하 15일간을 3후(三候)로 나눠서, 초후(初候)에는 청개구리가 울고, 중후(中候)에는 지렁이가 땅에서 나오며, 말후(末候)에는 개구리참외가 나

온다. 이맘때면 농사일이 좀 더 바빠진다. 푸름이 온통 산과 강을 뒤덮어 여름이 다가온 것을 알 수 있다. 세시풍습의 하나로 지방에 따라 쑥무리를 절식(節食)으로 만들어 먹기도 하였다. 이맘때는 이팝나무에서 흰쌀밥 같이 온 나뭇가지를 뒤덮으며 흰 꽃이 피는데, 그래서 이팝나무를 쌀밥나무라고도 부른다. 사람들은 이 쌀밥나무로도 점을 쳤는데 꽃이 한꺼번에 잘 피면 그 해 풍년이 들고, 꽃이 신통치 않으면 흉년이 들 징조라고 믿었다. 농사는 사람의 힘보다 매년의 날씨에 좌우되는 일이 많으니까 사람들은 계속 점을 쳐보면서 평작은 되기를. 풍작이 되기를 기원했다 한다. 보통 녹차는 곡우 전에 딴 우전차, 입하 때 딴 차인 세작을 최상품으로 치지만, '우리의 차(茶)는 곡우 전후보다는 입하(立夏) 전후가 가장 좋다'고 한다. 우전차는 신선하고 향이 맑긴 하지만 우리에겐 완숙하면서 깊은 여름차가 더 잘 맞다 는 뜻이다. 다시 말하면 우리 전통 차는 덖음 차로서 된장찌개와 숭늉의 깊고, 구수하며, 담백한 맛을 닮은 차를 선호한다.

8) 소만(小滿) 양력 5월21일, 22일. 태양위치 60도.

만물이 자라서 가득 찬다는 뜻

소만 때가 되면 봄보리가 익어가기 시작한다. 만물이 점차 자라서 가득 찬다는 뜻으로 소만(小滿)이라고 부른다. 이때부터 여름이 시작하는데 보리가 익어가며, 산에서는 부엉이 소리가 정겹게 들린다. 보리추수를 하기 전까지를 '보릿고개'라고 부르는데 '보릿고개는 태산보다 높다.'라는 말이 있을 정도로 너나없이 양식이 떨어져 어렵게 지내던 시절이 있었다. 소만부터 망종까지를 5일씩 삼후(三候)로 나누어, 초후(初候)에는 씀바귀가 뻗어 오르고, 중후(中候)에는 냉이가 누렇게 죽어가며, 말후(末候)에는 보리가 익는다고 해. 씀바귀는 꽃상추과의 풀로 뿌리나 줄기, 잎은 이 시기에 식용으로 쓰였다. 그리고 달래 냉이 등 봄나물은 시절식으로 선호했다. 소만이 지나 꽃이 피면 먹을 수 없게 되었다. 초후를 전후하여 죽순(竹筍)을 따다 고추장이나 된장을 찍어 먹으면 맛이 담백하고 구수해서 계절식 가운데서도 별미로 쳤다. 온 천지가 푸름으로 뒤덥히는 이때에 대나무 혼자 푸른빛을 잃고 누렇게 변한다. 그건 새롭게 자라나는 죽순에 자기의 영양분을 모두 주기 때문이며. 마치 어미가 자기 몸을 돌보지 않고 어린 자식에게 정성을 다하여 키우는 것과 같은 이치다. 말후를 중심으로 익어 밀과 더불어 여름철 음식이 되었다.

9) 망종(亡種) 양력 6월5일, 6일. 태양위치 75도.

씨를 뿌리기 시작한다. 한해의 농사가 시작된다.

망종 넘은 보리, 스물 넘은 비바리, 보리는 망종 전에 베라, 햇보리를 먹게 될 수 있다는 망종

24절기 중 아홉 번째에 해당하는 절기. 소만(小滿)과 하지(夏至) 사이에 들며 음력 5월, 양력으로는 6월 6일 무렵이 된다. 태양의 황경이 75도에 달한 때이다. 망종이란 벼, 보리 같이 수염이 있는 까끄라기 곡식의 종자를 뿌려야 할 적당한 시기라는 뜻이다. 이 시기는 모내기와 보리 베기에 알맞은 때이다. 그러므로 망종 무렵은 보리를 베고 논에 모를 심는 절후이다.

"보리는 망종 전에 베라."는 속담이 있다. 망종까지 보리를 모두 베어

야 논에 벼도 심고 밭갈이도 하게 된다는 뜻이다. 망종을 넘기면 보리가 바람에 쓰러지는 수가 많으니 이를 경계하는 뜻도 담고 있다. “보리는 익어서 먹게 되고, 볏모는 자라서 심게 되니 망종이요.”, “햇보리를 먹게 될 수 있다는 망종”이라는 말도 있다. 아무튼 망종까지는 보리를 모두 베어야 빈터에 벼도 심고 밭갈이도 할 수 있다. 또 이 시기는 사마귀나 반딧불이 나타나기 시작하며, 매화가 열매 맺기 시작하는 때이다. 모내기와 보리베기가 겹치는 이 무렵에는 보리농사가 많은 남쪽일수록 더욱 바쁘다. 그래서 이때는 “발등에 오줌 싼다.”라고 할 만큼 일년 중 제일 바쁜 시기이다. 비가 끊임없이 내리며, 농가는 모내기 준비로 바쁘다.

망종에는 ‘망종보기’라 해서 망종이 일찍 들고 늦게 듦에 따라 그해 농사의 풍흉을 점친다. 음력 4월에 망종이 들면 보리농사가 잘 되어 빨리 거두어 들일 수 있으나, 5월에 들면 그해 보리농사가 늦게 되어 망종 내에 보리농사를 할 수 없게 된다. 곧, 망종이 일찍 들고 늦게 듦에 따라 그해의 보리수확이 늦고 빠름을 판단하는 것이다. “망종이 4월에 들면 보리의 서를 먹게 되고 5월에 들면 서를 못 먹는다.”고 하는 속담이 있다.

보리의 서를 먹는다는 말은, 그해 풋보리를 처음으로 먹기 시작한다는 뜻이다. 예전에는 양식이 부족해서 보리 익을 때를 기다리지 못하고 풋보리를 베어다 먹었다고 하니 그때의 삶을 엿보이게 한다. 그래서 망종 시기가 지나면 밭보리가 그 이상 익지를 않으므로 더 기다릴 필요 없이 무조건 눈 감고 베어야 한다는 것이다. 이와 관련하여 “보리는 망종 삼일 전까지 베라.”는 말이 있다.

경남도서 지역에서는 망종이 늦게 들어도 안 좋고 빠르게 들어도 안 좋으며 중간에 들어야 시절이 좋다고 한다. 특히 음력 4월 중순에 들어야 좋으며, 망종이 일찍 들면 보리농사에 좋고, 늦게 들면 나쁘다는 말도 있다. 부산 남구와 강서구 구랑동 압곡에서는 망종에 날씨가 궂거나 비가 오면 그해 풍년이 든다고 한다.

제주도에서는 망종날 풋보리 이삭을 뜯어서 손으로 비벼 보리알을 모은 뒤 솥에 볶아서 맷돌에 갈아 채로 쳐 그 보릿가루로 죽을 끓여 먹으면 여름에 보리밥을 먹고 배탈이 나지 않는다고 한다.

전남 지역에서는 이날 '보리 그스름(보리그을음)'이라 하여 풋보리를 베어다 그을음을 해서 먹으면 이듬해 보리농사가 풍년이 든다고 한다. 보리가 잘 여물어 그해 보리밥도 달게 먹을 수 있다고 한다. 또한, 이날 보리를 밤이슬에 맞혔다가 그 다음날 먹는 곳도 있다. 이렇게 하면 허리 아픈 데 약이 되고, 그해에 병이 없이 지낼 수 있다고 믿었다. 또 망종날 하늘에서 천둥이 치면 그해의 모든 일이 불길하다고 한다. 그러나 이날 우박이 내리면 시절이 좋다고 말하기도 한다. 전남과 충남, 제주도에서는 망종날 하늘에서 천둥이 요란하게 치면 그해 농사가 시원치 않고 불길하다고 한다.

10) 하지(夏至) 양력 6월21일, 22일. 태양위치 90도.

여름의 한가운데. 1년 중 낮의 길이가 가장 길다.

24절기 중 열 번째에 해당하는 절기. 하지(夏至)는 24절기 중 망종(芒

種)과 소서(小暑) 사이에 들며, 오월(午月)의 중기로 음력으로는 5월"〉5월, 양력으로는 대개6월22일 무렵이다. 천문학적으로는 일년중 태양의 적위가 가장 커지는 시기이다. 이 무렵 태양은 황도상에서 가장 북쪽에 위치하는데, 그 위치를 하지점(夏至點)이라 한다. 북반구에서는 낮의 길이가 가장 길고, 태양의 남중고도(南中高度)가 가장 높아진다. 그러나 남반구에서는 북반구와 반대로 하지에 낮의 길이가 가장 짧고 태양의 남중고도가 가장 낮다. 우리나라의 경우 서울(북위 37도 30분)에서 태양의 남중고도는 하지 때에는 75도 57분이고, 동지 때 29도 3분이다. 정오의 태양 높이도 가장 높고, 일사 시간과 일사량도 가장 많은 날이다.

동지(冬至)에 가장 길었던 밤 시간이 조금씩 짧아지기 시작하여 이날 가장 짧아지는 반면, 낮 시간은 일년 중 가장 길어져 무려 14시간 35분이나 된다. 일년 중 태양이 가장 높이 뜨고 낮의 길이가 길기 때문에 북반구의 지표면은 태양으로부터 가장 많은 열을 받는다. 그리고 이 열이 쌓여서 하지 이후로는 기온이 상승하여 몹시 더워진다.

『고려사(高麗史)』에 따르면 5월 중기인 하지 기간 15일을 5일씩 끊어 3후(候)로 나누었는데, 초후(初候)에는 사슴이 뿔을 갈고, 차후(次候)에는 매미가 울기 시작하며, 말후(末候)에는 반하(半夏: 끼무릇 · 소천남성 · 법반하라고도 하며, 덩이뿌리로 밭에서 자라는 한약재)의 알이 생긴다고 했다. 장마와 가뭄 대비도 해야 하므로 이때는 일년 중 추수와 더불어 가장 바쁘다. 메밀 파종, 누에치기, 감자 수확, 고추밭매기, 마늘 수확 및 건조, 보리 수확 및 타작, 모내기, 그루갈이용 늦콩 심기, 대마 수확, 병충해 방재 등이 모두 이 시기에 이루어진다. 남부지방에서는 단오를 전후하여 시작된 모심기가 하지 무렵이면 모두 끝나는데, 이때 본격적인 장마가 시작된다. 따라서 구름만 지나가도 비가 온다는 뜻으로 "하지가 지나면 구름장마다 비가 내린다."라는 속담도 있다. 과거 보온용 비닐 못자리가 나오기 이전 이모작을 하는 남부 지역에서는 하지 '전삼일, 후삼일'이라 하여 모심기의 적기로 여겼다. 하지가 지나면 모심기가 늦어지기 때문에 서둘러 모내기를 해야 했다.

"하지가 지나면 오전에 심은 모와 오후에 심은 모가 다르다."라는 속담은 여기서 나온 말이다. 또한 이날 비가 오면 풍년이 든다고 믿었다. 농촌에서는 하지가 지날 때까지 비가 내리지 않으면 기우제(祈雨祭)를 지내는데, 우리나라는 예부터 3~4년에 한 번씩 한재(旱災)를 당하였으므로 조정과 민간을 막론하고 기우제가 성행했다. 비[雨]에 대한 관심은 이미 단군신화에 나타나 있다. 환웅이 거느리고 하강했다는 풍백(風伯), 우사(雨師), 운사(雲師) 세신은 모두 비에 관한 신이니, 비에 대한 관심은 절대적이었다고 할 수 있다.

농작물은 물을 필요로 하며, 물은 곧 비를 의미한다. 특히 농업의 주종을 이루는 벼농사의 원산지가 고온다습한 동남아시아 지역이고, 우리나라는 주로 장마철에 비가 집중적으로 내리므로 그 전후인 하지 무렵까지는 가뭄이 계속되는 경우가 많았다. 따라서 수리시설이 부족한 때일수록 기우제가 성행하였다. 한 해 농사의 성패를 좌우하는 것이 바로 비였으므로 기우제는 연중행사였으며, 가능한 모든 방법이 동원되었다.

민간에서는 산이나 냇가에 제단을 만들고, 마을 전체의 공동행사로 제사를 지냈다. 제주(祭主)는 마을의 장이나 지방관청의 장이 맡고 돼지, 닭, 술, 과실, 떡, 밥, 포 등을 제물로 올린다. 경우에 따라서는 무당이 제를 관장하기도 한다. 또 민간에서는 신성한 지역에 제물로 바친 동물의 피를 뿌려 더럽혀 놓으면 그것을 씻기 위해 비를 내린다는 생각으로, 개나 소 등을 잡아 그 피를 바위나 산봉우리 등에 뿌려 놓는 풍습이 있었다.

강원도 평창군 일대에서는 하지 무렵 감자를 캐어 밥에다 하나라도 넣어 먹어야 감자가 잘 열린다고 한다. "하짓날은 감자 캐먹는 날이고 보리 환갑이다."라는 말이 있는데, 하지가 지나면 보리가 마르고 알이 잘 배지 않는다고 한다. 또 하지가 지나면 감자 싹이 죽기 때문에 '감자 환갑'이라 한다. 이날 '감자천신한다'고 하여 감자를 캐어다가 전을 부쳐 먹었다.

11) 소서(小暑) 양력 7월 7일, 8일. 태양위치 105도.

작은 더위가 온다는 뜻. 더위가 시작된다.

6월 ~7월 미끈유월 어정칠월 (일에 정성을 다하지 않는다는 뜻)

24절기 중 열한 번째에 해당하는 절기. 하지(夏至)와 대서(大暑) 사이에 든다. 음력으로 6월, 양력으로는 7월 5일 무렵이며, 태양이 황경 105도의 위치에 있을 때이다. 소서는 '작은 더위'라 불리며, 이때를 중심으로 본격적인 더위가 시작된다.

중국에서는 소서 무렵의 15일을 3후(三侯)로 나누었는데, 『고려사(高麗史)』의 기록에 소서는 6월의 절기로 초후(初候)에는 따뜻한 바람이 불어오고, 차후(次候)에는 귀뚜라미가 벽에서 살며, 말후(末候)에는 매가 새를 잡기 시작한다고 하였다.

이 시기는 여름 장마철로 장마전선이 한반도 중부지방을 가로질러 장기간 머무르기 때문에 습도가 높고 비가 많이 내린다. 예전에는 이때쯤이면 하지 무렵에 모내기를 끝낸 모들이 뿌리를 내리기 시작하는 시기로, 농가에서는 모를 낸 20일 뒤 소서 때에 논매기를 했다. 또 이때 논둑과 밭두렁의 풀을 베어 퇴비를 장만하기도 하고, 가을보리를 베어낸 자리에 콩이나 조, 팥을 심어 이모작을 하기도 하였다.

충남 공주시 반포면 하신리의 모내기는 보통 '하지 전 3일, 하지 후 3일'이라고 하는데, 대략 소서 때가 모를 심는 적기이다. 두레를 행하던 당시에는 어느 논이나 보리를 심기 때문에 모를 내는 시기가 지금보다 훨씬 늦었다. 하지 전에 삶아서 대개 소서 때까지 심었다. 김매기는 모를 매고서 약 보름이나 한 달 정도 있다가 시작하였다. 절기상으로 초벌은

하지와 소서를 지나서 하게 된다.

이 무렵은 더위가 본격적으로 시작되는 때여서 과일과 채소가 많이 나며, 밀과 보리도 이때부터 먹게 된다. 대체로 음력 6월은 농사철치고는 한가한 편으로 밀가루 음식을 많이 해 먹는다.

12) 대서(大暑) 양력 7월22일, 23일. 태양위치 120도.

큰 더위가 온다는 뜻. 더위가 가장 심한 때를 말한다.

24절기 중 열두 번째에 해당하는 절기. 소서(小署)와 입추(立秋) 사이에 든다. 대서(大暑)는 음력으로 6월에 있으며, 양력으로는 7월 23일 무렵에 든다. 태양의 황경이 대략 120도 지점을 통과할 때이다.

우리나라에서 이 시기는 대개 중복(中伏) 때로, 장마가 끝나고 더위가 가장 심하다. 예부터 대서에는 더위 때문에 "염소뿔도 녹는다."라는 속담

이 있을 정도이다. 여름의 토용(土用)은 이 계절에 들어간다. 토용이란 토왕용사(土王用事)의 준말로 토왕지절(土旺之節)의 첫날을 말한다. 토왕지절은 오행설(五行說)에서 토기(土氣)가 왕성하다는 절기이다. 사계절은 사립(四立, 입춘 · 입하 · 입추 · 입동)에서 시작하므로 사립 전의 18일간이 토에 배당되는데, 토왕용사에 태양은 각각 황도 위의 황경 27도, 117도, 207도, 297도의 위치에 온다. 오행설에서 유래한 것이지만, 태양의 황경에 기준을 둔 것이므로 계절의 변화와 일치한다.

특히 겨울의 토왕용사는 혹한(酷寒)의 시기이고, 여름의 토왕용사는 혹서(酷暑)의 시기이다. 이것을 각각 겨울의 토용, 여름의 토용이라고도 한다. 토왕용사에 흙일을 하면 해롭다는 속신(俗信)이 전해지기도 한다.

옛날 중국에서는 대서 입기일(入氣日)로부터 입추까지의 기간을 5일씩 끊어서 삼후(三候)로 하였는데, 『고려사(高麗史)』의 기록을 보면 대서는 6월 중기로 초후(初候)에는 썩은 풀에서 반딧불이 나오고, 차후(次候)에는 흙에 습기가 많으며 무덥고, 말후(末候)에는 큰 비가 때때로 온다고 하였다.

대서는 중복 무렵일 경우가 많으므로, 삼복더위를 피해 술과 음식을 마련하여 계곡이나 산정(山亭)을 찾아가 노는 풍습이 있다. 때때로 이 무렵 장마전선이 늦게까지 한반도에 동서로 걸쳐 있으면 큰 비가 내리기도 한다. 불볕더위, 찜통더위도 이때 겪게 된다. 무더위를 삼복으로 나누어 소서와 대서라는 큰 명칭으로 부른 것은 무더위에 대한 경각심을 깨우쳐 주기 위함이다.

이 무렵이 되면 농촌에서는 논밭의 김매기, 논밭두렁의 잡초베기, 퇴비장만 같은 농작물 관리에 쉴 틈이 없다. 또한 참외, 수박, 채소 등이 풍성하고 햇밀과 보리를 먹게 되는 시기로 과일은 이때가 가장 맛있다. 비가 너무 많이 오면 과일의 당도가 떨어지고, 가물면 과일 맛이 난다.

13) 입추(立秋) 양력 8월7일, 8일. 태양위치 135도

24절기 중 가을 : 입추 처서 백로 추분 한로 상강

사색의 계절인 가을의 시작.

입추가 되면 여름이 지나고 가을에 접어들어 밤에는 서늘한 바람이 불기 시작한다.밭에서는 참깨, 옥수수를 수확하고, 일찍 거두어들인 밭에는 김장용 배추와 무를 심기 시작한다.

태풍과 장마가 자주 발생하고 논에서는 병충해가 발생, 방제가 한창이고, 태풍으로 동반한 폭우에 침수되어 쓰러진 벼를 일으켜 세우기도 한다. 이 무렵부터 논의 물을 빼기 시작하는데, 1년 벼농사의 마지막 성패가 이때의 날씨에 달려 있다고 할 만큼 아주 중요한 영향을 미치기도 한다. 아직 남아있는 늦여름의 따가운 햇살을 받아 곡식이 탐스럽게 익어야 하는 시기이다. 이때부터 처서 무렵까지는 비가 내리지 않아야 풍작을 기대할 수 있다.

그래서 예부터 입추 무렵은 벼가 한창 여무는 시기이기 때문에 비가 내리는 것을 가장 큰 재앙으로 여겨서 각 고을에선 비가 내리지 않고 맑은 날이 계속되기를 바라는 뜻에서 하늘에 기청제를 지냈다. 성문제(城門祭), 천상제(川上祭)라고도 하였다. 즉 비가 닷새 혹은 보름 동안 계속해서 내리면 조정이나 고을에서 비가 멈추게 해 달라고 제사를 올리는 식이다. 봄, 여름에 가뭄이 계속되면서 오랫동안 비가 오지 않을 때 비를 내려 달라고 지내는 기우제(祈雨祭)와는 반대 성격의 제사지. 바다에선 밀

물과 썰물의 차가 가장 크게 벌어지는 때라서 낮은 지대의 목포나 군산에는 시가지까지 바닷물이 들어오거나 논이 바닷물에 침수되어 농작물이 해를 입기도 하였다.

8월은 고생팔월, 건들팔월 (하는 일없이 세월만 보낸다는 뜻)

14) 처서(處暑) 양력 8월23일, 24일. 태양위치 150도.

더위가 한풀 꺾여 물러가고 시원한 가을을 맞이하게 된다는 뜻

여름이 지나 더위가 물러가고 시원한 가을을 맞이하게 된다는 처서는 더위를 처분했다는 의미다. 절기로 처서가 지나면 풀이 더 이상 자라지 않아서 논두렁이나 산소의 풀을 깎아 벌초를 하고, 여름내 극성을 부리던 모기의 입도 삐뚤어져서 최후의 공격을 하여 더 아프다고 한다. 여름 동안 습기에 눅눅해진 옷이나 책을 햇볕이나 바람에 말리는 포쇄(曝曬)도 이 무렵에 한다. 농부들은 여름내 매만지던 쟁기와 호미를 깨끗이 씻어 갈무리해 놓고. '처서에 비가 오면 독의 곡식도 준다.'는 속담은, 이 때 비가 내리면 흉년이 든다는 뜻에서 생긴 말이다, 여름내 정성 들여 가꾼 오곡(五穀: 쌀 보리 콩 조 기장)이 마지막 결실의 때를 맞아 맑은 바람과 따뜻한 햇볕의 기운을 받아 누렇게 익어야 하는데, 그렇지 않고 비가 내리게 되면 곡식이 제대로 여물지 않아 1년 농사의 마무리가 제대로 되지 않는다는 말이다. 또 '어정칠월 건들팔월'이라는 말도 있는데, 이건 칠월과 팔월이 어정어정 또는 건들건들하는 사이에 지나가 버린다는 뜻으로, 백중날(百衆:명절 중의 하나로 음력 7월 보름)의 호미씻이(세소연:洗鋤宴-농가에서 마지막 논매기를 끝낸 음력 7월에 노는 놀이)도 끝나고 이

제 추수할 일만 남았으므로 이 무렵이 되면 농촌이 한가해진다는 것을 빗대어 이른 말이다. 마땅히 할 일은 안 하고 몹시 엉뚱하고 덤벙대기만 함을 비유한 속담으로 '어정뜨기는 칠팔월 개구리' 역시 이 때의 한가함에서 비롯된 말이다.

15) 백로(白露) 양력 9월7일, 8일. 태양위치 165도.

일교차가 커지면서 이슬이 내리기 시작한다는 뜻.

9월을 동동구월이라 고도 불렀다.

처서(處暑)와 추분(秋分) 사이에 있는 24절기의 하나. 백로(白露)는 양력 9월 9일 무렵으로 대개 음력 8월에 들며 가을이 본격적으로 시작하는 시기이다. 천문학적으로는 태양이 황경 165도를 통과할 때이다.

백로는 흰 이슬이라는 뜻으로 이때쯤이면 밤에 기온이 이슬점 이하로

내려가 풀잎이나 물체에 이슬이 맺히는 데서 유래한다. 가을의 기운이 완연히 나타나는 시기로 옛 중국 사람들은 백로부터 추분까지의 시기를 5일씩 삼후(三候)로 나누어 특징을 말하였는데, 초후(初候)에는 기러기가 날아오고, 중후(中侯)에는 제비가 강남으로 돌아가며, 말후(末候)에는 뭇 새들이 먹이를 저장한다고 한다.

백로 무렵에는 장마가 걷힌 후여서 맑은 날씨가 계속된다. 하지만 간혹 남쪽에서 불어오는 태풍과 해일로 곡식의 피해를 겪기도 한다. 백로 다음에 오는 중추는 서리가 내리는 시기이다. 전남에서는 백로 전에 서리가 내리면 시절이 좋지 않다고 한다. 볏논의 나락은 늦어도 백로가 되기 전에 여물어야 한다. 벼는 늦어도 백로 전에 패어야 하는데 서리가 내리면 찬바람이 불어 벼의 수확량이 줄어든다. 백로가 지나서 여문 나락은 결실하기 어렵다.

제주도 속담에 "백로 전 미발(白露 前 未發)"이라고 해서 이때까지 패지 못한 벼는 더 이상 크지 못한다고 전한다. 또한 백로 전에 서리가 오면 농작물이 시들고 말라버리는 것으로 생각한다. 충남에서는 늦게 벼를 심었다면 백로 이전에 이삭이 패어야 그 벼를 먹을 수 있고, 백로가 지나도록 이삭이 패지 않으면 그 나락은 먹을 수 없다고 믿는다. 경남에서는 백로 전에 패는 벼는 잘 익고 그 후에 패는 것은 쭉정이가 된다고 알고 있으며, 백로에 벼 이삭을 유심히 살펴서 그해 농사의 풍년과 흉년을 가늠하기도 한다.

농가에서는 백로 전후에 부는 바람을 유심히 관찰하여 풍흉을 점친다. 이때 바람이 불면 벼농사에 해가 많다고 여기며, 비록 나락이 여물지라도 색깔이 검게 된다고 한다.

백로는 대개 음력 8월 초순에 들지만 간혹 7월 말에 들기도 한다. 7월에 든 백로는 계절이 빨라 참외나 오이가 잘 된다고 한다. 한편 8월 백로에 비가 오면 대풍이라고 생각한다. 경남 섬지방에서는 “8월 백로에 비가 오면 십리 천석을 늘린다.”라는 말이 전하면서 비가 오는 것을 풍년의 징조로 생각한다. 또 백로 무렵이면 조상의 묘를 찾아 벌초를 시작하고, 고된 여름농사를 다 짓고 추수할 때까지 잠시 일손을 쉬는 때이므로 부녀자들은 근친을 가기도 한다.

16) 추분(秋分) 양력 9월23일, 24일. 태양위치 180도.

가을의 한가운데, 밤과 낮의 길이가 같다. 점점 밤의 길이가 길어진다.

백로(白露)와 한로(寒露) 사이에 있는 24절기의 하나. 추분(秋分)은 양력 9월 23일 무렵으로, 음력으로는 대개 8월에 든다. 이날 추분점(秋分點)에

이르러 낮과 밤의 길이가 같아진다. 천문학적으로는 태양이 황경 180도의 추분점을 통과할 때를 말한다.

추분점은 황도와 적도의 교차점 안에 태양이 적도의 북쪽에서 남쪽으로 향해 가로지르는 점을 말한다. 곧 태양이 북쪽으로부터 남쪽으로 향하여 적도를 통과하는 점으로 적경(赤經), 황경(黃經)이 모두 180도가 되고 적위(赤緯)와 황위(黃緯)가 모두 0도가 된다.

추분에는 낮과 밤의 길이가 같아지므로 이날을 계절의 분기점으로 의식한다. 곧 추분이 지나면 점차 밤이 길어지기 때문에 여름이 가고 가을이 왔음을 실감하게 된다.추분과 춘분은 모두 밤낮의 길이가 같은 시기지만 기온을 비교해보면 추분이 약 10도 정도가 높다. 이는 여름의 더위가 아직 남아 있기 때문이다. 추분에는 벼락이 사라지고 벌레는 땅속으로 숨고 물이 마르기 시작한다. 또 태풍이 부는 때이기도 하다.

추분을 즈음하여 논밭의 곡식을 거두어들이고 목화를 따고 고추도 따서 말리며 그 밖에도 잡다한 가을걷이 일이 있다. 호박고지, 박고지, 깻잎, 고구마순도 이맘때 거두고 산채를 말려 묵나물을 준비하기도 한다. 뿐만 아니라 추분에는 국가에서 수명장수를 기원하는 노인성제(老人星祭)를 지냈다. 우리나라에서는 고려시대 때부터 시행되었으며, 조선시대에는 소사(小祀)로 사전(祀典)에 등재되었다.

추분에 부는 바람을 보고 이듬해 농사를 점치는 풍속이 있다. 이날 건조한 바람이 불면 다음해 대풍이 든다고 생각한다. 만약 추분이 사일(社日) 앞에 있으면 쌀이 귀하고 뒤에 있으면 풍년이 든다고 생각한다. 바람이 건방이나 손방에서 불어오면 다음해에 큰 바람이 있고 감방에서 불어

오면 겨울이 몹시 춥다고 생각한다. 또 작은 비가 내리면 길하고 낭이 개면 흉년이라고 믿는다.

17) 한로(寒露) 10월8일, 9일. 태양위치 195도.

찬 이슬이 내리기 시작한다는 뜻

24절기 가운데 17번째 절기로 찬이슬이 맺히기 시작하는 시기라는 뜻의 절기. 한로(寒露)는 양력 10월 8~9일 무렵이 입기일(入氣日)이며 태양이 황경 195도의 위치에 올 때이다. 음력으로는 9월의 절기로서 공기가 차츰 선선해짐에 따라 이슬(한로)이 찬 공기를 만나 서리로 변하기 직전의 시기이다.

중국 사람들은 한로 15일 간을 5일씩 끊어서 3후(候)로 나누어 초후(初候)에는 기러기가 초대를 받은 듯 모여들고, 중후(中候)에는 참새가 줄고 조개가 나오며, 말후(末候)에는 국화가 노랗게 핀다고 하였다.

『고려사(高麗史)』 권50 「지(志)」4 역(曆) 선명력(宣明曆) 상(上)2의 한로 관련 기록을 보면 "한로는 9월의 절기이다. 괘(卦)는 태(兌) 구삼(九三)이다. 초후에 기러기가 와서 머문다. 차후에 참새가 큰물에 들어가 조개가 된다. 말후에 국화꽃이 누렇게 핀다(寒露 九月節 兌九三 鴻鴈來賓 雀入大水化爲蛤 菊有黃華)."라고 하여 중국의 기록과 비슷하다.

한로 즈음은 찬이슬이 맺힐 시기여서 기온이 더 내려가기 전에 추수를 끝내야 하므로 농촌은 오곡백과를 수확하기 위해 타작이 한창인 때이다. 한편 여름철의 꽃보다 아름다운 가을 단풍이 짙어지고, 제비 같은 여름새와 기러기 같은 겨울새가 교체되는 시기이다.

한로는 중양절과 비슷한 시기에 드는 때가 많으므로 중양절 풍속인 머리에 수유(茱萸)를 꽂거나, 높은 데 올라가 고향을 바라본다든지 하는 내용이 한시(漢詩)에 자주 나타난다. 높은 산에 올라가 머리에 수유를 꽂으면 잡귀를 쫓을 수 있다고 믿는다. 이는 수유열매가 붉은 자줏빛인데 붉은색은 양(陽)색으로 벽사력(辟邪力)을 가지고 있다고 믿기 때문이다.

한로와 상강(霜降) 무렵에 서민들은 시식(時食)으로 추어탕(鰍魚湯)을 즐겼다. 『본초강목(本草綱目)』에는 미꾸라지가 양기(陽氣)를 돋우는 데 좋다고 하였다. 가을에 누렇게 살찌는 가을 고기라 하여 미꾸라지를 추어(鰍魚)라 한 듯하다.

전통 농경사회에서 자연 현상에 의한 기후의 변화는 매년 농사에 매우 중요했으며 정확해야 했다. 그래서 태양력을 이용한 이른바 24절기가 활용되었다. 음력이 윤달을 두어서 한 달씩 날짜가 밀릴 수 있다는 점에 비해, 24절기는 계절의 추이를 정확히 알 수 있게 한다. 그래서 농민으로서 이것을 아는 것을 "철을 안다"고 했고 "철을 안다"든가 "철이 났다"든가 하는 말은 소년이 성인이 되고, 또한 성숙한 농군이 됐다는 의미로 사용하였다. 이렇게 24절기를 많이 사용하였던 우리의 재래 역법은 순수한 음력이 아니라 이른바 태음태양력이다. 한로는 입추(立秋), 처서(處暑), 백로(白露), 추분(秋分), 상강과 함께 가을 절기에 해당되며, 세시명절이라기보다는 다만 기후의 변화를 읽는 절기로 유용했다.

18) 상강(霜降) 10월23일, 24일. 태양위치 210도.

서리가 내리기 시작한다는 뜻.

음력 9월에 드는 24절기의 하나로서 말 그대로 서리가 내리는 시기를

뜻하는 절기.

상강은 한로(寒露)와 입동(立冬) 사이에 들며, 태양의 황경이 210도에 이를 때로 양력으로 10월 23일 무렵이 된다. 이 시기는 가을의 쾌청한 날씨가 계속되는 대신에 밤의 기온이 매우 낮아지는 때이다. 따라서 수증기가 지표에서 엉겨 서리가 내리며, 온도가 더 낮아지면 첫 얼음이 얼기도 한다.

이때는 단풍이 절정에 이르며 국화도 활짝 피는 늦가을의 계절이다. 중구일과 같이 국화주를 마시며 가을 나들이를 하는 이유도 이런 계절적 사정과 밀접한 관련이 있다. 조선시대에는 상강에 국가의례인 둑제[纛祭]를 행하기도 했다. 특히 농사력으로는 이 시기에 추수가 마무리되는 때이기에 겨울맞이를 시작해야 한다.

권문해(權文海)의 『초간선생문집(草澗先生文集)』을 보면 상강에 대한 기록이 자세하다.

“한밤중에 된서리가 팔방에 두루 내리니, 숙연히 천지가 한번 깨끗해지네. 바라보는 가운데 점점 산 모양이 파리해 보이고, 구름 끝에 처음 놀란 기러기가 나란히 가로질러 가네. 시냇가의 쇠잔한 버들은 잎에 병이 들어 시드는데, 울타리 아래에 이슬이 내려 찬 꽃부리가 빛나네. 도리어 근심이 되는 것은 노포(老圃)가 가을이 다 가면, 때로 서풍을 향해 깨진 술잔을 씻는 것이라네(半夜嚴霜遍八紘 肅然天地一番淸 望中漸覺山容瘦 雲外初驚鴈陣橫 殘柳溪邊凋病葉 露叢籬下燦寒英 却愁老圃秋歸盡 時向西風洗破觥).”

중국에서는 상강부터 입동 사이를 5일씩 삼후(三候)로 나누어 자연의 현상을 설명하였다. 이를테면 초후(初候)는 승냥이가 산짐승을 잡는 때, 중후(中候)는 초목이 누렇게 떨어지는 때이며, 말후(末候)는 겨울잠을 자는 벌레들이 모두 땅속에 숨는 때라고 한다. 김형수(金逈洙)의 ‘농가십이월속시(農家十二月俗詩)’에도 한로와 상강에 해당하는 절기의 모습을 “초목은 잎이 지고 국화 향기 퍼지며 승냥이는 제사하고 동면할 벌레는 굽히니”라고 표현한 것을 보아 중국의 기록을 그대로 받아들이고 있음을 알 수 있다.

19) 입동(立冬) 11월7일, 8일. 태양위치 225도.

24절기 중 겨울 : 입동 소설 대설 동지 소한 대한

조금 더 있다 가겠다는 가을과 자리를 빨리 내 놓으라 겨울이 싸운다는 겨울의 문턱으로 겨울의 시작을 알려주는 입동이다. 무서리 세 번에 된서리오고 된서리 끝에 찬바람이 불어오면 얼음이 언다는 입동 무렵이면 밭에서 무와 배추를 뽑아 김장을 하기 시작하고 동면하는 동물들이 땅 속에 굴을 파고 숨으며, 산야에 나뭇잎은 떨어지고 풀들은 말라간다.

늦가을이 지나 낙엽이 싸이고 찬바람이 불어오면 물과 땅이 얼며 이 시기를 입동이라고 한다. 이때쯤이면 농부들이 가을걷이도 끝나 바쁜 일손을 접고 한숨 돌리는 시기이며 겨울 채비에 들어갈 때다. 겨울을 앞두고 한 해의 마무리를 준비하는 때인데 농가에서는 서리 피해를 막고 속을 꽉 채우라고 배추를 묶어주며, 서리에 약한 무는 먼저 뽑아서 구덩이를 파고 저장한다. 입동 전후에 가장 큰 일은 겨울준비로는 김장이다. 이 시기를 놓치면 김치의 상큼한 맛이 줄어든다. 일찍 하면 시게 되고 늦게 하면 얼어서 맛이 덜하다. 농가 큰집의 김장은 몇 백 포기씩 담는 것이 예사여서 김장하는 날은 자식, 친척이나 이웃이 함께 모여 김장을 하고 나누어 먹는 모습은 하나의 전통이요 풍습이었다. 우물가나 냇가에서 부녀자들이 무, 배추 씻는 풍경으로 장관을 이루기도 하였고 김장철에는 단수했던 농수로에 통수를 하였다.

입동 날 날씨가 추우면 그 해 겨울은 추울 것으로 점을 치는데 '입동에 날아오는 까마귀가 흰 뱃바닥을 보이면 목화가 잘 될 것이다.' '입동날 날씨가 따듯하지 않으면 그 해엔 바람이 지독하게 불 것이다.' 라는 식으로 해석하였다. 또 이 시기엔 추수를 무사히 끝내게 해준 데 대한 고마움으로 지방에 따라 고사를 지내는데 햇곡식으로 시루떡을 쪄서 토광, 외양간 등에 고사를 지낸 뒤 한 해 동안 농사짓느라 수고한 이웃집과도 나눠먹고 소에게도 나누어주면서 수확의 고마움과 집안이 무사한데 감사를 드리기도 하였다.

20) 소설(小雪) 11월7일, 8일. 태양위치 240도.

첫 얼음이 얼고 첫 눈이 내리기 시작하는 때로 추운 겨울이 시작된다.

소설은 첫 겨울의 낌새가 보이는 시기로 첫얼음이 얼고 첫눈이 내리기 시작하는 때이다. 이때부터 살얼음이 잡히고 땅이 얼기 시작하여 점차 겨울 기분이 든다고도 하지만, 한편으로는 아직 따뜻한 햇볕이 간간이 내리쬐어 소춘 이라고도 불려진다.

이때는 무지개가 걷혀서 나타나지 않고 천기(天氣)가 올라가고 지기(地氣)가 내리며 하늘과 땅이 막혀서 겨울이 된다고 한다. 이 무렵이 되면 모든 농사일이 완전히 끝나서 타작한 벼를 말려 곡간에 쌓아두고, 멍석에 무말랭이를 널거나 호박을 가늘고 길게 썰어 오가리를 만들었다. 수확한 감은 겨우내 곶감을 매달아 말리느라 처마 밑이 온통 곶감으로 출렁거리기도 한다. 소설 무렵은 김장을 담그는 철이기도 한다.

소설에 해당하는 음력 시월 스무날 무렵에는 해마다 강하고 매서운 바람이 일면서 날씨가 추워지는데 이날을 손돌이 죽던 날이라 하고 그 바람을 손돌바람이라 해서, 외출을 삼가고 특히 뱃길을 조심하였다. (손돌 이야기: 고려시대에 왕이 배를 타고 통진과 강화 사이를 지나는데 갑자기 풍랑이 일어 배가 심하게 흔들렸대. 왕은 사공이 고의로 배를 흔들어 그런 것이라고 오해를 하여 사공의 목을 베어 버렸다. 아무 죄도 없이 억울하게 죽어버린 그 사공의 이름이 손돌이었다.) 그래서 그 손돌이 죽은 곳을 손돌목이라 하고 지나갈 때는 손돌의 원혼을 달래며 무사하게 지나

가기를 빌었다.

21) 대설(大雪) 양력 12월7일, 8일. 태양위치 255도.

큰 눈이 눈답게 오기 시작한다는 뜻.

24절기 가운데 스물한 번째에 해당하는 절기. 소설(小雪)과 동지(冬至) 사이에 위치한다.

소설에 이어 오는 대설(大雪)은 눈이 가장 많이 내린다는 뜻에서 붙여진 이름으로, 원래 재래 역법(曆法)의 발상지이며 기준 지점인 중국 화북 지방(華北地方)의 계절적 특징을 반영한 절기이기 때문에 우리나라의 경우 반드시 이 시기에 적설량(積雪量)이 많다고 볼 수는 없다.

일년 중 눈이 가장 많이 내린다는 절기인 대설은 시기적으로는 음력 11월, 양력으로는 12월 7일이나 8일 무렵에 해당하며 태양의 황경은 255도

에 도달한 때이다. 우리나라를 비롯한 동양에서는 음력 10월에 드는 입동(立冬)과 소설, 음력 11월에 드는 대설과 동지 그리고 12월의 소한(小寒), 대한(大寒)까지를 겨울이라 여기지만, 서양에서는 추분(秋分) 이후 대설까지를 가을이라 여긴다.

특히 24절기 중 대설이 있는 음력 11월은 동지와 함께 한겨울을 알리는 절기로 농부들에게 있어서 일년을 마무리하면서 새해를 맞이할 준비를 하는 농한기(農閑期)이기도 하다. 옛 중국에서는 대설로부터 동지까지의 기간을 다시 5일씩 삼후(三候)로 나누어, 초후(初候)에는 산박쥐가 울지 않고, 중후(中候)에는 범이 교미하여 새끼를 치며, 말후(末候)에는 여지(茘枝: 여주)가 돋아난다고 하였다. 이러한 내용은 열두 달에 대한 절기와 농사일 및 풍속을 각각 7언 고시의 형식으로 기록한 19세기 중엽 소당(嘯堂) 김형수(金逈洙)의 '농가십이월속시(農家十二月俗詩)'에서도 찾아볼 수 있다. 내용을 살펴보면 다음과 같다.

때는 바야흐로 한겨울 11월이라(時維仲冬爲暢月)
대설과 동지 두 절기 있네(大雪冬至是二節)
이달에는 호랑이 교미하고 사슴뿔 빠지며(六候虎交麋角解)
갈단새(산새의 하나) 울지 않고 지렁이는 칩거하며(鶡鴠不鳴蚯蚓結)
염교(옛날 부추)는 싹이 나고 마른 샘이 움직이니(茘乃挺出水泉動)
몸은 비록 한가하나 입은 궁금하네(身是雖閒口是累)
……(하략)……

이 시기는 한겨울에 해당하며 농사일이 한가한 시기이고 가을 동안 수확한 피땀 어린 곡식들이 곳간에 가득 쌓여 있는 시기이기 때문에 당분

간은 끼니 걱정을 하지 않아도 되는 풍성한 시기이다. 한편 이날 눈이 많이 오면 다음해에 풍년이 들고 따뜻한 겨울을 날 수 있다는 믿음이 전해지지만 실제로 이날 눈이 많이 오는 경우는 드물다. 또 눈과 관련하여 "눈은 보리의 이불이다."라는 말이 있다. 이 말은 눈이 많이 내리면 눈이 보리를 덮어 보온 역할을 하므로 동해(凍害)를 적게 입어 보리 풍년이 든다는 의미이다.

22) 동지(冬至) 양력 12월 21일, 22일. 태양위치 270도.

동지 팥죽 먹는 날.

겨울의 절정. 1년 중 밤이 가장 길다.

24절후의 스물두 번째 절기. 일년중에서 밤이 가장 길고 낮이 가장 짧은 날이다.

동지(冬至)는 태양이 적도이남 23.5도의 동지선(남회귀선) 곧 황경(黃經) 270도의 위치에 있을 때이다. 그래서 양력 12월 22일이나 23일 무렵에 든다. 양력으로 동지가 음력 동짓달 초순에 들면 애동지, 중순에 들면 중동지(中冬至), 그믐 무렵에 들면 노동지(老冬至)라고 한다. 이처럼 우리 민족은 태양력인 동지에다가 태음력을 잇대어 태음태양력으로 세시풍속을 형성시켜 의미를 부여하였다.

민간에서는 동지를 흔히 아세(亞歲) 또는 작은설이라 하였다. 태양의 부활이라는 큰 의미를 지니고 있어서 설 다음가는 작은설로 대접 하는 것이다. 이 관념은 오늘날에도 여전해서 "동지를 지나야 한 살 더 먹는다." 또는 "동지팥죽을 먹어야 진짜 나이를 한살 더 먹는다."라는 말처럼 동지첨치(冬至添齒)의 풍속으로 전하고 있다. 또 동지는 날씨가 춥고 밤이 길어 호랑이가 교미한다고 하여 '호랑이장가가는날'이라고도 부른다.

중국 주나라에서는 이날 생명력과 광명이 부활한다고 생각하여 동지를 설로 삼았다. 당나라 역법서(曆法書)인 선명력(宣明曆)에도 동지를 역(曆)의 시작으로 보았다. 『역경(易經)』에도 복괘(復卦)에 해당하는 11월을 자월(子月)이라 해서 동짓달을 일년의 시작으로 삼았다. 동지와 부활이 같은 의미를 지닌 것으로 판단하였기 때문이다.

우리나라는 신라에 이어 고려시대에도 당(唐)의 선명력을 그대로 썼으며, 충선왕 원년(1309)에 와서 원(元)의 수시력(授時曆)으로 바뀔 때까지 선명력을 사용하였다. 이로 보아 충선왕 이전까지는 동지를 설로 지낸 것으로 짐작된다.

한편 구미(歐美) 각국의 성탄절(크리스마스)도 초기 기독교가 페르시아의 미트라교(Mithraism)의 동지 축제일이나 태양 숭배의 풍속을 이용해서 예수 탄생을 기념하게 한 것이다. 신약성서에도 예수의 탄생 날짜 기록은 없다. 농경민족인 로마인의 농업신인 새턴(Saturn)의 새턴네리아 축제가 12월 21일부터 31일까지 성했고, 그 중 25일이 특히 동지 뒤 태양 부활일로 기념된 날이었다.

궁중풍속 궁중에서는 원단(元旦)과 동지를 가장 으뜸 되는 축일로 생각하여 동짓날 군신(君臣)과 왕세자(王世子)가 모여 잔치를 하는 회례연(會禮宴)을 베풀었다. 해마다 중국에 예물을 갖추어 동지사(冬至使)를 파견하여 이날을 축하하였고, 지방의 관원(官員)들은 임금에게 전문(箋文)을 올려 진하(陳賀)하였다.

『동국세시기(東國歲時記)』에 "관상감(觀象監)에서는 새해의 달력을 만들어 궁에 바친다. 나라에서는 이 책에 동문지보(同文之寶)라는 어새를 찍어 백관에게 나누어 주었다. 이 달력은 황장력(黃粧曆), 청장력(靑粧曆), 백장력(白粧曆)의 구분이 있고, 관원들은 이를 친지들에게 나누어주었다. 이것을 단오에 부채를 주고받는 풍속과 아울러 하선동력(夏扇冬曆)이라 하였다. 이조(吏曹)에서는 지방 수령들에게 표지가 파란 청장력을 선사하였다."라는 기록이 있다. 달력은 내용이나 효용도에 따라서 많이 다르다. 특히 옛날에는 농경 본위의 사회였던 만큼 24절기 등 때에 맞추어 농사를 짓기 위해서는 달력이 요긴하였고, 기재 내용도 그에 맞게 다양할 수밖에 없었다. 요즈음에도 동지 무렵의 연말 연시가 되면 새해 달력을 주고받는 풍속은 여전하다.

황감제(黃柑製)라는 임시 과거를 실시하여 인재를 등용하기도 하였는데, 『동국세시기』11월조에 제주목에서 귤, 유자, 귤감을 진상하는 일을 적고 있다. 이 귤들을 종묘에 진상하고 신하들에게도 나누어준다. 옛날 탐라의 성주가 이를 바칠 때 치하하는 의미에서 과거를 설치했다. 조선시대에도 이를 답습하여 성균관과 사학(四學)의 유생들에게 시험을 보이고 귤을 나누어 주었는데 그 과거의 이름을 감제(柑製)라 했다. 내의원에서는 소의 다리를 고고 여기에 백강(白薑), 정향(丁香), 계심(桂心), 청밀(淸密) 등을 넣어서 전약(煎藥)을 만들어 진상하였는데, 각 관청에 이를 나누어 주었다. 이 약은 악귀를 물리치고 추위에 몸을 보하는 효과가 있다고 한다.

동지가 되면 동지하례(冬至賀禮)를 행하며 버선을 선물하는데 이를 동지헌말(冬至獻襪)이라고 한다. 또 종묘에 청어(靑魚)를 천신하는데 경사대부(卿士大夫)의 집에서도 이를 행하였다고 한다.

민간풍속 동짓날 연못의 갈라진 얼음의 모습이 마치 쟁기로 밭을 갈아 놓은 것처럼 보인다. 이것을 용갈이[龍耕]이라고 한다. 『동국세시기』 11월 월내조에는 "충청도 홍주 합덕지에 매년 겨울이 되면 얼음의 모양이 용이 땅을 간 것 같이 되는 이상한 변이 있었다. 남쪽에서 북쪽으로 언덕 가까운 쪽으로 세로 갈아나간 자취가 있으면 이듬해는 풍년이 들고, 서쪽으로부터 동쪽으로 복판을 횡단하여 갈아나가면 흉년이 든다고 한다. 혹 갈아나간 흔적이 동서남북 아무 데로나 종횡으로 가지런하지 않으면 평년작이 된다고 한다. 농사꾼들은 이것으로 이듬해의 농사일을 징험한다. 경남 밀양 남지에서도 용이 땅을 갈아 이듬해의 농사일을 징험한다고 한다(湖西洪州合德池 每年冬 有龍耕之異 自南而北 縱而薄岸則歲穰 自西而東 徑斷其腹則荒 或西或東或南或北 橫縱不整則荒穰半 農人推之 來歲輒驗 嶺南密陽南池 亦有龍耕 以驗年事)."는 내용이 있다.

또 이날은 동지부적(冬至符籍)이라 하여 뱀 '사(蛇)'자를 써서 거꾸로 붙여 잡귀를 막는 속신(俗信)이 있으며, 팥죽을 쑤어먹지 않으면 쉬이 늙고 잔병이 생기며 잡귀가 성행한다는 속신이 있다. 동짓날 일기(日氣)가 온화하면 이듬해에 질병이 많아 사람이 많이 죽는다고 하며, 눈이 많이 오고 날씨가 추우면 풍년이 들 징조라고 여긴다. 또 동짓날이 추우면 해충이 적으며 호랑이가 많다는 믿음이 있다.

예부터 동짓날이 되면 백성들은 모든 빚을 청산하고 새로운 기분으로 하루를 즐겼다. 또 일가친척이나 이웃간에는 서로 화합하고 어려운 일은 서로 마음을 열고 풀어 해결하였다. 오늘날 연말이면 불우이웃 돕기를 펼치는 것도 동짓날의 전통이 이어 내려온 것으로 보인다.

동지팥죽 동지에는 동지팥죽을 먹는다. 팥을 고아 죽을 만들고 여기에 찹쌀로 단자를 만들어 넣어 끓이는데, 단자는 새알만한 크기로 하기 때문에 새알심이라 부른다.

팥죽을 다 만들면 먼저 사당에 올려 동지고사(冬至告祀)를 지내고, 각 방과 장독, 헛간 같은 집안의 여러 곳에 놓아두었다가 식은 다음에 식구들이 모여서 먹는다. 사당에 놓는 것은 천신의 뜻이고 집안 곳곳에 놓는 것은 축귀의 뜻이어서 이로써 집안에 있는 악귀를 모조리 쫓아낸다고 믿었다. 이것은 팥의 붉은색이 양색(陽色)이므로 음귀를 쫓는 데 효과가 있다고 믿었기 때문이다. 이처럼 붉은 팥은 옛날부터 벽사(辟邪)의 힘이 있는 것으로 믿어 모든 잡귀를 쫓는 데 사용되었다.

『동국세시기』에는 『형초세시기(荊楚歲時記)』에 의하면 공공씨(共工氏)에게 바보 아들이 있었는데 그가 동짓날에 죽어서 역질 귀신이 되어 붉은 팥을 무서워하기 때문에 동짓날 붉은 팥죽을 쑤어서 그를 물리친다.”라고 적혀 있다. 동짓날에 팥죽을 쑤어 사람이 드나드는 대문이나 문 근처의 벽에 뿌리는 것 역시 악귀를 쫓는 주술 행위의 일종이다. 그러나 동짓날이라도 동지가 음력 11월 10일 안에 들면 애동지라 하여 아이들에게 나쁘다고 해서 팥죽을 쑤지 않는다. 또 그 집안에 괴질로 죽은 사람이 있어도 팥죽을 쑤어먹지 않는다고 한다.

경기도에서는 사당에 팥죽으로 차례를 지낸 다음 방, 마루, 장광 등에 한 그릇씩 놓고 식구들이 둘러앉아 먹는다. 경상도에서는 동지에 팥죽을 쑤어 솔가지에 적셔 집안 대문을 비롯하여 담벼락이나 마당에도 뿌리며 마을 입구에 큰 고목에도 뿌려 잡귀들의 동네 침입을 막는다. 강원도에서는 팥죽의 새알심으로 찹쌀이나 수수쌀로 만든 '옹심'을 넣어 나이 수대로 먹는다. 일꾼들은 이날 팥죽 아홉 그릇을 먹고 나무 아홉 짐을 져야 한다고 한다. 날씨가 더워서 팥죽이 쉬면 이듬해 농사가 풍년이라고 여긴다. 충남 연기에서는 동짓날 동지불공(冬至佛供)을 드리러 절에 다녀오며, 집에서 팥죽을 쑤어먹는다고 한다. 또 애기동지에는 팥시루떡을 해 먹고 노동지에는 팥죽을 쑤어먹는다. 그리고 중동지는 떡이나 팥죽 중 하나를 해서 먹는다.

전염병이 유행할 때 우물에 팥을 넣으면 물이 맑아지고 질병이 없어진다고 하며, 사람이 죽으면 팥죽을 쑤어 상가(喪家)에 보내는 관습이 있다. 이것은 상가에서 악귀를 쫓기 위한 것이다. 팥죽은 동지에만 쑤어먹는 것이 아니고 이웃이 상(喪)을 당하였을 때 쑤어 부조하기도 한다.

우리 조상들은 경사스러운 일이 있을 때나 재앙이 있을 때에는 팥죽, 팥밥, 팥떡을 해서 먹는 풍습이 있었다. 요즈음도 이러한 풍습이 이어져 고사를 지낼 때에는 팥떡을 해서 고사를 지내고 있다. 고사의 목적은 사업하는 사람은 사업이 번성하기를 기원하고, 공사를 하는 사람은 공사가 아무런 사고 없이 완공되기를 기원하는 것이다. 이처럼 팥이 들어가는 음식은 소원을 이루어준다고 믿었지만, 그 사실 여부를 떠나 팥이 지닌 여러 가지 효능으로 보아 건강식품임에는 틀림없다. 팥은 피부가 붉게 붓고 열이 나고 쑤시고 아픈 단독에 특효가 있으며, 젖을 잘 나오게 하고 설사, 해열, 유종, 각기, 종기, 임질, 산전산후통, 수종, 진통에도 효과가 큰 것으로 알려져 있다.

23) 소한(小寒) 양력 1월5일, 6일. 태양위치 285도.

작은 추위가 온다는 뜻이지만 1년 중 가장 춥다.

24절기 가운데 스물세 번째 절기로 작은 추위라는 뜻의 절기. 소한(小寒)은 양력 1월 5일 무렵이며 음력으로는 12월에 해당된다. 태양이 황경(黃經) 285도의 위치에 있을 때이다.

옛날 중국 사람들은 소한부터 대한까지 15일간을 5일씩 끊어서 3후(候)로 나누어 초후(初候)에는 기러기가 북으로 날아가고 중후(中候)에는 까치가 집을 짓기 시작하고 말후(末候)에는 꿩이 운다고 기술하였다. 이는 중국 황하 유역을 기준으로 한 것으로 우리나라와는 조금씩 차이가 있다. 절기의 이름으로 보면 소한 다음 절기인 대한(大寒) 때가 가장 추워야 하지만, 실제 우리나라에서는 소한 무렵이 가장 춥다. 우리나라에서 일년 중 가장 추운 시기가 양력 1월 15일 무렵이다. '소한땜'이 아니라도 이때는 전국이 최저 기온을 나타낸다. 그래서 "대한이 소한의 집에 가서 얼어 죽는다."라는 속담이 있다. 그만큼 소한추위는 맵다. 그러나 추위를 이겨 냄으로써 어떤 역경도 감내하고자 했던 까닭으로 "소한의 추위는 꾸어다가도 한다."라고도 했다.

소한은 해가 양력으로 바뀌고 처음 나타나는 절기이다. 소한 무렵은 정초한파(正初寒波)라 불리는 강추위가 몰려오는 시기이다. 농가에서는 소한부터 날이 풀리는 입춘 전까지 약 한 달 간 혹한(酷寒)에 대비해 만반의 준비를 해둔다. 눈이 많이 내리는 지방에서는 문밖출입이 어려우므로 땔감과 먹을거리를 집안에 충분히 비치해 두었다.

24) 대한(大寒) 양력 1월20일, 21일. 태양위치 300도.

겨울 큰 추위가 온다

24절기 가운데 마지막 스물네 번째 절기로 '큰 추위'라는 뜻의 절기. 대한(大寒)은 음력 12월 섣달에 들어 있으며 매듭을 짓는 절후이다. 양력 1월 20일 무렵이며 음력으로는 12월에 해당된다. 태양이 황경(黃經) 300도의 위치에 있을 때이다.

원래 겨울철 추위는 입동(立冬)에서 소설(小雪), 대설(大雪), 동지(冬至), 소한(小寒)으로 갈수록 추워진다. 소한 지나 대한이 일년 가운데 가장 춥다고 하지만 이는 중국의 기준이고 우리나라에서는 다소 사정이 달라 소한 무렵이 최고로 춥다. "춥지 않은 소한 없고 포근하지 않은 대한 없다.", "소한의 얼음이 대한에 녹는다."라는 속담처럼 대한이 소한보다 오히려 덜 춥다. 제주도에서는 대한 후 5일에서 입춘(立春) 전 3일까지 약 일주간을 신구간(新舊間)이라 하여, 이사나 집수리를 비롯하여 집안 손질과 행사를 해도 큰 탈이 없다고 알려져 있다

참고자료

[네이버 지식백과] 24절기 이야기 (문화콘텐츠닷컴 (문화원형백과 한국의 24절기), 2006., 한국콘텐츠진흥원)

참고문헌

- 任東權. 韓國歲時風俗研究. 集文堂, 1985년. 전라남도 세시풍속, 2003년
  韓國民俗綜合調査報告書-(文化財管理局, 1969~1981)
- 이은성. 曆法의 原理分析. 正音社, 1985년
- 東醫寶鑑, 成宗實錄, 世宗實錄, 禮記, 太宗實錄, 漢書
- 金星元. 韓國의 歲時風俗. 明文堂, 1987년
- 高麗史, 本草綱目, 增補文獻備考, 增補山林經濟, 四時纂要. 三國志, 東國歲時記, 洌陽歲時記
  民俗誌, 1989년, 濟州道誌3, 1993년, 洪城의 民俗, 1994년
- 황경숙. 부산의 민속문화. 세종출판사, 2003년
- 진성기. 南國의 民俗. 교학사, 1980년
- 김승찬. 부산지방의 세시풍속. 세종출판사, 1999년
- 한국민속대사전1. 민족문화사, 1991년
- 장정룡. 강릉의 민속문화. 대신출판사, 1991년
- 경기민속지Ⅲ-세시풍속 · 놀이 · 예술 편, 2000년
- 경상남도 세시풍속, 2002년, 전라남도 세시풍속, 2003년, 전라북도 세시풍속, 2003년
- 김용덕 편. 한국민속문화대사전 하권. 창솔, 2004년

한국세시풍속자료집성-조선전기문집 편, 2004년

韓國의 歲時風俗 I (국립민속박물관, 1997), 韓國의 歲時風俗 (張籌根, 螢雪出版社, 1984)

韓國의 歲時風俗 II (국립민속박물관, 1998), 한국의 두레 (국립민속박물관, 1994)

한국세시풍속자료집성-삼국 · 고려시대 편 (국립민속박물관, 2003)

한국민족문화대백과사전6,9,11,22 (한국정신문화연구원, 1991) 한국 민속의 세계5 (고려대학교 민족문화연구원, 2001)

農家十二月俗詩, 農家月令歌, 穡經, 荊楚歲時記

조선대세시기 I (국립민속박물관, 2003)

세시풍속 (국립문화재연구소, 2001 ~ 2003)

출처. 제공처 정보

한국세시풍속사전 http://folkency.nfm.go.kr/sesi/index.jsp

국립민속박물관 http://www.nfm.go.kr

세시풍습. 풍속(歲時風習. 風俗)에 대한 고찰(考察)

세시풍습

일년을 단위로 해마다 되풀이되는 농경사회의 풍습을 말한다.

해마다 그 계절에 따라 그달 그 시時가 될 때 반복해서 행하는 관습을 세시풍습이라 한다. 우리 조상들은 세시歲時에 맞추어 하는 풍속이다.

일년을 주기로 하는 농사력農事曆이 반영되어 왔으나 농업이 발전하면서 시류에 따라 세시풍속도 점차 바뀌어 왔다.

세시풍속은 음력陰曆의 월별, 24절기, 명절의 내용이 포함되어 의식 및 의례행사도 진행되어 왔다.

농어민과 백성들의 주기적이고 반복적인 삶을 나타내고 시대에 따라 시간관념을 포함한 역법체계曆法體系를 반영하였다.

지방에 따라 남, 북부지방. 산간, 평야지대의 기후와 풍토가 달라 농작물과 시기도 다르며 어촌과 농촌은 지역마다 세시풍속은 달라질 수밖에 없었다.

세시풍속의 역사를 보면 문헌상 조선후기 실학자들이 작성하였다.

태양을 중심으로 돌아가는 지구의 24절기

한식, 단오, 삼복(초、중、말복), 칠석은 24절기가 아니다. 한식은 동지로부터 105일째 되는 날이고, 단오는 음력 5월 5일이며, 초복은 대략 7월 11일부터 7월 19일 사이가 된다. 하지로부터 세 번째로 돌아오는 경일[60개의 간지 중 경(庚)자가 들어가는 날]이 초복이 되고, 네 번째 돌아오는 경일이 중복이다. 그리고 말복은 입추로부터 첫 번째 경일이 되므로 초복과 중복은 열흘 간격이 되고, 중복에서 말복까지의 기간은 해마다 일정하지가 않다. 초복과 중복은 하지를 기준점으로 하고 말복은 입추를 기준점으로 한다.

예로부터 음력 3월 3일(삼월삼진), 음력 5월 5일(오월단오), 7월 7일(칠월칠석), 9월 9일과 같이 월과 일이 겹치는 날은 양기(陽氣)가 가득 찬 길일(吉日)로 여겼는데, 그 가운데 5월 5일을 가장 양기가 센 날이라고 해서 으뜸 명절로 지내 왔다.

지구의 동방이라 말하는 대한민국、중국、일본은 태양력 절기와 태음력 절기를 동시에 사용하고 있다. 그중 한 여름이라 할 수 있는 음력의 6월、7월、8월의 보름을 칭하는 명칭이 각각 이름을 갖고 있다, 음력 6월 15일 보름은 유두. 음력 7월 15일 보름은 백중. 음력 8월 15일 보름은 추석. 유두에는 하루를 놀고 백중에는 이틀을 놀고 추석에는 삼일을 논다고 전한다. 다 같이 일하고 다 같이 쉬는 공동체 문화의 원류인 셈이다.

모내기란 큰 농사일을 마친 후 돌아온 유두에는 올해 새로 수확한 밀、보리로 국수와 전병을 만들어 먹고. 밭에서 난 채소를 더하여 전을 부쳐 먹는 풍습이 전하여 온다.

벼꽃이 한창 피어오르는 백중에는 고되게 퇴비용 풀을 베어 무논에 넣어 논을 기름지게 한 후 여름 대보름처럼 여겨 냇가에서 천렵을 하거나 경주 놀이를 하면서 휴식을 취한다.

곡식과 과일 등이 울긋불긋 산 색감을 드러내면서 익었으니 이제 먹어도 된다는 신호를 보내는 추석에는 식구들하고 친척들하고 함께 모여 한 여름 동안의 수고한 뒤 맛을 느끼면서 즐긴다. 추석이 되면 여자들은 이불 홑청을 다 벗겨 삶아 가을볕에 널어 말리고, 문짝도 떼어다가 묶은 종이와 때를 다 벗기고 수세미로 문살을 문질러 닦은 다음 새 종이를 바르는 등 집안 살림을 대 청소하게 한다.

올벼로 윤기 잘잘 흐르는 밥도 지어 먹고, 콩고물해서 찰떡도 송편도, 토란국도 해 먹는다.

한자 문화권의 다른 명절처럼 중양(重陽)에 드는 때가 많다. 양(陽)이란 수(數)에서 홀수를 가리키며, 중(重)은 수가 겹침을 뜻한다. 이에 따라 중양(重陽)은 1월 1일 및 3월 3일, 5월 5일, 7월 7일, 9월 9일을 가리키며, 특히 음력 9월 9일을 중양절이라 한다. 또한 보름달이 뜨는 날을 명절도 삼은 때도 역시 많아서 1월, 6월, 7월, 8월, 10월의 보름이 명절이다.

이와 같은 명절은 대개 보름마다 한 번씩 있는 절기(節氣)와는 구분되는 것으로 계절에 따라 뜻깊은 날을 정한 것이다. 그러나 오늘날에는 음력 1월의 설과 대보름, 음력 8월의 추석 외에는 대부분 명절의 의미를 잃어가고 있다. 이것은 농경사회에서 산업사회로 옮겨옴에 따라 생겨난 변화라고 할 수 있다.

한국의 명절은, 같은 한자 문화권에 속하는 중국 · 베트남 · 일본의 명절과 겹치는 날이 많다.

1) 설날 음력 1월 1일

정월초하룻날 새벽엔 청참이라는 걸 하는데 새벽에 제일 먼저 들린 소리를 가지고 한 해의 점을 치는데 까치 소리를 들으면 좋은 것, 까마귀 소리를 들으면 안 좋은 것, 사람 목소리를 들으면 그저 평범한 해가 되겠구나라고 생각했다. 북쪽의 함경도 지방에선 목우놀이라고 해서 관아에서 민가까지 나무로 만든 소를 끌고 다니면서 한 해 농사가 잘 되게 해달라고 빌었다 한다. 한편에서는 연날리기를 하면서 갓 깍은 얼레(손자세)는 손에 가시가 박히기도 하지만 오래된 좋은 얼레는 길이 들어서 좋았다. 연놀이는 아주 재밌어 연줄에 사

금파리들을 묻혀서 서로 연줄 끊기를 하였다. 튼튼하고 두꺼운 줄에 꼼꼼하게 밥풀을 짓이겨 묻혀서 곱게 간 사기그릇 가루들을 상대방 모르게 묻혔다.

2)정월正月 大보름 음력 1월 15일. 상원(上元)

정월 대보름은 음력 1월15일로 오기일烏忌日이라고도 하며 한자어로는 상원上元이라고 한다. '상원'은 도교적인 명칭으로 삼원(상원 중원 하원) 중 첫 번째이다. 음력으로 설날이 지나고 첫 보름달이 뜨는 날이다. 대보름날 전날인 음력 14일과 당일에는 여러 곳에서 한해의 풍년과 가족의 안녕 등 새해의 운수에 관한 여러 풍습들을 행하였다.

오곡밥과 나물 부럼을 챙겨 나눠 먹고 한해의 건강과 행운이 함께하며 잡귀를 물리치기를 기원하였다. 한자어로는 '상원(上元)'이라고 한다. 상원이란 중원(中元 : 음력 7월 15일, 백중날)과 하원(下元 : 음력 10월 15일)에 대칭이 되는 말로서 이것들은 다 도교적인 명칭이다. 이날은 우리 세시풍속에서는 가장 중요한 날로 설날만큼 비중이 크다.

달의 움직임을 표준으로 삼는 음력을 사용하는 사회에서는 첫 보름달이 뜨는 대보름날이 보다 더 중요한 뜻을 가져온 듯하다.

우리 나라의 세시풍속에서는 보름달이 가지는 뜻이 아주 강했다. 정월 대보름이 우선 그렇고, 다음의 큰 명절이라고 할 수 있는 추석도 보름날이다. 한반도 북부에서는 단오가 큰 명절이기도 하였으나, 중부 이남에서는 7월 보름인 백중보다도 비중이 작았다. 중부 이남에서는 단오를 그렇게 큰 명절로는 여기지 않았다.

씨름판이나 그네, 또는 백중 장(場) 같은 세시풍속 행사들이 단오보다는 7월 보름에 성했다. 그것은 단오 때는 1년 농사 중 제일 큰일의 하나인 모내기가 아직 끝나지 않은 바쁜 때이고, 백중 때는 김매기도 다 끝나고 가을 추수만을 남긴 한가한 시기라는 농사관계와도 밀접한 관련성을 가지는 결과이다.

이렇듯 달을 표준으로 하는 상원이나 추석은 중국에서도 물론 고대 이래의 중요한 명절이었다. 그러나 당송대(唐宋代) 이래의 기록에 의하면 중국에서의 추석은 한식 · 단오 · 중구(重九 : 9월 9일)보다 규모가 훨씬 작았던 명절이었음을 알 수 있다. 우리나라에서는 신라의 가위[嘉俳] 기록 이래로 중국과는 달리 보름달의 비중이 훨씬 컸던 것을 짐작할 수가 있다.

대보름날의 뜻을 농경을 기본으로 하였던 우리 문화의 상징적인 면에서 보면, 그것은 달-여신-대지의 음성원리(陰性原理) 또는 풍요원리를 기본으로 하였던 것이라 하겠다. 태양이 양(陽)이며 남성으로 인격화되는데 대해서 달은 음(陰)이며 여성으로 인격화된다. 그래서 달의 상징구조는 여성 · 출산력 · 물 · 식물들과 연결된다. 그리고 여신은 대지와 결합되며, 만물을 낳는 지모신(地母神)으로서의 출산력을 가진다.

세시풍속에서 그러한 예를 들면, 우선 동제가 그렇고, 줄다리기 같은 것들도 그 전형이 된다. 동제를 지내는 시일은 약 6,000동의 서면조사 통계로는 정초가 30%, 대보름이 40%, 10월 기타가 30%로서 대보름날이 차지하는 비율이 주류를 이룬다. 그 시간도 대개 자정으로서 1년 열두 달의 첫 보름달이 충천하는 상징적인 시간이 된다. 동제신(洞祭神)도 여신이 남신의 2배를 넘는 주류를 이룬다.

이렇게 첫 보름달이 뜨는 시간에 여신에게 대지의 풍요를 비는 것이 우리 동제의 주류였고 원형이었다고 할 수 있다. 줄다리기도 대부분이 대보름날 행사였다. 즉, 첫 보름달이 뜨는 밤에 행하는 것이 원칙이다. 경상남도 영산의 줄다리기에서는 대낮에 그러한 짓을 하는 자는 없고 해가 져야 이루어진다고 하여, 마치 이것을 성행위처럼 여기는 것이 지방 노인들의 관념이었다.

특히, 암줄(서부, 여자편)과 수줄(동부, 남자편)의 고리를 거는 일을 그렇게 여기는데, 여기에서 암줄편인 여성편이 이겨야 대지에 풍년이 든다는 관념, 그것을 성행위로 여긴다는 관념들은 특히 민간신앙에서는 중요한 요소이다. 그리고 대보름날의 뜻은 이와 같은 행사들의 요점에서 특히 잘 집약된다. 대보름의 뜻, 그것은 한마디로 말하여서 풍요의 원점이 된다.

이러한 대보름날을 설날처럼 여기는 태곳적 관습의 전승은 지금까지도 적지 않게 남아 있다. 150여 년 전의 '동국세시기'에도 "이날 온 집안에 등잔불을 켜놓고 밤을 새운다. 마치 섣달그믐날 밤 수세(守歲)하는 예와 같다"고 되어 있다. 현대의 각 지방 민속조사보고서들에도 이러한 관습들은 뚜렷하게 나타나고 있다.

전라남도에서는 열나흗날 저녁부터 보름날이 밝아야 운수가 좋다고 하여 집안이 환해지도록 불을 켜놓으려고 하며, 배를 가진 사람은 배에도 불을 켜놓는다. 경기도에서도 열나흗날 밤 제야(除夜)와 같이 밤을 새우는 풍속이 있고, 잠을 자면 눈썹이 센다고 해서 잠 안자기 내기를 하는 곳이 있다. 충청북도에서도 열나흗날 밤 '보름새기'를 하는 곳이 여러 곳 있다.

요컨대, 대보름날의 모든 관습들은 달을 표준으로 하던 신년이라는 고대생활의 유습이 계속 강하게 전승되어왔음을 말해주는 것이다. 이웃 나라들과 비교해보면 상원은 중국에서도 한나라 때부터 8대축일(八大祝日)의 하나로 중요하게 여겼던 명절이었다.

그러나 특히 일본에서는 대보름을 '소정월(小正月)'이라 부르고 있고, 지금은 양력화하고 있으면서도 이날을 국가공휴일로 지정하고 있다. 일부의 북유럽나라들의 민속에서는 1월 14일을 1년의 마지막 날이라는 사투리로 부르고 있는데, 이는 대보름날을 신년 제1일로 삼았던 오랜 역법의 잔존이라고 할 수 있다.

우리 세시풍속에서 달이 차지하는 비중은 태양의 비중이 문제되지 않을 만큼 강하고 큰 것이었다. 실제 농경을 위해서는 음력이 한 달씩이나 자연계절에 차이가 생길 수 있기 때문에 보다 계절이 정확한 태양력적 요소인 24절기를 쓰기도 하였다. 그러나 일반 세시풍속에서는 여전히 달의 비중이 결정적이었고, 대보름은 바로 그 대표요 상징적인 날로 여겨져왔던 것이다.

한편, 대보름날에는 절식으로서 약밥 · 오곡밥, 묵은 나물과 복쌈 · 부럼 · 귀밝이술 등을 먹으며, 기풍 · 기복행사로서 볏가릿대[禾竿]세우기 · 복토(福土)훔치기 · 용알뜨기 · 다리밟기 · 나무시집보내기 · 백가반

(百家飯)먹기 · 나무아홉짐하기 · 곡식안내기 등을 행한다. 또한, 이날 행하여지는 농점(農點)으로서는 달집태우기 · 사발재점 · 그림자점 · 달불이 · 집불이 · 소밥주기 · 닭울음점 등이 있다.

이날 행해지는 제의와 놀이로서는 지신밟기 · 별신굿 · 안택고사 · 용궁맞이 · 기세배(旗歲拜) · 쥐불놀이 · 사자놀이 · 관원놀음 · 들놀음과 오광대탈놀음 등이 있다. 그리고 이날에는 고싸움 · 나무쇠싸움 등의 각종 편싸움이 행하여지고, 제웅치기 · 나무조롱달기 · 더위팔기 · 개보름쇠기 · 모기불놓기 · 방실놀이 · 뱀치기 등의 액막이와 구충행사(驅蟲行事)도 행하여진다.

3)영등날 : 음력 2월 1일 중화절 한해 농사를 시작하는 날. 원래 당나라의 명절이다.

• 머슴날 : 음력 2월 1일 또는 음력 7월 7일. 노비일이라고도 하며, 오늘날 노동절과 비슷하게, 주인이 노비에게 하루 휴식을 주고 잔치를 벌여준다. 2월 1일의 경우 하리아드랫날이라고도 부른다.

4)삼짇날 : 음력 3월 3일

*한식: 보통

4월 5일 또는 4월 6일이며, 동지로부터 105일째 되는 날로, 24절기 가운데 하나이다. 음력 2월의 명절로 오해되기도 한다.

5)부처님 오신 날 : 초파일음력 4월 8일

6)단오(端午) 또는 수릿날은 한국 명절의 하나로, 음력 5월 5일이다. 시기 더운 여름을 맞기 전의 초하(初夏)의 계절이며, 모내기를 끝내고 풍년을 기원하는 기풍제이기도 하다.

음력 5월 5일 단오와 관련된 전통적인 행사가 각 지방에서 열린다. 대한민국의 중요무형문화재 제13호로 지정되어 있는 강릉 단오제가 2005년 유네스코가 지정하는 세계무형유산인 '인류구전 및 무형유산걸작'에 선정되었다.

7) 유두 : 음력 6월 15일 두(流頭)는, 한국의 전통 세시풍속의 하나이다. 음력 6월 15일로 맑은 개울을 찾아가서 목욕을 하고, 특히 동쪽으로 흐르는 물에. 머리를 감아 빗은 다음 그 빗을 벼랑에 던져버리면 그 해의 액운을 없애준다고 믿었다.

유두에 대한 기록은 《동국이상국집》(東國李相國集), 《둔촌잡영》(遁村雜詠), 《목은집》(牧隱集) 등 고려, 조선 시대의 문집과 《동국세시기》(東國歲時記)에 두루 보이고 있다.

《신증동국여지승람》(新增東國輿地勝覽) 및 《대동운부군옥》(大東韻府群玉)에서는 고려 명종 때의 학자 김극기(金克己)의 문집을 인용해 "경주 풍속에,

6월 보름에 동쪽으로 흐르는 물에 머리를 감아 불길한 것을 씻어 버린다. 그리고 계음(禊飮)을 유두연(流頭宴)이라 한다."라 하여 신라 시대의 풍속으로 설명하였다.

1년 열두 달의 풍속을 노래한 고려가요 《동동》에서도 "六月ㅅ 보로매 아으 별해 바룐 빗 다호라/것거 바리신 後에 디니실 한 부니 업스샷다"(6월 보름에 벼랑에 버린 빗 같아라/꺾어 버려진 뒤로는 다시 주워 가질 사람이 없네)라는 구절이 있어, 고려 시대에는 이미 수릿날과 함께 보편적인 명절로 자리잡고 있었음을 알 수 있다.

《고려사》(高麗史)에는 유두음(流頭飮)에 대해 "명종 15년 6월 계축일(14일)에 왕이 봉은사에 행차하였다. 병인일(15일)에 시어사(侍御史) 두 사람이 환관 최동수(崔東秀)와 함께 광진사에 모여서 유두음을 하였다. 당시 우리 나라 풍속에는 6월 15일에 동쪽으로 흐르는 물에 머리를 감음으로써 좋지 못한 일을 제거한다고 했으며, 이로 인해 모여서 술을 마셨는데 이것을 유두음이라고 하였다."라는 기록이 있다.

조선 시대의 학자 정동유(鄭東愈)는 《주영편》(晝永編)에서 우리나라 명절 중에 오직 유두만이 고유의 풍속이고, 그밖의 것은 다 중국에서 유래한 날이라고 단정지어 말했다.

* 복날 : 음력 6월에서 7월 사이에 있는 세 번의 절기로서 초복 중복 말복 경일(庚日)이다.

8) 칠석 : 음력 7월 7일

칠석(七夕)은 한국, 중국, 일본 민간전설의 견우와 직녀 전설에서 견우와 직녀가 1년에 한 번 만나는 날로, 칠석날로도 불린다. 한국, 중국, 대만 등에서는 음력 7월 7일이지만, 일본은 양력 7월 7일이다.

이날은 은하수 동쪽에 있는 견우와 서쪽에 있는 직녀가 까마귀와 까치가 놓은 오작교(烏鵲橋)에서 1년에 한 번 만나는 날이라고 전하여진다. 이날 민간에서는 명절 음식으로 밀국수, 밀전병, 호박부침, 백설기 등을 만들어 먹었다고 한다. 처녀들은 견우와 직녀 두 별을 보고 절하며 바느질 솜씨가 늘기를 기원하고, 많은 사람이 이날 밤 견우와 직녀를 소재로 삼아 시를 짓기도 한다.

'칠석'의 명칭이 시경(詩經)에 처음 등장하여, 춘추전국시대 이전부터 존재했음을 알 수 있다. 견우직녀에 관한 전설은 한국, 중국, 일본 모두 비슷하다.

전설

옛날 하늘의 목동인 견우(牽牛)와 옥황상제의 손녀인 직녀(織女)가 서로 사랑에 빠져 일은 않고 게으름을 피우자, 화가 난 옥황상제는 그들 두 사람을 은하수 동쪽과 서쪽으로 갈라 놓았다. 두 남녀가 애타게 그리워하는 모습을 보다 못한 까치와 까마귀들이 매년 7월 7일 밤(칠석)이 되면 옥황상제 몰래 하늘로 날아가 서로 머리를 맞대는 다리를 놓아 두 사람을 만나게 해 주었다. 그래서 까치와 까마귀는 모두 머리가 벗겨지고, 이 날 저녁에 두사람이 만남을 기뻐하는 눈물이 비가 되어 내리며, 다음날에는 이별을 슬퍼하는 눈물이 비가 되어 내린다고 한다.

평안남도 대안시 덕흥리의 5세기초 고구려 광개토왕 시대의 고분 안쪽 벽화에 견우와 직녀가 그려졌다.

여자들은 직녀성에 바느질 솜씨가 늘기를 빌었고. 아이들은 견우와 직녀를 소재로 시를 지었다. 한편에서는 옷과 책을 볕에 말린다.

칠석날 새벽에는 참외, 오이 등의 1년생 과일을 상에 놓고 절하며 솜씨가 늘기를 빈다.

북두칠성에 장수와 복을 빌기도 했다.

경상북도 영일에서는 바닷물이 약수가 된다고 여겨 멱을 감는다.

칠석날은 신이 내려와서 수확량을 정해준다고 여겨 아침 일찍 들에 나가지 않거나 집안에서 근신한다.

민간에서는 명절음식으로 밀국수 · 호박부침 등을 만들어 먹었다고 한다.

9) 백중날 : 음력 7월 15일. 중원(中元) 백중, 백종, 망혼일, 중원

조상의 혼을 위로하는 제사

백중날, 백중(百中 또는 百衆)은 백종(百種), 망혼일(亡魂日), 중원(中元)이라고도 하며, 음력 7월 15일이다. (중국 남부지방에서는 음력 7월 14일)

이 무렵에 갖가지 과일과 채소가 많아 100가지 곡식의 씨앗을 갖추어 놓았다고 하여 생긴 이름이다. 또한 돌아가신 조상의 혼을 위로하기 위하여 음식 · 과일 · 술을 차려놓고 천신(薦新)[1]을 하였으므로 "망혼일"이란 이름으로 불리기도 하였다. 승려들은 이날 각 사찰에서 재(齋)를 올리며 농촌에서는 백중날을 전후하여 백중장(百中場)이라고 하는 장이 섰다. 머슴이 있는 집에서는 이날 하루를 쉬게 하였으며, 지방에 따라서는 차례를 지내고 산소를 찾아 벌초와 성묘를 한다. 백중날은 대부분 일손을 놓고 하루 쉬지만 제주도 지방에서는 오히려 바다에 나가 일을 많이 한다. 백중날에 살찐 해산물이 많이 잡힌다고 믿기 때문으로, 이날 잡힌 해산물을 가지고 한라산에 올라가 산신제를 지내기도 한다. 불교에서는 지옥과 아귀보를 받은 중생을 구제하는 우란분회(盂蘭盆會, 우라본)라는 법회를 연다.

백중은 불교가 융성했던 신라, 고려 시대에는 일반인까지 참석하여 우란분회를 열었으나, 조선 시대 이후로는 사찰에서만 행해져서 오늘날 대한민국에서는 그 풍습이 많이 소멸되었다. 반면 중국과 일본 그리고 베트남에서는 아직도 비교적 백중날을 성대하게 지내는 관습이 있다. 오늘날 일본에서는 음력을 쓰지 않아 오늘날에는 양력 8월 15일 경, 오본과 결합하여 제사를 지내고 절에 참배하는 사람이 많다. 중국에서는 악귀를 쫓는 제사를 크게 지내는데, 추석 한 달 전의 행사로 유명하며, 이는 서양에까지 소개되어 영어권에서도 "Ghost Festival" 등의 이름으로 차이나 타운 등지에서 행해져 상당히 그 이름이 널리 알려져 있다.

10) 추석(秋夕) : 음력 8월 15일

설날과 더불어 한국인에게 전통적으로 가장 중요한 명절이다. 중추(仲秋), 중추절(仲秋節), 가배일(嘉俳日), 한가윗날 등으로도 부른다. 가을 추수를 끝내기 전에(조선시대 추수는 음력 9월) 덜 익은 쌀로 만드는 송편과 햇과일로 조상들께 감사의 마음으로 차례를 지내며, 특히 송편은 추석에 먹는 별미로 들 수 있다. 추석에는 일가친척이 고향에 모여 함께 차례를 지내고 성묘를 하는 전통이 있다. 이 때문에 해마다 추석이 오면 전 국민의 75%가 고향을 방문하여 전국의 고속도로가 정체되고 열차표가 매진되는 현상이 벌어지는데, 이를 흔히 '민족대이동'이라고 부른다. 추석의 날짜는 하지로부터 73일째 경과한 시점으로 정했다.

우리나라는 추석의 전날(음력 8월 14일)부터 다음날(음력 8월 16일)까지 3일이 공휴일이다.

추석에는 널뛰기, 제기차기 등의 놀이를 한다.

유래

추석이 언제부터 행해졌는지는 정확하게 알 수 없으나 신라에 이미 있었던 것으로 보아 삼국시대 이전에 시작되었을 것으로 추측된다. '한'이란 '크다'라는 뜻이고 '가위'란 '가운데'를 나타내는데, '가위'란 신라 시대 때 여인들이 실을 짜던 길쌈을 '가배(嘉排)'라 부르다가 이 말이 변해서 된 것이다. 추석의 유래는 여러 가지가 있는데, 신라의 제3대 왕 유리 이사금 때 벌인 적마경기(績麻競技)에서 비롯하였다는 이야기가 있다. 《삼국사기》에는 다음과 같이 이야기가 기술되어 있다.

왕이 6부를 정하고 나서 이를 반씩 둘로 나누어 왕의 딸 두 사람으로 하여금 각각 부(部) 안의 여자들을 거느리고 무리를 나누어 편을 짜서 가을 음력 7월 16일부터 매일 아침 일찍 큰 부(大部)의 뜰에 모여서 길쌈을 하도록 하여 오후 10시경에 그치는데, 음력 8월 15일에 이르러 그 공적의 많고 적음을 헤아려 진 편은 술과 음식을 차려서 이긴 편에게 사례하였다. 이에 노래와 춤과 온갖 놀이를 모두 행하는데 그것을 가배(嘉俳)라 하였다. 이 때 진편에서 한 여자가 일어나 춤을 추며 탄식해 말하기를 "회소 회소"라 하였는데, 그 소리가 슬프고도 아름다워 후대 사람들이 그 소리를 따라서 노래를 지어 회소곡이라 이름 하였다.

嘉俳의 당시 발음이 '가배'와 얼마나 일치하는지는 알 수 없지만, 이로부터 중세 한국어의 'ᄀᆞᄇᆡ'와 지금의 '(한)가위'라는 이름이 온 것으로 보인다. 또 다른 의견은 대략 10월경에 벌어지는 동명제에서 비롯되었다는 이야기이다. 한편, 일본의 역사책 《일본서기》에 따르면, 신라가 삼국을 통일한 날을 승전일로 기념하여 즐겁게 보냈다고 한다.

풍습

추석에는 추석빔을 입고 햅쌀로 빚은 송편과 여러 가지 햇과일 · 토란국 등 음식들을 장만하여 추수를 감사하는 차례를 지낸다. 또한 맛있는 음식을 이웃과 다정하게 나누어 먹으며 즐거운 하루를 보낸다. 아무리 가난하고 어렵게 사는 사람도 함께 음식을 나누어 먹으며 즐겁게 보냈으므로 "1년 열두 달 365일 더도 말고 덜도 말고 한가위만 같아라"라는 말도 생겨났다. 온갖 곡식이 무르익는 결실의 계절로서, 가장 밝은 달밤이 들어 있으며, 조상의 은혜에 감사하는 뜻으로 성묘를 드린다.

추석 때는 여러 가지 행사가 펼쳐지며 놀이가 벌어진다. 소싸움 · 길쌈 · 강강술래 · 달맞이 등을 한다. 농악을 즐기는가 하면 마을 주민들끼리 편을 가르거나 다른 마을과 줄다리기를 한다. 잔디밭이나 모래밭에서는 씨름판이 벌어지는데, 이긴 사람은 장사(壯士)라 하여 송아지 · 쌀 · 광목 등을 준다. 전라남도 서해안 지방에서는 추석날 달이 뜰 무렵 부녀자들이 공터에 모여 강강술래를 하였으며, 닭싸움 · 소싸움도 즐겼다고 한다. 추석은 추수기를 맞이하여 풍년을 축하하고, 조상의 은덕을 기리며 제사를 지내고, 이웃과 더불어 따뜻한 마음을 나누는 한국 최대의 명절이다.

11) 중양절 : 음력 9월 9일

중양절(重陽節)은 한국, 중국, 베트남, 일본 등 동아시아 지역에서 매년 음력 9월 9일에 지내는 세시 명절로, 시를 짓고 국화전을 먹고 놀았다.

설명

1년 중 홀수가 두 번 겹치는 날에는 복이 들어온다고 하여 음력 1월 1일, 5월 단오(5일), 7월 칠석(7일) 등을 명절로 지내왔다. 중양절이 되면

산에 올라가 국화주를 마시며 시를 읊거나 산수를 즐기기도 하였다. 또한 가정마다 화채를 만들어 먹고 국화전을 부쳐 먹기도 하였다. 이날 제비들은 따뜻한 강남을 향해 떠나고 뱀과 개구리는 겨울잠을 자기 위해

땅속으로 들어간다.

유래

옛날 중국의 어느 마을에 신통력을 지닌 장방이란 사람이 살았다. 어느날 장방이 환경이란 사람을 찾아와 "9월 9일 이 마을에 큰 재앙이 닥칠 것이니 식구들 모두 주머니에 수유꽃을 넣었다가 팔에 걸고 산꼭대기로 올라가라"고 하였다. 환경이 장방의 말대로 식구들을 데리고 산에 올라가 국화주를 마시며 놀다가 이튿날 집에 내려와 보니 집안의 모든 가축들이 죽어 있었다. 그후부터 중양절이 되면 산에 올라가는 풍습이 생겼다고 한다.

* **말날(馬日,** 음 10월 첫째 오(午)일)

말[馬]은 아주 요긴하며 소중한 짐승이다. 타고 달리던 시절은 더 말할 나위 없지만 짐 싣고 수레 끌고 농사일 거들어 주는 것도 적지 않다.

음력 10월의 말날(馬日, 이를 午日이라부른다)을 명절로 하고 있다. 이날은 성주풀이, 성주제(城主祭)라 하여 각 가정 단위로 제천행사, 추수감사를 했는데 무오(戊午)일이 오일(午日:甲午,丙午,戊午,壬午)중에 최고 길일(吉日)이라고 했다.

시월 달 처음 드는 말날에 마구간에 떡시루 차려놓고 고사를 지내기도 한다. 말이 병없이 새끼 잘 낳고 주인 말 잘 듣도록 해달라고 기원한다. 이를 마제(馬祭)라 부른다.

조선시대 《시용향락보(時用鄕樂譜)》에 마제시에 부르는 노래인 [군마대왕(軍馬大王)]이 전하고 있다.

10월의 오일(午日) 중에서도 무오(戊午)일을 상마일(上馬日)로 친다. 무성하다는 의미로 받아들였기 때문이다.

병오(丙午)일이 첫 번째 들 때는 고사 지내지 않았다. 병자가 질병, 병(病)자와 유사하다는 데 유래되었다.

12) 시월보름. 하원(下元- 歲祭, 음력 시월 보름날)

음력 시월 상달의 보름날은 하원(下元)이라 하여 시제를 지낸다. 지방이나 문중에 따라 날짜에는 약간의 차이가 있다.

조상신은 5대까지만 사당에서 지내고 그 이전 조상님들은 가을에 한꺼번에 모시고 제를 지낸다. 이것이 시제, 세제(歲祭)이다. 5대가 지났어도 부조모나 불천위(不遷位)는 신주를 그대로 모셔야 되므로 예외이다.

시제에는 외지에 나가 영달한 후손까지 모여서 오랜만에 일가친척들이 단란한 시간을 보낼 수 있고, 어쩌다 만나 서먹해진 분위기도 조상자랑에 얘기꽃을 피우며 누그러진다. 단란한 시간이기도 하지만 문중의 역사를 젊은이들에게 자연스럽게 전습시키는 교육의 도량이 되기도 한다.

문중에는 한 두사람, 예의 작법에 잘아는이가 있어 어른을 뵙거나 제례에서의 행동거지와 예법을 한가지씩 지적하며 일러준다. 학교에서 배울 수 없는 산 교육이 그렇게 실시된다.

그러나 요즘은 시대가 변하여 젊은층들이 바쁘거나 하여서 참석율이 저조하다.

13) 동지(冬至) 동지는 스물두 번째 절기로서, 양력에서는 12월 21일 또는 22일이며, 음력에서는 동지가 드는 달을 11월(동짓달)로 한다. 대설(大雪)과 소한(小寒) 사이에 들며, 태양이 남회귀선, 곧 적도 이남 23.5°인 동지선(冬至線)에 이르는 때이다. 이때 태양은 가장 남쪽에 위치하는데, 중국, 대한민국, 독일 등과 같은 북반구에서는 낮의 길이가 가장 짧고 밤이 가장 길며, 남반구에서는 낮의 길이가 가장 길고 밤이 가장 짧다. 추위는 대략 이 무렵부터 강력해지기 시작한다.

동지 팥죽

동지섣달 먹는 한국의 전통음식으로 찹쌀을 동그랗게 빚어 만든 새알이 들어갈 때도 있다. 옹심이, 옹시래미라고도 하는데 이는 경기 방언이다. 새알심이라고도 하며 나이수에 맞는 개수를 한개당 나이수에 맞게 씹어야 복이 잘 온다고 한다

팥을 주재료로 하여 만든 죽. 동지에 귀신과 액운을 쫓아내기 위해 팥죽을 먹는 풍속이 있다. 우리나라뿐만 아니라 옆나라 일본과 중국, 베트남에서도 만들어 먹으며, 쩨(chè)라는 팥죽 비슷한 것이 존재한다.

* 강신일(降神日) : 음력 10월 중 천신이 내려왔다는 날.

* 납일(臘日) : 동지 뒤의 셋째 미일(未日). 납향일(臘享日) 또는 납향날, 납평(臘平), 납(臘)으로도 불린다. 납향은 농사 등의 일을 천지신명에게 고하는 제사이다.

14) 섣달그믐 : 음력 12월 29일 또는 30일. 섣달그믐 이튿날이 설날이

기 때문에 오늘날에는 주로 설 연휴의 첫째 날이다. "까치 설날"이라고도 부른다. 섣달그믐날 밤에는 어머니를 중심으로 모여서 설음식을 준비하면서 옛날이야기를 해달라고 조르면 어머니는 잠을 자면 눈섭이 하얏게 된다며 소금장수이야기를 시작하곤 했는데, 듣고 또 들어도 우리들은 재미있어 했다.

또한 설날과 복날, 납일을 아울러 "세시복랍"(歲時伏臘)이라고도 부른다.

참고문헌

- 任東權. 韓國歲時風俗研究. 集文堂, 1985년. 전라남도 세시풍속, 2003년
  韓國民俗綜合調査報告書-(文化財管理局, 1969~1981)
- 이은성. 曆法의 原理分析. 正音社, 1985년
- 東醫寶鑑, 成宗實錄, 世宗實錄, 禮記, 太宗實錄, 漢書
- 金星元. 韓國의 歲時風俗. 明文堂, 1987년
- 高麗史, 本草綱目, 增補文獻備考, 增補山林經濟, 四時纂要. 三國志, 東國歲時記, 洌陽歲時記
  民俗誌, 1989년, 濟州道誌3, 1993년, 洪城의 民俗, 1994년
- 황경숙. 부산의 민속문화. 세종출판사, 2003년
- 진성기. 南國의 民俗. 교학사, 1980년
- 김승찬. 부산지방의 세시풍속. 세종출판사, 1999년
- 한국민속대사전1. 민족문화사, 1991년
- 장정룡. 강릉의 민속문화. 대신출판사, 1991년
- 경기민속지Ⅲ-세시풍속 · 놀이 · 예술 편, 2000년
- 경상남도 세시풍속, 2002년, 전라남도 세시풍속, 2003년, 전라북도 세시풍속, 2003년
- 김용덕 편. 한국민속문화대사전 하권. 창솔, 2004년

한국세시풍속자료집성-조선전기문집 편, 2004년

韓國의 歲時風俗 I (국립민속박물관, 1997), 韓國의 歲時風俗 (張籌根, 螢雪出版社, 1984)

韓國의 歲時風俗 II (국립민속박물관, 1998), 한국의 두레 (국립민속박물관, 1994)

한국세시풍속자료집성-삼국 · 고려시대 편 (국립민속박물관, 2003)

한국민족문화대백과사전6,9,11,22 (한국정신문화연구원, 1991) 한국 민속의 세계5 (고려대학교 민족문화연구원, 2001)

農家十二月俗詩, 農家月令歌, 禮經, 荊楚歲時記

조선대세시기 I (국립민속박물관, 2003)

세시풍속 (국립문화재연구소, 2001~2003)

출처. 제공처 정보

한국세시풍속사전 http://folkency.nfm.go.kr/sesi/index.jsp

국립민속박물관 http://www.nfm.go.kr

참고자료

[출처]음력 6 · 7 · 8월 보름이란 이름은?#금강석|작성자금강석. 이예지 기자

위키백과, 우리 모두의 백과사전

글로벌 세계대백과사전», 다음www.daum.net.

제주의 항 · 포구 등을 찾아서

1. 삼별초의 최후 격전지(항 파두리)

우리는 제주도를 '이국적異國的(다른 나라 같다)이다' 라고 말한다.

요즘은 비행기로 서울, 광주에서 한 시간, 여객선으로 목포, 부산항에서 6시간이면 갈 수 있다.

광주공항에서 미리 예약한 10시 30분 아시아나 항공편에 몸을 실었다. 제주공항에 도착하여 렌트 카 회사 셔틀버스를 이용 승용차를 3일간 빌렸다. 계약서에 서명하고 직원의 설명과 함께 자동차 키를 건네받아 출발하였다.

고교 시절 수학여행을 시작으로 자주 가는 제주여행이고 여러 가지 목적으로 제주를 방문하는데 이번 여행은 제주의 항구와 포구를 답사하고 싶어 계획을 세웠다. 맨 먼저 언젠가 글을 쓴 적이 있는 삼별초의 항몽 제주유적지를 다시 찾아 나서기로 했다. 750년 전 삼별초군들이 진도에서 밀려 제주까지 와서 벌어진 전쟁의 기록과 현장을 보고 싶었다.

사적 제396호 제주항 파두리항 항몽유적지(제주시 애월읍 애월리)는 제주 공항에서 가까운 곳에 위치하고 있었다.

몽골제국은 기병 중심의 강한 군사력과 빠른 기동력 활을 이용한 적절한 전술을 활용 중국 등 세계를 점령하였다. 그러나 몽골은 남송과 일본을 정복하지 못하여 바닷길의 요충지인 제주를 전략기지로 활용하기 위하여 1231년부터 고려를 침략하였다.

1270년 100여 년 이어온 무신정권의 몰락과 몽골과의 강화조약으로 전쟁을 끝내고 고려 왕정의 개경 환도의 강화정책에 반기를 들고 항몽을 내세운 삼별초가 등장 또 다른 전쟁이 시작되었다.

1270년 6월 승화 후 온을 새로운 왕으로 삼고 배중손 장군을 중심으로 대몽항전을 전개 강화도에서 진도로 남하한 후 1271년 5월 진도 함락 후 김통정 장군과 남해도의 유존혁 장군이 80여 척의 선단을 이끌고 합류하여 최후 항전지 제주에 상륙 이문경 부대와 합류 항파두리에 마지막 보루를 구축한 후 재기의 발판으로 삼으려 했다.

항파두리는 제주의 북서부 쪽의 바다가 한눈에 보여 출몰하는 전선을 발견하는 조망권을 확보하고 제주도로 진입하는 적군의 관측이 용이하고 좌우로 고성천과 소왕천의 하천을 끼고 깊은 계곡 안에 자리한 천연적 요새이다. 풀이 많은 제주에 비교적 풍부한 음용수와 축성하고 기와를 만들 수 있는 알맞은 토양이 분포되어 있었다.

1270년(원종11) 11월 3일 이문경 부대가 제주 명월포에 상륙하여 관군과 송담천에서 전투 승리 제주도내 거점확보, 1273년 김통정 장군의 항쟁을 정벌하기 위하여 개경 왕정의 요청과 일본 정북의 거점으로 삼으려는 몽골은 정벌을 서두르게 되었다. 정부군의 김방경과 몽골의 흔도, 홍다구의 병선 160척과 1만 2천여 명의 병력은 1273년 중.우.좌군 등 3군으로 나뉘어 양 동작전으로 제주 함덕포와 비양도와 명월포, 애월포로 진격하여 항파두성을 공격, 함락하기 직전 김통정장군은 70여 명을 이끌고 한라산으로 탈출하고 나머지는 항복하였다.

경재출발 20여 일 만에 여몽 연합군은 항파두성을 함락, 김통정 장군은 한라산 기슭 붉은 오름에서 자결하였다. 31개월 동안 벌어진 삼별초의 제주 항몽 활동은 끝을 맺고 1273년 제주도는 몽골의 직할령이 되었다.

몽골은 제주를 탐라로 개칭하고 '탐라주초토사'를 설치, 육지부의 화극과 서경(개경)은 토착세력을 통한 간접 지배를 하고 제주는 관부설치와 관인을 파견하여 직접 지배한다.

몽골은 남송정벌을 위한 병참 및 전초기지를 건설하기 위하여 몽골말 160 마리를 가져와 성산읍 수산리 일대에 방목, 일본 정벌을 위한 병선을 건조하고 탐라의 물자를 본국으로 실어 나르기 위해 나주와 해남 방면에 역참을 설치하였다. 그러나 두 차례의 일본 정벌 실패와 쿠빌라이 칸 사망 후 고려에 잠시 귀속되기도 했으나 100여 년간 제주도 몽골의 직간접적인 영향권 아래 커다란 변화를 겪게 되었다.

공민왕 5년(1356년) 기철(기황후 오빠)등 몽골을 따르던 부원배와 그 일파를 격멸하자 반원정책에 반기를 든 제주 목호세력과 고려가 여러 차례 맞부딪히는 현장이 된다.

1370년 고려는 명나라와 수교를 수립한 후 제주처리 문제를 다룬 '탐라계품표'를 보낸다. 몽골이 방목하던 말 등은 탐라면이 기르고 명에 바치며 목호를 고려의 양민으로 삼겠다고 하였으나 1371년 명나라에 바칠 말을 가지러 관리를 보냈으나 목호의 반발 등으로 겨우 4마리의 탐라 말을 명에 보내니 명의 불신과 압박이 가중되었다.

공민왕은 제주말을 빌미로 명나라가 침공할까봐 노심초사하게 되었다. 1374년 명나라의 제주말 2천 필 요구에 복호가 반발하여 3백 필의 말을 제공하나 거듭된 명나라의 요구와 압박으로 공민왕은 제주정벌을 결정하고 최영 장군을 필두로 출정군을 전함 314척과 정예군 2만 5천 5백여 명의 대병력을 편성한다.

제주의 목호는 방어군으로 기병 3천여 명과 수많은 보병으로 명월포에 포진한다.

1374년 8월부터 명월포에 상륙한 출정군은 새별오름, 법환포구, 법성 등지로 한 달여간 밤낮으로 치열한 전투를 치뤘다.

범섬에서 목호 수뇌부가 투신자살하고 항복과 처형을 하여 성안 잔당은 평정하니 25일 동안 제주는 '칼과 방패가 바다를 뒤덮고 간과 뇌는 땅을 가렸다'고 표현할 정도로 치열한 전쟁터로 변했으며 100여 년간의 몽골 지배도 종식됐다.

아직까지도 몽골의 흔적은 곳곳에 남았다. 대규모 목마장은 조선 세종 때부터 10소장과 잔성을 설치하였으며 제주를 '말'의 고장으로 명성을 떨침으로 100여 년 동안 몽골족과 제주 사람들의 교류는 직간접적으로 생활문화에 영향을 끼쳐 고소리 술과 빙떡, 상애떡 등은 제주의 전통음식으로 자리 잡았다.

참고자료『제주항파두리 삼별초 항재의 역사(2018,11. 제주 애월읍)』

유적지는 1977호국정신 함양목적으로 석성인 내성 9천여펴의 경내에 항몽순의비 세움. 애월항(涯月港)제주시 애월읍(연안항) 구름은 오락가락 바다는 은빛으로 너울거린다.

삼별초는 애월포에 묵성을 축조했다. 목성은 목책성이라고 한다. 성곽의 가장 원초적 형태이다. 여름철에도 남서품의 영향을 받고 겨울철에는 북서풍의 영향을 받으며 연평균 강수량은 1,339mm, 강우일 131

연안화물 수송지원 및 제주항 보조기능을 갖추어 소형 어선 계류 및 피항 시설을 확보 1998년 3월 애월항 접안시설 착공(해안선이 잘 발달되어 한반도의 해상교통이 활발히 이루어졌던 곳이다.)

면적은 14,821㎡ 안벽494m 물양장494m 방파제940m 야적장 14,821㎡ 접안능력 1천톤급 6척 1,000 DWT 하역능력52먼 2천근 수용능력 2만 6,642t

애월포, 애월초 (애월진성) 주요 취급화물 일반생활 철수품과 모래

애월은 항파두리 성에 연결되는 중요한 포구이었기에 목책을 둘러 방어시설을 한 것으로 본다. 삼별초의 수조 병력의 거점 외부로부터 공격에 대비하고 군수물자를 실어 날랐다.

참고문헌『2009국토해양통계민보(국토해양부2009)』

애월진성은 삼별초와 여몽 연합군들의 전투가 치열하게 벌어진 곳이다.

한국민족문화대백과사전 유적으로는 여몽연합군에 맞서 장렬히 전사한 삼별초의 혼이 깃든 장수 물과 장수 묘가 남아 있다.

우리나라 항구는 무역항 31개항, 연안항 29개항(2013)이며 제주의 항구는 무역항 2개(제주, 서귀포 항) 연안항 5개(추자, 애월, 한림, 화순성산포항) 합이 7 군데이다. 우리나라 최대 항구는 부산항이며, 동해안은 울산항, 서해안은 인천항이다.

제주의 항 · 포구 등을 찾아서 1

(머리글) 제주도

제주의 고대이름은 '탐라'이며, 서양 사람들에게는 제주도에 난파한 네덜란드 선박의 이름에서 유래된 'Quelpart'라고 알려지기도 했다. 이미 초기 신석기 시대(약 1만여 년 ~ 8천 년 전)부터 현생 인류가 거주했던 것으로 보이며, 섬이라는 지리적 특징으로 독특한 삼성(三姓)신화가 존재한다. 본격적으로 탐라국이 성립된 시기는 삼국시대에 와서이고 백제와 신라의 속국이 되었다가, 고려 숙종 때(1105년), 군주제가 폐지되고 '탐라국'으로써 고려의 행정구역이 되었다. 1294년 탐라는 제주로 이름이 바뀌었고, 삼별초의 난 이후에는 원나라의 직할지가 되기도 하였다. 이후 조선시대와 일제강점기를 거쳐 1948년에는 남로당 무장투쟁으로 빚어진 4.3 사건으로 인해 2만5천~3만 명으로 추정되는 많은 주민이 희생되었으며, 한국전쟁 때는 북한군에 잠시 점령되기도 했다. 2006년 제주도는 특별자치도로 지정되어 고도의 자치권을 보장받게 되었다.

제주특별자치도 제주시에서 선박의 출입 및 사람이 타고 내리거나 화물을 선박에 싣고 내릴 수 있는 시설.

[개설]

항만법 제2조에 의해 항만은 크게 지정 항만과 지방 항만으로 구분된다. 지정 항만은 국민 경제와 공공의 이해에 밀접한 관계가 있는 항만으로서 대통령령으로 그 명칭, 위치 및 구역이 지정된 항만을 말한다. 지방 항만은 지정 항만 외의 항만으로서 서울특별시장, 광역시장 또는 도지사가 그 명칭, 위치 및 구역을 지정, 공고한 항만을 말한다.

지정 항만은 주로 원양 구역을 항해하는 선박이 입 · 출항하는 무역항과 연안항 2종류가 있다. 이와는 별도로 어항법 제2조에 의해 이용 범위가 전국적인 어항 또는 도서, 벽지에 소재하여 어장의 개발 및 어선의 대피에 필요한 국가 어항, 어촌의 생활 근거지가 되는 소규모 어촌 정주 어항이 있다.

[입지적 배경]

제주도는 굴곡된 만이 적어 선박의 출입에 적합한 곳이 많지 않다. 이로 인해 제주도의 어항은 단순히 선박이 정박하는 차원을 넘어서 어촌의 사회적, 경제적, 문화적 활동이 종합적이고 복합적으로 일어나는 어촌의 중심지이며, 어촌의 생산 공간인 어장과 생활공간인 마을을 연결하는 공간이기도 하다.

특히 제주도의 경우 풍파가 심한 지역적 특성 때문에 타 지역보다 어항 시설의 중요성은 매우 크다. 따라서 어촌 지역에 있어서 어항의 입지와 시설 상태는 어촌의 어업 기반에 대한 대표적인 지표임과 동시에 주민의 생활환경을 가늠하는 기준이 된다.

그럼에도 불구하고 우리나라의 어항간 거리는 일본에 비하여 매우 떨어져 있으며, 어항이 입지하고 있더라도 비교적 소규모로 조성되어 있어 대형 어선들의 정박지로써의 기능이 비교적 적은 편이다.

이와 같이 우리나라의 어항 개발은 저급한 수준임에도 불구하고 수산부문 예산 중 어항 부문의 예산의 비중이 지속적으로 낮아지고 있다. 이러한 투자의 부족은 태풍 혹은 폭풍으로 인한 만성적 어선 피해를 유발하고 있으며, 제주도의 경우 어선의 기업화, 집단화에 의한 경영 합리화를 저해하는 간접적인 요소로도 작용하고 있다.

현재 제주시 내에는 무역항인 제주항을 비롯하여 연안항으로는 한림항, 애월항, 추자항 등 3개항과 국가 어항으로는 김녕항, 신양항, 도두항의 3개소가 있다. 이 밖에도 지방 어항으로 종달항, 세화항, 조천항, 신창항, 우도항, 귀덕1리항, 하귀항, 고산항, 화북항 등 9개소가 있으며, 어촌 정주 어항으로는 육지 37개소와 도서 10개소를 합쳐서 총 47개소가 있다.

주요 항만의 현황을 보면, 우선 무역항인 제주항은 제주시 북부 중앙부에 위치한 관문항으로서 1927년 5월에 개항된 이래 관광항이자 제주지역의 물류 중심항으로서 현재까지 지속적으로 개발이 진행되고 있다.

제주항은 8개의 부두에 카페리 여객선, 화물선, 유조선, 유람선 등이 이용하고 있으며 선박 24척이 동시에 접안할 수 있다.

연안항인 한림항은 제주시 한림읍에 있는 연안항으로서 제주도 북서쪽, 제주항에서 서쪽으로 17.8마일 떨어진 곳에 있는데 주로 모래, 시멘트, 감귤 등 제주 서부 지역의 연안 화물을 처리하고 있다.

애월항은 제주도 북서부 지역의 중앙에 위치해 있으며, 1971년 제1종 어항으로 지정되어 운영하다가 1995년 12월에 연안항으로 변경 지정 된 후 화물 부두 건설이 활발히 진행되어 제주 북부 지역 개발을 위한 모래, 시멘트 등의 건자재 운송 기지 역할을 수행하고 있다.

추자항은 추자면에 있는데 한반도와 제주도와의 중간에 해당하여 제주도에서 45㎞ 떨어진 북쪽에 위치해 있다. 1971년 12월 제3종 어항으로 지정되어 운영되다가 1998년 2월에 연안항으로 변경 지정되어 현재에 이르고 있다.

주요 국가 어항들을 살펴보면, 도두항은 제주시 서쪽에 위치한 도두봉 아래에 있는 작은 어항으로서 마을의 지형이 마치 섬의 머리와 같다는 뜻에서 처음 도두라고 하다가 뒤에 개칭되었다.

김녕항은 제주시 동쪽 김녕리에 있는 국가 어항으로서 2003년까지 방파제 850m가 축조되고 물양장이 동 · 서로 310m, 호안 130m가 조성되는 등 현재 항만 개발이 대부분 완료되었다.

신양항은 제주도에서 북쪽으로 43㎞ 떨어진 추자면 신양리에 있는 국가 어항으로서 1971년 제3종 어항으로 지정되어 운영되다가 2001년 국가 어항으로 명칭이 변경되어 현재에 이르고 있다. 신양항은 남동쪽으로 개방되어 있어 이 방향을 제외한 모든 바람을 피할 수 있기 때문에 기상 악화에 따른 여러 어선들의 피항에 적절한 지리적 구조를 가지고 있다.

1. 제주항(濟州港)

제주특별자치도의 제주시 건입동에 있는 관문항이며 국제관광항으로, 항만법상 무역항이다.

섬의 북부 중앙에 위치하고 있는 제주항은 1927년 7월에 개항하였으며, 제주지역의 물류중심지이며 관광지원항으로 기능하고 있다. 제주항의 형성 기원은 2000여 년의 역사를 지닌 건입포(建入浦)로서 건입포는 산지천이 바다로 들어가는 하류 일대를 일컫는다. 기원 전 100년~기원 후 500년 경부터 건입포가 바다 입출항의 포구로서 제주 사람들에게 이용되기 시작하고 외부와의 교역에 있어 대표적인 포구로 자리를 잡아가게 되었다. 주변에 마을이 형성되면서 본격적으로 항구로 이용되기 시작하여 17세기 중반에 제주도 내에서 가장 규모가 크고 번성했던 포구로 발전하였다.

일제강점기에 들어 건입포의 항만 개발이 본격적으로 시작되었는데, 1920년 조선총독부령 제41호에 의거 서귀포항 및 성산포항 등과 함께 2등급에 해당하는 지정항으로 되었다. 1926년에 방파제 축조 공사가 시작되어 3년여간의 공사로 1929년에 서방파제가 준공되었다. 이로부터 건입포는 본격적으로 산지항이라 일컬어지는 한편, 제주도 내 최대 규모의 항만이 되었다.

1968년 1월에 무역항으로 지정 되었으며, 제주특별자치도 관광종합개발계획에 의하여 국제관광항으로 개발되었다. 여객의 불편해소와 항만운영의 효율화를 위하여 1977년 4월 현대식 여객터미널 신축공사가 마무리되고 내항 정비 사업을 실시하여, 쾌속 대형 카페리가 취항하게 됨으로써 관광객이 급증하고 있다. 2001년에는 제주항 외항의 서방파제 공사를 실시하였다. 제주항은 제주도 화물의 약 70%를 담당한다.

제주도 관문항으로서 종합 기능을 확보하고 국제 규모의 관광 지원 항만으로 개발하기 위한 제주항 개발 계획은 현재도 계속 진행 중이다. 또한, 제주항을 2010년 제주 국제자유도시 육성에 부응하는 동북아 국제해양 관광의 중심 항만으로 개발하기 위하여 제주 외항 개발 1단계 사업(1999~2007년), 2단계 사업(2005~2011년), 3단계 사업(2011~2019년)이 시행 중이다.제주항은 제1부두~제7부두 그리고 서부두 등 총 8개의 부두로 구성되어 있다.

2. 애월항(涯月港)

제주특별자치도 제주시 애월읍에 있는 연안항. 제주도 북서부 지역의 중앙에 위치해 있으며, 1971년 제1종 어항으로 지정되어 운영하다가 1995년 12월에 연안항으로 변경 지정 된 후 화물 부두 건설이 활발히 진행되어 제주 북부 지역 개발을 위한 모래, 시멘트 등의 건자재 운송 기지 역할을 수행하고 있다.

연안화물 수송지원의 시설확보 및 인근 제주항의 보조기능을 갖추어 소형어선 계류 및 피항시설을 확보하는 것을 목적으로 1993년 9월 제주도 지역 항만 광역개발 기본계획 수립에 의해 건설되어 1995년 12월 1종 어항에서 연안항으로 지정되었다. 그리고 1996년 9월 기본계획을 고시하고, 1996년 12월 실시설계의 용역을 하였다. 1998년 3월에는 애월항 접안시설 사업을 착공하였다.

면적이 14,821㎡로 여기에 안벽이 494m, 물양장 494m, 방파제 740m, 야적장 14,821㎡가 분포하여 접안능력은 6척으로 모두 1,000DWT이다. 그리고 하역능력은 45만 4천 톤이고, 수용능력은 2만 9,642톤이다.

애월항은 제주시 인근의 항구로 다른 항구와 달리 모래와 시멘트 취급량이 많음을 알 수 있다. 애월항에서 처리하던 화물 취급량을 중심으로 애월항의 변화를 살펴보면, 2000년을 기준으로 화물 취급량은 2002년까지 73만 7000톤에서 86만 1000톤에 이르기까지 증가하다가 이후 계속 감소하는 경향을 보여 2006년 말에는 52만 2000톤을 나타내었다.

3. 한림항(翰林港)

제주연안항인 한림항은 제주시 한림읍에 있는 연안항으로서 제주도 북서쪽, 제주항에서 서쪽으로 17.8마일 떨어진 곳에 있는데 주로 모래, 시멘트, 감귤 등 제주 서부 지역의 연안 화물을 처리하고 있다.

1913년 일제는 당초 명월포를 중심으로 중산간 지대에 산재해 있던 마을을 한림읍 한림리로 묶어 한림항을 제주도 북서부 중앙 해안의 주요 관문으로 삼았으며, 한림항은 제주도 서쪽 동중국해의 풍부한 어장에 근접하여 일제강점기 일본인들의 어업 전진 기지로 이용되었다.

1934년 전라남도가 공사비 12만 원을 투입하여 최초로 방파제를 축조하였으며 1936년과 1937년 3만 원을 투입하여 방파제를 연장, 일본 어업 자본가의 진출 기지로 조성하였다.

일제강점기 말기 폭격에 의하여 호안 연장 50m와 물양장 100m가 파괴됨에 따라 1955년 당시 한림항은 어항으로서의 역할을 수행하기 어려운 상황이었으나 이후 물양장, 선착장, 호안 등 각종 항만 시설이 착공되었다.

4. 모슬포항(摹瑟浦港)

제주특별자치도 서귀포시 대정읍 하모리에 있는 어항으로 1971년 12월 21일 국가 어항으로 지정됨.

모슬포항을 모슬포축항(築港)이라고도 한다. 제주도 남서부 지역의 대표적인 항구로, 모슬봉[187m]과 가시악(加時岳)[106.5m]이 항구를 등지고 있는 천혜의 항구이다. 지방 어선 380척이 있으며, 보급 시설로 급수 · 급유 · 급빙 시설이 갖추어져 있다.

동해와 남해에 고루 분포하는 방어가 많이 잡히는 모슬포항은 해안 길을 따라가다 보면 수천만 년 동안 쌓이고 쌓여 이루어진 사암층의 하나로 오묘한 해안절경을 연출하는 용머리 해안이 보인다. 또한 항에서 바다 건너 보이는 마라도는 대한민국의 시작이자 끝으로 최남단을 알리는 기념비가 세워져 있으며 섬 가장자리의 가파른 절벽과 기안, 남대문이라 불리는 해식 터널, 해식 동굴 등이 있다.

1987년 항구 기본 시설 계획을 수립해 1991년 완공되었으며 북항과 남항으로 나누어져 있다. 1876년 한 · 일 통어 장정(韓·日通漁章程)이 체결된 후 일본은 이 일대에서 잠수기 어업을 폈다. 1889년부터는 한 · 일 통어 장정을 통하여 일정의 어세(漁稅)만 내면 연안 3해리까지 조업이 가능해졌다. 전복 · 소라 · 해삼만이 아니라 흑산호까지 캐갔다.

정기 항로가 일찍이 트여서 1918년에는 일본 오사카 항로가 개통되어 '함경환'이 취항한 곳이다. 당시 오사카행 배가 입항하는 날은 부두가 인파로 혼잡을 이루었다 한다. 1924년부터는 '강원환'과 '복목환'이 한 달에 두 차례 드나들기도 하였다. 얼마 뒤 이들은 '제2 군대환'과 '경성환'으로 교체된다. 이 중 '제2 군대환'은 1935년부터 한 달에 세 차례 씩 운항 횟수를 늘리게 된다. 모슬포항이 개발의 붐을 타게 된 것도 이때의 일이다. 그러나 오사카 항로가 열렸으나 종선을 이용해야 했고 이마저도 썰물 때는 큰 불편을 겪을 정도로 시설이 취약했다. 이 때 결국 '비짠여'쪽으로 방파제와 선착 공사를 펴기 시작했다.

20세기 초에 목포까지 정기 항로가 개통되어 기선이 처음으로 취항하였으며, 1971년부터 가파도와 대한민국 최남단인 마라도를 연결하는 여객선이 운항되고 있다. 1980년 수리 모형 실험을 실시하고 1987년 기본 시설에 대한 계획을 수립하고 1991년 기본 시설을 완공했으며 1998년 정비 계획을 수립했다. 어선 세력의 증가와 안전한 어선 정박을 도모하기 위하여 2001년부터 모슬포항 건설 공사를 진행 중이다.

모슬포항 앞바다로부터 마라도 남쪽 바다 사이에는 방어 · 도미 · 옥돔 · 감성돔 · 삼치 · 우럭 · 전갱이 등 다양한 어족이 서식하여 예로부터 황금 어장으로 소문이 나 있다. 국내 최대의 방어 생산지이자 방어의 상품 가치가 가장 높은 곳으로 10월부터 2월까지 마라도를 중심으로 방어 어장이 형성된다. 해마다 11월 중순에는 모슬포항 일원에서 '최남단 방어 축제'가 열린다. 제주특별자치도는 모슬포항을 수산업 기지로서 뿐만 아니라 관광 어항으로 발전시키기 위해 녹지 공간과 산책로, 조형물 등을 조성하는 사업을 진행하고 있다.

*명칭 유래

모슬포항이 위치한 대정읍은 옛날 당이 있어 무당은 물론 동미 사람들까지 찾아와 빌었다는데서 '당발'이라 불렸으며 현재는 '당전동'이라 부른다.

* 용머리 해안 지역의 지형이 마치 용이 머리를 틀고 바다로 뛰어 들려는 자세를 취하고 있는 듯해서 붙여진 이름으로 사암층 중의 하나이다.

* 송악산 모양새가 다른 화산들과는 달리 여러 개의 크고 작은 봉우리들이 모여 이루어져 있으며 정상에 오르면 최남단의 마라도, 형제섬, 한라산까지도 한 눈에 볼 수 있다.

* 하멜기념비 조선을 서양에 최초로 알린 헨드릭 하멜의 공덕과 네덜란드와 한국간의 우호 증진의 증표로 제주도의 해변가 언덕에 세워졌다.

*마라도 대한민국의 최남단에 있는 섬으로 해안은 오랜 해풍의 영향으로 기암 절벽을 이루고 있으며, 섬의 가장 높은 곳에는 등대가 있다.

* 산방산(山房山)은 제주특별자치도 서귀포시 안덕면에 있으며 높이 395m이며, 모슬포로부터 동쪽 4㎞ 해안에 있다. 유동성이 적은 조면암

질 안산암으로 이루어진 전형적인 종상화산이다. 신생대 제3기에 화산회층 및 화산사층을 뚫고 바다에서 분출하면서 서서히 융기하여 지금의 모양을 이루었다. 산정부근에는 구실잣밤나무 · 후박나무 · 겨울딸기 · 생달나무 등 난대림이 숲을 이루고 있다. 유일한 섬회양목 자생지이기도 하다. 암벽에는 지네발란 · 동백나무겨우살이 · 풍란 · 방기 · 석곡 등 해안성 식물이 자생하고 있다. 1966년 천연기념물 제182-5호로 지정 · 보호되고 있다. 또한 산양이 서식하고 있다. 산의 남쪽에는 화산회층이 풍화된 독특한 경관의 용머리해안이 있으며, 이곳에 하멜 표류기념탑이 건립되어 있다. 제주10경의 하나이다

이 산에는 옛날 한 포수가 한라산에 사냥을 나갔다가 잘못해서 산신의 궁둥이를 활로 쏘자 산신이 노하여 손에 잡히는 대로 한라산 봉우리를 뽑아 던진 것이 날아와 산방산이 되고 뽑힌 자리가 백록담이 되었다는 전설이 있다. 또한 여신 산방덕과 고승(高升)이란 부부가 행복하게 살고 있었는데 이곳의 주관(州官)으로 있던 자가 산방덕의 미모를 탐내어 남편 고승에게 누명을 씌우고 야욕을 채우려 하다가 이를 알아차린 산방덕이 속세에 온 것을 한탄하면서 산방굴로 들어가 바윗돌로 변해버렸다는 전설이 있다.

높이 200m의 남서쪽 기슭에 있는 산방굴은 해식동굴로 부처를 모시고 있어 산방굴사라고도 하는데, 길이 10m, 너비 5m, 높이 5m 정도이다. 고려시대의 고승 혜일(惠日)이 수도했다고 하며, 귀양왔던 추사 김정희가 즐겨 찾던 곳이다. 굴 내부 천장 암벽에서 떨어지는 물은 이 산을 지키는 여신 산방덕이 흘리는 사랑의 눈물이라 하며, 마시면 장수한다는

속설에 많은 이들이 찾는 곳이다. 산정에서 바라보는 남해의 마라도 · 형제도 · 화순항의 경관이 뛰어나며 정상으로 오르는 4곳의 등산로가 있으나, 주로 북쪽 사면을 이용한다.

5. 사계항(沙溪港)

사계항은 제주특별자치도 서귀포시 안덕면 사계리에 위치한 어항이다. 1972년 3월 13일 지방어항으로 지정되었다. 관리청은 제주특별자치도, 시설관리자는 서귀포시장이다. 좌표: 북위 33° 13′ 41″동경 126° 18′ 21″ / 북위 33.2281822° 동경 126.3059652° / 33.2281822; 126.3059652 (사계항)

사계항이 위치한 사계리는 안덕면 서남부쪽에 위치한 마을로서 동쪽으로는 산방산, 북쪽으로는 단산 그리고 남쪽으로는 형제섬과 송악산, 가파도가 있고, 서쪽으로는 대정읍 상모리(산이수동)와 경계를 이루고 있으며 2.7Km 해안변을 따라 취락이 형성되며 용머리, 산방산 및 형제섬등 천연관광 자원을 갖춘 곳으로 관광과 농어업이 골고루 발전하고 있는 마을이며 곱고 깨끗한 모래와 푸른 물이 어우러지는 곳으로 명사벽계(明沙碧溪)는 바로 사계(沙溪)리를 일컫는 말이다.

* 김춘지 등대(金春志燈臺)

제주특별자치도 서귀포시 안덕면 사계리 사계항에 있는 등대.재일동포 사업가 김춘지가 마을 주민을 위해 세운 등대로, 마을 사람들이 김씨를 기리기 위해 김춘지 등대로 명명하였다.

김춘지는 안덕면 사계리에서 태어나 1946년 20세의 나이에 일본으로 건너가 어려운 환경 속에서 각고의 노력 끝에 플라스틱 제조 회사를 경영하는 사업가로 성공하였다. 50여 년의 일본 생활에서 고향 사계리를 한번도 잊은 적이 없는 김춘지는 사계항에 출입하는 선박들의 안전한 뱃길을 위하여 등대를 설치고자 했다. 1995년 2월 해운 항만청으로부터 등대 설치 허가를 받아 자비 일억 원을 들여 이 등대를 설치하였다.

사계항 김춘지 등대는 태양 전지를 통한 자가 축전 방식으로 13마일 거리의 선박들이 안전하게 운항할 수 있도로 유도할 수 있게 설계되었다.

6. 화순항(和順港)

제주특별자치도 서귀포시 안덕면 화순리에 있는 연안항.

화순항은 천연의 미항(美港)이며, 남부 지역 중에서도 입지적 조건이 매우 뛰어난 장소적 특징을 지니고 있다. 입지 여건이 뛰어나 악천후(惡天候) 때는 국내외 선박들이 대피하는 피항(避港)으로서의 기능도 수행하고 있다. 제주도는 무역항으로 제주항과 서귀포항, 연안항으로 한림항 · 애월항 · 추자항 · 성산포항 · 화순항 등 5개 소를 지정하고 있는데, 그 중 화순항은 이미 조선시대 이전부터 '범포(犯浦)'라 하여 포구가 형성되어 있었으며, 일제강점기인 1926년부터 '군대환(君代丸)'이 취항하여 생계 유지로 도일(渡日)하려던 제주도민들이 많이 이용하였던 곳이다.6 · 25 전쟁 때에는 모슬포에 육군 훈련소가 설치되었고, 여기에 필요한 군수 물자와 병력을 화순항을 통해 수송하였다. 해군 수송함이 산방산 동남쪽 '황우치 해안'에 기항하면서 이곳에 오래도록 항만 부대(港灣部隊)가 설치되어 있었다. 뿐만 아니라 육지에서 밀려드는 수많은 피난민들 역시 상당수가 화순항을 통하여 들어왔다. 항만의 위치가 만입형(灣入形)을 이루는 양항(良港)의 지형적 조건을 갖추고 있는 데다가, 주변수역의 해저에는 모래층의 퇴적으로 항만 개발에도 타 지역에 비해 훨씬 유리한 상황이다. 1년을 통틀어 태풍이나 폭풍에 의한 피해도 가장 적기 때문에 기상적 조건도 매우 뛰어난 편이다. 따라서 동절기 기상 악화 시에는 인근에서 조업하는 중국 어선들이 대거 화순항으로 피신해 오기도 한다.

7. 강정항(江汀港)

강정항은 제주특별자치도 서귀포시 강정동에 있는 지방 어항이다. 1439년 강정마을 최초기록은 세종 21년(1439)에 동해방호소가 설치되었다. 이 동해방호소에는 마 · 보병 군인이 56명 있었다. 이런 군사 방어시설인 동해방호소의 주위에는 촌락이 형성되어, 강정마을을 이루는 기초가 이루어진 것으로 보인다. 1577년 선조 10년(1577)에 고둔(羔屯)은 고득종의 옛집이었는데 차후에는 고둔과원으로 변모했음도 파악되었다. 1709년의 고지도상에도 새수촌과 고둔촌, 강정촌이 나타나고 있다.

제주 해군기지 건설

2007년 5월 14일 김태환 제주특별자치도지사는 불과 80여 명이 참가한 도민 여론조사를 근거로 제주해군기지 최우선 대상지로 선정 · 발표함으로써 강정마을을 해군기지건설로 발전시키려는 측과 해군기지를 반대하는 측 사이에 심한 갈등에 휩싸였다.

2010년 12월 27일 국토해양부는 2011년도 업무 계획에서 강정항을 해군기지로 활용하기 위해 '국가관리항'으로 지정하는 방안을 발표했다.

2011년 7월 27일 한나라당 원내대표를 지낸 김무성 의원은 최고중진연석회의에서 강정마을 주민들을 '종북분자', '김정일의 꼭두각시'라며 "북한은 70여 척을 동원해 2개 여단의 특수병력을 30분내 백령도에 침투시킬 황해도 기지를 불과 7개월 만에 완공하는데 제주 해군기지는 (종북세력의) 책동에 휘말려 몇 년째 공사가 제대로 되지 않고 있다"며 "공사를 저지하고 있는 세력들은 입으로는 평화를 외치지만 사실은 김정일의 꼭두각시 노릇을 하고 있는 종북세력이 대부분"이라고 말했다. 그는 "해군기지 건설은 2007년 노무현 정권 때 결정된 중요한 국책사업인데 종북분자 30여명의 반대 데모 때문에 중단되고 있다"며 "이들이 반대하는 것은 북한에 불리한 것은 하지 말자는 종북적 행태"라고 거듭 비난했다. 이어 "공권력의 실추가 계속돼서는 안 된다"며 "해군기지 건설 현장이 정상화될 수 있도록 강력한 공권력 투입이 필요하다"고 주장했다.[강정마을의 제주해군기지 논란은 아랍권을 대표하는 방송사 알자지라에 보도되기도 하였다

* 강정항 크루즈 운항 예정

2017년 7월 개항 예정이었던 강정항은 개점 휴업 상태이며 2017년 12월에 제주도 강정항에 15만 t급 두 척이 동시에 들어올 수 있는 크루즈가 운항 예정이었다.

8. 서귀포항

서귀포시의 유일한 무역항인 서귀포항은 천지연 하류 지구를 배경으로 입지해 있으며 바로 앞에 위치한 새섬은 자연 방파제의 기능을 하는 데 최적의 요소로 작용하였다. 더욱이 서귀포항의 주변 수역은 비교적 파고가 낮아 선박의 출입에도 좋은 조건이 되었다. 특히 제주도 남부 지역의 인구 밀집지라는 이점과 감귤 산업의 집단화가 이루어지면서 항만으로서의 입지는 한층 더 강해지게 되었다. 그러나 태풍이나 폭풍이 불어 닥칠 때는 서쪽 방향에서 몰아치는 풍랑의 피해도 잦다.

서귀포시의 항만은 서귀포시 송산동에 위치한 서귀포항을 비롯하여 성산읍 성산리에 위치한 성산포항, 그리고 안덕면 화순리에 위치한 화순항 등 3곳이 있다. 이 중 서귀포항은 무역항(1971년 5월 지정)으로서 대형 선박들이 드나들 수 있는 항만이다. 성산포항과 화순항은 연안항(성산포항 1968년 1월 지정, 화순항 1991년 10월 지정)으로서 서귀포항에 비해 다소 규모가 작고 지위도 한 단계 아래이다.

이외에 연안항보다 규모가 더 작은 국가 어항으로는 하효동의 하효항, 남원읍 위미리의 위미항, 대정읍 하모리의 모슬포항이 있으며, 지방 어항으로는 대포항 · 강정항 · 법환항 · 신양항 · 태흥2리항 · 신천항 · 표선항 · 가파항 · 사계항 등 아홉 곳이 있다.

서귀포항은 항만 내수 면적이 4,501㎡이고 수심이 3~9.5m이며 접안시설은 안벽 1,480m, 물양장 897m이다. 방파제의 길이는 1,831m이고, 동시 접안 능력은 대형 선박[1,000t 이상] 11척, 소형 선박[100t 이상] 1

척이다. 성산포항은 항만 내수 면적이 1,104㎡이고 수심이 2~6.5m이며, 접안 시설은 안벽 690m, 물양장 930m이다. 방파제의 길이는 2,144m이고 동시 접안 능력은 대형 선박 5척, 소형 선박 1척이다. 화순항은 항만 내수 면적이 2,109㎡이고 수심이 2~7.5m이며, 접안 시설은 안벽 420m, 물양장 170m이다. 방파제의 길이는 995m이고, 동시 접안 능력은 대형 선박 3척이다. 최대 접안 능력은 3개 항만이 모두 5,000DWT이다.

9. 위미항(爲美港)

위미항은 제주특별자치도 서귀포시 남원읍 위미리에 있는 국가어항이다. 1986년 3월 1일 국가어항으로 지정되었으며 제주도 남부, 서귀포의 동쪽으로 약 10.5km에 위치한 국가 어항으로 풍부한 수산 자원을 보유한 연근해 어업의 근거지이다. 남쪽으로는 동중국해와 접해 겨울철 계절풍의 영향이 없는 지형적 여건을 갖추고 있다.

항만의 입구가 남쪽으로 열려 있으며, 동부에서 남서쪽으로 동방파제 500m가 있고, 서부에서 동남쪽으로 서방파제가 190m가 있다. 동방파제와 서방파제 기부 안쪽으로 물양장 760m가 축조되어 있어 50톤 미만의 소형선이 접안할 수 있다.

위미항의 어업 인구는 전업 인구 712명, 겸업 인구 2,603명으로 총 3,315명이며, 가구로는 전업 가구 190가구, 겸업 가구 727가구로 총 917가구가 있다. 어선으로 120척이 있으며 주어종으로는 옥돔 · 방어 · 자리돔 등이 있다. 관리청은 농림 수산 식품부, 제주특별자치도이며, 시설 관리자는 서귀포 시장이다.

성산포항은 성산일출봉을 배후에 두고 북쪽 방향으로 열린 항만의 특성을 지니고 있는데, 그 결과 육지부와의 근거리에 위치한다는 지리적 이점이 크게 작용하였다. 또한 북동쪽 1.2㎞ 지점에 위치한 우도는 항만으로의 입지 조건을 한층 더 강화할 수 있는 배경이 되었다. 더불어 제주도 동부 지역의 물류 수송과 연안 어업 기능이 강화되면서 항만의 입지도 더욱 커지게 되었다.

10. 세화항(細花港)

세화항은 제주특별자치도 제주시 구좌읍 세화리에 위치한 어항이다. 1986년 2월 4일 지방어항으로 지정되었다. 관리청은 제주특별자치도, 시설관리자는 제주시장이다. 좌표: 북위 33° 31′ 40″동경 126° 51′ 26″ / 북위 33.5278419° 동경 126.8571148° / 33.5278419; 126.8571148 (세화항)

구좌면지(舊左面誌)에 의하면 서기 1400년경 하도리에서 이주해서 부락이 이루어지기 시작해서 군위오씨(軍威吳氏)가 표선면 가시리에서 입주한 것이 설촌과정이라 한 것으로 보아 세화리가 「고는곶」이었다는 사실을 알게 된다. 또 세화리란 「고는곶」이란 '곶'을 꽃으로 미화해서 지어진 것으로 해석되는데 이형상 목사(李衡祥牧使)의 탐라순력도에 의하면 세화란 지명으로 알려져서 300년 전에 이루어진 지명이다.

11. 김녕항(金寧港)

김녕항은 제주특별자치도 제주시 구좌읍 김녕리에 있는 어항이다. 제주시 동쪽 김녕리에 있는 국가 어항으로서 2003년까지 방파제 850m가 축조되고 물양장이 동·서로 310m, 호안 130m가 조성되는 등 현재 항만 개발이 대부분 완료되었다. 1991년 1월 1일 국가어항으로 지정되었으며 1972년 3월 13일 제주도 고시 제7333호에 의거, 제2종 어항으로 지정되어 제주도에서 관리하였다가 1991년 1월 1일 제1종 어항으로 승격되어 해양수산부에서 관리하게 되었다. 이에 따라 기본시설 계획수립에 의해 접안 시설 보강 등 총 173억 원이 투입되어 2001년 김녕항이 완공되었다.

11-1 동김녕항

동김녕항은 제주특별자치도 제주시 구좌읍 김녕리에 위치한 어항이다. 2004년 9월 23일 어촌정주어항으로 지정되었다.

속칭 '왕궤'라는 곳이 혈거 유적지라하고, 남흘동 남쪽 2km 지점에 있는 '삭싯골'도 오래전부터 사람이 살았던 것으로 추정하고 있다. 고려말에 양천 허씨가 이곳에 들어와 살았다고 한다. 특별히 언제부터 어떤 성씨의 사람들이 들어와 살았는지 확실하지 않으나, 고려시대에 김녕현이 나타나는 것으로 보아 일찍부터 사람이 들어와 마을이 형성된 것으로 보인다.

12. 정주항

2013년 대한민국 남방큰돌고래 방사는 불법 포획한 남방큰돌고래 3마리를 제주도 김녕앞바다에서 자연으로 돌려보낸 일이다.

추자항은 추자면에 있는데 한반도와 제주도와의 중간에 해당하여 제주도에서 45㎞ 떨어진 북쪽에 위치해 있다. 1971년 12월 제3종 어항으로 지정되어 운영되다가 1998년 2월에 연안항으로 변경 지정되어 현재에 이르고 있다.

신양항은 제주도에서 북쪽으로 43㎞ 떨어진 추자면 신양리에 있는 국가 어항으로서 1971년 제3종 어항으로 지정되어 운영되다가 2001년 국가 어항으로 명칭이 변경되어 현재에 이르고 있다. 신양항은 남동쪽으로 개방되어 있어 이 방향을 제외한 모든 바람을 피할 수 있기 때문에 기상 악화에 따른 여러 어선들의 피항에 적절한 지리적 구조를 가지고 있다.도두항

도두항은 제주시 서쪽에 위치한 도두봉 아래에 있는 작은 어항으로서 마을의 지형이 마치 섬의 머리와 같다는 뜻에서 처음 도두라고 하다가 뒤에 개칭되었다.

- 가파항
- 고산항
- 귀덕1리항
- 대포항
- 법환항
- 신양항
- 신창항
- 신천항
- 우도항
- 조천항
- 종달항

- 태흥2리항
- 표선항
- 하귀1리항
- 화북항

참고자료

* 한국민족문화대백과사전

* 다음백과. * 한국 향토문화 전자대전

* 위키백과. * 우리 모두의 백과사전.

출처 https://theolib.tistory.com/48

고전 속 미녀 이야기

1. 중국 5대 미인

(초선貂嬋, 왕소군王昭君, 양귀비楊貴妃, 서시西施, 조비연趙飛燕)

침어낙안 폐월수화(沉魚落雁 閉月羞花)

중국의 여자 이야기를 하면 5대 미인에 관한 이야기를 빠트릴 수 없다.

청나라 초기 정리된 중국 역사에서 가장 아름다웠던 4대 미인에는 가상 인물이 한 사람 포함되어 있다. 네 명의 미인에는 춘추전국 시대의 서시(西施), 전한 시대의 왕소군(王昭君), 삼국 시대의 초선(貂嬋), 당나라의 양귀비(楊貴妃)가 선정되었는데, 객관적인 기준에 따른 것이라기보다는 이 네 사람의 별명을 이어 붙여서 만든 '침어낙안 폐월수화(沉魚落雁 閉月羞花)'라는 말이 맞아 떨어지기 때문이 아닌가 생각된다. 실제의 인물인 조비연(趙飛燕)이 들어가지 않고 엉뚱하게도 가상인물인 초선(貂嬋)이 포함되어 5대 미인에 관하여 쓴다.

1) 초선(貂蟬 소설 속의 인물)

폐월(閉月)이라는 다른 이름으로 불리고 있는 초선은 실존 인물이 아니라 〈삼국지연의三國志演義〉에 등장하는 여인이다. 초선이 한나라 왕실의 중신인 사도(司徒) 왕윤(王允)의 가기(歌妓)로서 아주 예쁘고 총명한 여자로 왕윤이 아예 수양딸로 삼아서 공공연하게 동거하고 있었다.

연의에서는 초선이 죽음을 무릅쓰고 동탁을 제거하는 임무에 자원한다. 초선은 동탁과 그가 가장 신임하는 장수 여포 사이를 이간시켜 결국 여포가 동탁을 죽이게 한다. 연의에서는 극적인 사건이지만, 실제 중국의 정사로 분류되는 진수(陳壽)가 쓴 〈삼국지三國志〉에서는 동탁과 여포가 갈라지는 발단이 된 이 사건에 대해 '여포가 동탁의 시비와 사사로이 정을 통했다(布與卓侍婢私通).'라고 나와 있으며 초선이라는 이름은 나오지 않는다.

『삼국지연의』에는 초선의 미모를 묘사하는 장면이 실려 있다. 초선이 밤에 후원에 나와 왕윤이 무사하기를 빌며 기원을 드리자 때마침 달이 구름에 가렸다. 이에 왕윤이 초선에게 말하기를 "너무나 아름다운 너의 모습에 달도 부끄러워 모습을 가렸구나."라고 했다. '달이 숨다'라는 의미의 '폐월(閉月)'은 바로 이 말에서 나온 별명이다. 초선은 아무리 총명하고 아름다운 미인이었다고 해도 가상의 인물이다.

2) 왕소군(王昭君) 날아가는 기러기가 떨어졌다(낙안落雁)

왕소군(王昭君)은 전한의 9대 황제인 선제(宣帝) 시절의 인물이다. 한나라의 황실에서는 공주 한 사람을 훈족의 군주 선우에게 시집을 보내게 되었다. 선제는 후궁들 중에서 한 명을 보내기로 했다. 당시 황제는 궁중의 여자들을 일일이 기억하지 못하므로 화공에게 그들의 화상을 그려 바치게 해서 하룻밤 대상을 고르곤 했다.

황제와 잠자리가 소원인 여인들은 화공에게 금품을 써서 아름다운 모습으로 그려 주도록 부탁했으나 가난한 집안 출신의 왕소군은 그러한 재력이 없었다.

선제는 초상화들을 보고 훈의 선우에게 넘겨도 아깝지 않을 여인을 고른 것이 왕소군이었다. 떠나는 날 왕소군을 처음 본 선제는 너무나 아까웠으나 이미 때는 늦었다. 화가 난 그는 화공 을 참형에 처했다.

왕소군은 훈의 옷으로 갈아입고 장안을 떠나 다시는 돌아오지 못할 길을 떠났다. 그녀가 훈의 국경으로 넘어갈 때 마침 기러기 떼가 그녀의 머리 위를 날았다. 그러자 그녀는 비파를 꺼내어 연주하면서 자작한 '춘래불사춘(春來不似春)'이라는 너무나 유명한 노래를 불렀다.

춘래불사춘(春來不似春 −왕소군−

훈의 땅에는 꽃도 풀도 없으니(胡地無花草)
봄이 와도 봄 같지 않겠구나.(春來不似春)

왕소군이 노래를 부르자 그 노래가 너무나 처연하고 아름다워 주변에 있던 사람들은 모두 넋을 잃었다. 하늘을 날던 기러기 떼까지 그 노래에 넋을 잃고 날갯짓 하는 것을 잊어버려 땅으로 떨어 졌다. 그래서 그녀에게 붙여진 별명이 '기러기가 떨어졌다'라는 의미의 낙안(落雁)이다.

왕소군王昭君 –당나라 이태백–

소군이 옥으로 만든 말안장을 잡고(昭君拂玉鞍)

말 위에서 울어 뺨이 붉어졌구나.(上馬啼紅頰)

오늘은 한나라 궁궐의 사람인데(今日漢宮人)

내일 아침이면 오랑캐 땅의 첩이 되는구나.(明朝胡地妾)

선우는 50대 중반의 독신이었으며, 왕소군은 도착하자마자 알지(閼氏)에 봉해졌다. 알지는 공식적인 부인을 말하며 중국의 황후들보다 권한이 훨씬 많았다. 왕소군은 훈의 땅에서 두 명의 선우로부터 사랑을 받으며 천수를 누렸다. 호한야는 왕소군과 재혼한 지 3년 남짓 만에 아들 하나만 남기고 죽었다. 선우의 지위는 전처소생의 장남 복주루(復株累)에게 승계되었다. 열여덟 살에 시집 온 왕소군은 스물두 살이었다. 청년 복주루는 전통에 따라 왕소군에게 청혼하니 받아들였다. 왕소군은 복주루와의 사이에서 여러 명의 자녀를 두었다. 후일의 사서를 통해 두 명의 딸은 실존했다고 확인되고 있으며 다섯 명의 자녀를 두었다는 설까지 있다.

왕소군은 훈족의 역사상 최초로 초원에 초등 교육을 실시 훈족의 어린이들에게 중국 문화를 소개하고 교육의 기회를 만들어 주었다. 여인들을 위해서는 발전된 길쌈 기술을 도입했다. 훈족의 사랑과 존경을 받았으며 생존했던 동안 훈과 한나라 사이에 전쟁은 한 번도 일어나지 않았다.

왕소군은 훈의 땅에서 60년 동안 살다 생을 마감하자 정성스럽게 장례 지내고 무덤에 '푸른 무덤'이라는 의미인 '청총(青塚)'이라는 이름을 붙였다. 그녀가 따뜻한 고향을 떠나 추운 북방에 들어와 살면서 항상 푸른 풀이 돋아나는 고향땅을 그리워했기 때문에 그런 이름을 붙였다. 이후 무덤에는 겨울이 와도 푸른 풀이 시들지 않았다.

3) 양귀비(楊貴妃) 미색에 꽃이 부끄러워하다 (수화羞花)

당나라 현종의 총애를 받은 수화(羞花) 양귀비(楊貴妃)이다. 본명은 옥환(玉環 태어날 때 손목에 옥팔찌를 두르고 있었다는 뜻) 이다. 어느 날 양귀비가 내원에서 함수초(含羞草)라는 꽃이 아름다워 손을 대니 잎이 말리면서 움츠려들었다. 목격한 한 시녀가 그녀의 미색에 꽃이 부끄러워하며 움츠렸다는 소문을 내어 그녀의 별명이 되었다.

양옥환은 괜찮은 집안 태생으로 부모가 일찍 죽어 하남부(河南府)의 사조(士曹)라는 관직에 있던 숙부 양현교의 집에서 자랐다. 용모도 빼어난데다 총명하고 성격이 활달하고 명랑했으며 시와 음악과 춤에 능했기 때문에 어릴 적부터 당의 수도 장안에서 그 이름이 널리 알려졌다. 그녀는 현종 황제가 가장 아끼던 딸 함의공주(咸宜公主)와 친하게 지내며 함의의 오빠이자 현종의 열여덟 번째 아들인 수왕(壽王)과 만났다. 두 사람은 곧 사랑에 빠져서 결혼에까지 이르게 되었으며, 이때 그녀의 나이가 열여섯 살이었다.

현종에게는 무혜비(武惠妃)라는 여인이 있었다. 옥환과 결혼한 수왕과 함의공주가 바로 이 무혜비의 소생이었다. 그런데 옥환이 수왕과 결혼한 지 2년 만에 무혜비가 죽자 충격에 빠진 현종을 보좌하던 고력사는 죽은 무혜비의 빈자리에 며느리인 양옥환을 추천한다.

현종과 고력사는 여산에 있는 온천궁으로 은밀하게 양옥환을 불렀다.

부왕의 의도를 알았지만 반항할 수가 없었다. 결국 쉰다섯 살의 시아버지는 스물한 살의 며느리를 범하고,함께 보냈다.

옥환은 현종을 사로잡기 위한 노력으로 입궁한 지 5년 만에 귀비(貴妃)에 책봉되었다.

양귀비는 단지 미인이라는 것뿐만 아니다. 최고의 비파 연주 실력을 가지고 있어 현종이 불교음악을 바탕으로〈예상우의곡霓裳羽衣曲〉이라는 곡을 만들자 양귀비는 그 자리에서 이 곡에 음을 붙여 노래를 부르면서 춤을 췄다고 한다. 그녀는 시문학의 대가이기도 하여 현종에게 가장 잘 어울리는 여자였던 것이다. 이 무렵에 삼진절도사 안녹산(安祿山)이 현종 황제를 아버지로, 자기보다 열한 살이나 어린 양귀비를 어머니로 섬겼다.

양귀비는 안녹산과 부적절한 관계를 맺었다. 현종과 양귀비 사이에 끈끈하게 이어진 정신적인 유대감이 있었지만, 34년이라는 나이 차이의 극복은 불가능했다. 사람의 육체라는 것은 때로는 정신을 배신하는 법이다.

안녹산이 모반을 일으켜 낙양이 함락되자 현종은 장안을 떠나 피난을 갔다.

백성들은 사태의 책임이 양국충과 양귀비에게 있다고 생각해도 황제는 사랑하는 옥환을 구할 힘이 없었다. 고력사와 양귀비가 작은 불당에 들어가 예불을 올린 다음 밖으로 나왔다. 고력사는 긴 비단 천을 꼬아서 배나무에 걸고 한쪽 끝을 양귀비의 목에 감았다. 이때 양귀비의 나이는 서른일곱 살이었다.

다음해 겨울에 현종은 장안으로 돌아와 양귀비의 초상 앞에서 눈물만 흘렸다. 여러 해를 지낸 현종은 78세를 일기로 세상을 떠났다.

백거이(白居易)의 〈장한가長恨歌〉는 현종과 양귀비의 사랑을 7언 장시로 노래했다.

장한가長恨歌 –백거이(白居易)–

하늘에 있다고 하면 비익조가 되고 싶고(在天願作比翼鳥)

땅에 있다면 연리지가 되고 싶다 했었네.(在地願爲連理枝)

끝없는 하늘과 땅도 끝날 때가 있건만(天長地久有時盡)

이 한은 끝없이 이어져 그칠 때가 없구나.(此限綿綿無絕期)

비익조는 암수가 짝을 찾으면 자웅동체가 되어 한 마리가 한쪽 날개로만 날아다닌다는 전설 속의 새이며, 연리지는 뿌리가 다른 두 그루의 나무가 가지가 하나로 이어져 한 그루의 나무가된 상태를 말한다.

4) 서시(西施) 아름다움에 놀란 물고기가 헤엄치는 것을 잊고 바닥에 가라앉았다

춘추 시대 월나라 출신의 미녀 서시(西施, 별명:침어侵魚)를 꼽을 수 있다. '그녀의 아름다움에 놀란 물고기가 헤엄치는 것을 잊고 바닥으로 가라앉았다(侵魚)'라고 할 정도로 아름다웠다.

서시는 저라산(苧羅山) 부근에 살던 나무꾼의 딸이었다. 평범한 집안 출신이지만 그 미모가 워낙 출중해서 부근의 남자들은 서시에게 연정을 품지 않은 사람이 없었다. 서시는 자신의 의지에 따라 가슴에 독기를 품으면 목표에 의도적으로 접근하는 위험한 여자였다.

'서시빈목(嚬目)'은 문자적으로만 해석한다면 '서시가 눈살을 찌푸린다.'라는 의미이며 '서시효빈(效嚬)'은 의미와 본질을 망각하고 무작정 남의 흉내만 내는 어리석음을 깨우치기 위한 말이다. '서시봉심(奉心)'은 '서시가 가슴앓이를 한다.'라는 의미다. 서시가 월(越)나라의 재상인 범려(范蠡)에게 뽑혀 최종적으로 월나라의 숙적인 오(吳)나라의 왕궁으로 들어가게 되는 이야기가 유명한 '와신상담(臥薪嘗膽)'의 고사와 관련이 있다.

주나라 말엽 전국 시대 중국 남부에서 극심하게 대립하여 서로를 원수로 여겼던 나라가 바로 오(吳)나라와 월(越)나라였다. 서시가 한 예닐곱 살쯤 오왕 합려(闔閭)는 월나라를 공격하다 손에 부상을 입고 그 부상이 악화되어 세상을 떠났다. 합려를 계승한 태자 부차(夫差)는 매일 밤 장작더미 위에 자리를 펴고 자면서 자신의 방 앞에는 사람을 세워놓아 자신에게 "부차야! 아버지의 원수를 잊었느냐!"라고 외치게 하였다. 이 상황이 바로 장작을 베고 눕는다는 의미의 '와신(臥薪)'이다.

월나라 구천은 돌아와서도 꾸준히 부차를 섬기면서도 자신의 처소에 돼지의 쓸개를 걸어두고 항상 그것을 핥아 쓰디쓴 맛을 보면서 "너는 회계산의 치욕을 잊었느냐?"라고 소리쳤다. 이 장면이 바로 쓸개를 맛본다는 의미의 '상담(嘗膽)'이다. 이 무렵 서시는 눈부신 미인으로 성장하여 월나라 미인대회에서 뽑혔다.

서시는 영리한 여자였다. 뛰어난 미모와 철저한 훈련을 통해 얻어진 지성을 바탕으로 오왕 부차의 총애를 받았지만, 왕궁에서 자신의 영향력을 키워가는 섣부른 행위 따위는 절대로 하지 않았다. 우리가 많이 쓰는 '동병상련'이라는 말은 오자서에 의해서 나왔다. 피리가 이야기했던 매의 눈과 호랑이 걸음이라는 의미의 '응시호보(鷹視虎步)' 역시 어려울 때 서로 돕다가도 일의 성과가 나면 비정하게 배신하는 사람이 있음을 경계하는 말로 사용되고 있다.

오나라가 패망했을 때 서시의 나이도 삼십 대에 들어섰다. 그녀는 범려의 부인이 되었다. 서시 부부는 구천이 내리는 큰 상과 높은 직위를 마다하고 제나라로 떠났다. 서시 부부는 제나라에서 장사를 시작하여 큰 성공을 거두어 거부가 되었다. 이미 중년 나이의 서시는 제나라에서 최고의 미인이라고 칭송했던 기록이 남아 있다.

서시의 이야기는 눈부시게 아름다운 한 명의 경국지색, 허상을 쫓는 남자들의 허영심이 조화되어 만들어낸 역사의 한 장면이었다.

5) 조비연(趙飛燕) 몸도 마음도 가벼웠던 여인

중국의 4대 미녀에서 탈락한 자가 조비연이다.

'연수환비(燕瘦環肥)' 조비연은 말랐으나 미인이었고, 양귀비는 뚱뚱했으나 미인이었다.

그녀는 항상 중국의 4대 미녀 중 한 명인 양귀비와 더불어 거론된다.

조비연은 '날으는 제비'라는 뜻으로 본명인 조의주 대신 조비연으로 불렸다. 뛰어난 몸매와 가무로 그녀는 한(漢)나라 성황제의 총애를 받아 황후의 지위까지 오르게 된다. 자신의 지위를 지키는 것이 힘들게 되자 동생인 조합덕을 불러들인다. 언니와는 달리 풍만한 몸매를 지녔던 조합덕은 성황제의 사랑을 독차지하게 되고 이를 질투한 조비연은 욕정을 풀기 위해 외간남자들을 불러들여 정을 통한다.

임신을 하지 못하는 그녀는 임신을 한 후비들을 살해하거나 그 자식들을 살해한다. 성황제가 죽자 지지 기반을 잃은 조비연은 황후에서 서인으로 신분이 강등되고 끝내 자결하고 만다. 조비연이 4대 미녀에서 탈락하게 된 이유는 그녀가 아무렇지 않게 저지른 악덕 행위와 가벼운 행동 때문이었다. 만약 그녀가 올곧은 품성과 마음가짐을 가진 자로서 도덕적으로 행동했더라면 황제가 죽었다 한들 그녀를 반대하는 세력은 없었을 것이다.

2. 우리나라 5대 미인美人

(관나부인, 도미都彌의 부인, 수로부인, 천추태후, 황진이)

미인은 옛날이나 지금이나 용모도 중요하지만 내면內面의 아름다움(眞, 善, 知慧)이 진정한 아름다움이다. 지혜와 덕으로 이름을 남기기도 하고 예술 재능과 풍류를 즐기면서 살아온 아름다움을 몇 백 년, 몇 천 년 이 지난 현대에도 미인으로 남아전해지게 하는 것이라 생각한다.

우리나라는 미인이 훨씬 우대를 받는 나라다. 현실적으로 미인이라면 우대를 받게 된다는 사회적, 묵시적으로 작용을 하고 있다. 미인을 선호하고 외모를 추구하는 사회적 풍토가 한국을 성형대국으로 만들어내고 있다. 언론보도에 의하면 한국의 인구대비 성형수술 인구도 세계 정상수준 이다. 우리 사회에서 예뻐지면 사회적 인정과 혜택이 있을 수 있다.

국제미용성형협회에 따르면 한국은 2011년 인구 1000명 당 성형수술을 한 사람이 13명으로 1위를 차지했다. 2위는 그리스, 3위는 이탈리아, 4위는 미국이었다.

1) 고구려高句麗 관나부인貫那夫人 생년 미상~251년 사망)

『삼국사기(三國史記)』의 「고구려 본기」 중천왕(中川王) 조(條)에는 중천왕의 소비(小妃)인 관나부인은 얼굴이 아름답고 머리(頭髮)의 길이가 9자(2m)나 되는 장발을 지니고 있었으며, 중천왕이 관나부인을 무척 총애하게 되었다. 왕후 연씨(椽氏)는 왕에게, 위(魏)나라에서 천금을 주고 장발을 구한다 하니 관나부인을 위나라에 보내면 다시는 우리나라를 침범하지 않을 것이다, 라고 말하였다. 이 말을 들은 관나부인은 왕이 사냥에서 돌아올 때 가죽 주머니를 들고 나와 맞았다. 왕후가 나를 여기에 넣어 바다에 버리려고 하니 집에 돌아가게 하여 달라고 말하였다. 왕은 왕후를 모함하는 거짓임을 알고 노하여 관나부인을 가죽 주머니에 넣어 서해(西海)에 던지게 하였다.

2) 백제百濟 도미都彌의 부인

『삼국사기(三國史記)』 권48 열전 제8 「도미(都彌)」편에 도미의 처(妻)의 아름다움과 굳은 절개를 말하고 있다. 도미는 가난한 평민이었으나 의리를 아는 사람이었으며 아내는 아름답고 행실이 곧아서 사람들에게 칭송을 받았다. 개루왕(蓋婁王)이 도미를 불러서 부인의 덕은 정절이 제일이지만 어둡고 사람이 없는 곳에서 좋은 말로 꾀면 마음을 움직이지 않을 사람이 드물 것이다, 라고 하였다. 도미는 사람의 정은 헤아릴 수 없지만 신의 아내 같은 사람은 죽더라도 마음을 바꾸지 않을 것이다라며 확신을 보였다. 이를 시험하기 위해 개루왕은 도미를 잡아두고 가까운 신하를 왕으로 꾸민 후 도미의 아내에게 보냈다. 도미와의 내기에서 이겨 너를 궁녀로 삼게 되었으니 너는 내 것이다라고 속였다. 도미의 아내도 몸종을 자기처럼 단장시켜 들여보내 왕의 일방적인 횡포에 맞섰다. 자신이 속았음을 알게 되자 화가 난 왕은 도미의 두 눈을 뺀 다음 멀리 보내버렸다. 도미의 아내를 범하려 하자 도미의 아내는 몸을 씻고 오겠다며 궁을 탈출했다. 강가에 이르러 더 이상 갈 수가 없어 하늘을 우러러 크게 울자 어디선가 조각배 한 척이 밀려와 올라탔다. 배가 천성도(泉城島)에 이르렀는데 눈먼 도미가 거기에 살아 있어서 극적으로 만나게 되었다. 두 사람은 갖은 어려움 끝에 고구려 땅에 도착해 그곳에서 살게 되었다.

성주도씨(星州都氏)는 도미를 도시조(都始祖)로서 모셨는데 진해 청안동에는 도미의 무덤이라는 「백제정승도미지묘」를 충청남도 보령시로 이장되었다.

보령시 오천면에는 비슷한 설화가 있었는데 「미인도(美人島)」(원래 이름은 「빙도」), 「도미항」, 「상사봉(想思峰)」, 「원산도(怨山島)」 등 도미 설화와 관련있는 보령시는 1992년 소성리(蘇城里)의 상사봉 정상에 사당인 정절각(貞節閣)을 만들었고, 1994년 도미부인의 사당인 정절사를 지어 경모제를 올리고 있다.

3) 신라 수로부인

향가(鄕歌)인 「해가海歌」와 「헌화가獻花歌」의 주인공이다.

『삼국유사三國遺事』에 실린 설화에 신라 최고의 미인인 수로부인은 신라 제33대 성덕왕(聖德王) 때 강릉태수(江陵太守) 순정공(純貞公)의 아내이다. 남편이 강릉으로 부임하는 도중 벼랑에 핀 철쭉꽃을 꺾어 달라고 하였다. 소를 몰고 가던 늙은이가 헌화가와 함께 꽃을 바쳤다.

헌화가 獻花歌

짓붉은 바위 가에	紫布岩乎邊希
잡고 가는 암소를 놓게 하시고	執音乎手母牛放教遣
나를 아니 부끄러워하신다면	吾肸不喻慚肸伊賜等
꽃을 꺾어 바치겠습니다.	花肸折叱可獻乎理音如

임해정(臨海亭)에 이르러 해룡(海龍)에게 붙들려 바다 속으로 잡혀가 버렸다. 백성들이 노래(海歌)를 불러 다시 육지로 나왔으나 절세미인이어서 깊은 산과 큰 못을 지날 때마다 신물(神物)에게 괴로움을 당하였다.

해가 海歌

거북아 거북아 수로부인을 내어라	龜乎龜乎出水路 (구호구호출수로)
남의 아내를 빼앗은 죄 얼마나 크냐	掠人婦女罪何極 (약인부녀죄하극)
네 만약 어기어 내 놓지 않으면	汝若悖逆不出獻 (여약패역불출헌)
그물을 넣어 잡아 구워 먹으리	入網捕掠燔之喫 (입망포략번지끽)

4) 高麗 천추태후

고려 태조의 아들인 추존왕 대종의 딸로 경종의 세 번째 부인이자, 목종의 어머니이며, 성종의 누이동생이다.

981년 남편인 경종이 죽자 아직 2세이던 헌애왕후의 아들 왕송 대신 왕후의 오빠인 개령군 왕치(성종)가 즉위하게 되고, 헌애왕후는 태후가 되어 천추궁에 머물렀다. 성종이 죽은 후 아들 왕송(목종)이 왕위에 오르자 섭정을 해 스스로를 천추태후로 부르게 했다.

자신의 연인인 김치양을 우복야 겸 삼사사(당시 재정권과 인사권을 동시에 담당하던 직책)에 임명시키고 막대한 권력을 수여했다. 12년간의 섭정으로 고려의 운명을 짊어졌던 자유롭고 당당했던 정치가였다. 유학자들은 그녀를 불륜한 여자로 보고 있으나 현대의 사가들은 고려 전통을 되살려 고려의 자주정신을 되살리고 유연한 외교 전략으로 외세의 침입으로 부터 고려를 지켜낸 여성 정치가로 평가하고 있다.

고려 오백년을 통해 가장 강력한 정치권력을 행사한 고려 최고의 여걸로 평가하고 있다. 목종이 죽자 천추태후는 황주로 피신해 살다가 현종 20년(1029)에 궁성에 들어와 66세를 일기로 사망했다.

5) 조선朝鮮 황진이黃眞伊

조선 시대의 명기(名妓)로 한시와 시조에 뛰어났으며 작품에 한시 4수가 있고 시조 6수가 『청구영언』에 전한다.

우리나라 미인사(美人史)에서 빼놓을 수 없는 여인은 황진이(黃眞伊)다. 사서삼경은 물론이요 시 ·서 음률에도 뛰어난 재능을 가졌다.

동짓달 기나긴 밤을　　-황진이-

동짓달 기나긴 밤을 / 한 허리를 베어내어
春風 이불 아래 서리서리 넣었다가
어른님 오신 날 밤이어든 / 굽이굽이 펴리라

그녀와 같은 시대를 살았던 한음 이덕형이 황진이가 머문 곳에는 사흘 동안 향기가 있었다 한다. 동네 총각은 황진이를 연모하다 상사병을 앓다 죽었다. 살아있는 생불이라 추앙받던 지족선사를 파계시켰으며 도도한 품성의 종실 청년 벽계수(碧溪水)를 조롱하였다.

청산리벽계수야　　-황진이-

청산리 벽계수야 수이 감을 자랑마라
일도창해(一到滄海)하면 다시 오기 어려웨라
명월이 만공산(滿空山)하니 쉬어간들 어떠리.

중국 사신 소세양(蘇世讓)이 넋을 잃었으며 당대 최고의 지성 화담 서경덕(徐敬德)을 흠모하여 그를 유혹하였으나 이루지 못하자 사제지간을 맺었다. 후세 사람들은 황진이, 박연폭포(朴淵瀑布), 서경덕을 송도삼절(松都三絕)이라 칭했다.

6) 이 외에도 우리나라 역사에 전하는 미인들

백제의 소서노, 한주, 신라 선덕여왕, 고려의 기황후, 조선의 어우동,

장록수, 장희빈 등이 있다.

백제(百濟)의 소서노는 주몽을 도와 고구려를 건국했고 비류와 온조 두 아들과 함께 백제를 건국한 실질적 여왕이었다. 백제의 또 다른 미인은 고구려 태자였던 안장왕과의 인연으로 연애전쟁을 일으키게 했던 빼어난 미모의 한주가 있다. 국경을 뛰어넘은 사랑은 『삼국사기三國史記』「잡지」 지리 편, 『세종실록지리지』, 『신증동국여지승람新增東國輿地勝覽』, 그리고 단제 신채호(丹齋 申采浩)가 『해상잡록』이란 책을 인용한 『조선상고사』에 실려 오늘날까지 전해오고 있다.

신라의 대표적 미인은 선덕여왕이며 신라 최초의 여왕으로 뛰어난 정치력으로 신라 귀족사회의 존경을 받으며 위기에 빠진 나라를 구하고 삼국통일의 기반을 마련한 군주이다.

원나라에 공녀(貢女)로 끌려갔다가 원나라의 황제 순제의 황후까지 오른 기황후도 고려의 대표 미인으로 들 수 있다. 〈원사元史〉의 후비열전에는 기황후의 모습을 영특한 성품과 살구 같은 얼굴 복숭아 같은 뺨 버들 같은 허리를 가지고 있었다.

조선시대 어우동은 천하의 색녀(色女)로 유부녀였지만 수많은 유생들이나 조관들과 정분을 나누었다. 유교사회였던 조선에서 용납될 리 없어 그녀는 결국 사형되었다. 장록수는 제안대군의 여종이었으나 용모가 뛰어나고 가무에 능해 연산군(燕山君)의 총애를 받았다. 왕의 총애를 이용하여 국사에 관여하여 연산군의 실정을 부추기다 결국 중종반정에 의해 참형을 받았다. 숙종의 총애를 받던 장희빈은 인현왕후(仁顯王后)를 폐출하고 왕비의 자리에 올랐다. 다시 희빈으로 강등되어 사약을 받고 세상을 떠났다. 그래서 사람들은 미인박명(美人薄命), 미인박복(美人薄福)이라 말하는지 모르겠다.

그리고 웅녀, 유화, 낙랑공주, 허 황옥, 평강공주, 연수영(최초의 여장군女將軍), 진성여왕, 문정황후, 신사임당, 허난설헌, 논개, 소현세자 비 강씨, 임 윤 지당(조선 최고의 여성 성리학자), 명성황후 등이 있다. 뿐만 아니라 여성에 대한 기록이 없어서 그렇지 더 많은 미인들이 있었을 것이다.

참고문헌 : 우리나라 역사속의 10대 미녀 (송철효 기자)
중국의 4대 미녀 (김후)
역사속 중국의 4대 미녀 (최수정)

독도를 우리는 얼마나 알고 있나?

대한민국 국민이라면 일본 이야기만 나오면 마음을 잡기가 힘들다. 가수 정광태의 독도 노래가 단숨에 국민 애창곡이 되었으며 가사에 나오는 역사 지리를 상식적으로 일깨웠다. 그리고 한일전 스포츠대회가 열리면

독도 전경사진

온 국민이 똘똘 뭉쳐 함성으로 응원한다. 그중에 단연 축구가 그렇다. 한일간에 정치적으로 어렵고 민감한 이때 나부터 독자와 함께 울릉도와 독도에 관한 지식을 공유하고자 한다.

울릉도鬱陵島

경상북도 동북단 동해상에 있는 섬으로 사면이 동해로 둘러싸여 있다. 동경 130°47′37″~130°55′20″, 북위 37°14′14″~37°33′01″에 위치한다. 면적은 72.86㎢이고, 인구는 8,867명 (2022년 현재)이다. 행정구역으로는 울릉군으로 1개 읍, 2개 면, 25개 행정리(10개 법정리)가 있다. 군청은 울릉읍 도동리에 있으며 독도獨島는 행정구역상 울릉읍 도동리로 되어 있다

행정 (읍 · 면)

1. 울릉읍(鬱陵邑)

1979년에 남면이 울릉읍으로 개칭, 승격되었다. 성인봉의 동쪽 사면에 있어 평지가 매우 좁다. 부속 도서로는 촛대바위[燭臺巖] · 북저바위 · 청도 · 죽도(竹島) · 독도(獨島)가 있다.

총 경지면적은 4.43㎢로 밭농사가 주류를 이룬다. 주요 농산물은 옥수수 · 감자 등이다. 근해에서 오징어를 잡으며, 명태 · 꽁치 · 새우 · 미역 등을 어획한다.

도동항은 정기여객선과 울릉도 해안 일주 관광유람선의 출발지이다.

또한 도동항을 중심으로 해안일주도로가 있다. 저동항은 군 최대의 어업 전진기지, 사동리는 농업중심지, 사동항은 도동항의 부속항 구실을 한다.

문화유적은 도동리에 도동약수터, 섬개야광나무 · 섬댕강나무군락, 독도 해조류 번식지가 있다. 사동리에 흑비둘기 서식지, 울릉도관광농원, 저동리에 봉래폭포 · 보덕사 · 촛대바위 등이 있다.

2. 북면(北面)

향목령(香木嶺) · 초봉(草峰) · 미륵산(彌勒山) · 성인봉(聖人峰) 등이 있다. 면의 중앙 남부의 나리분지 북서부에는 중앙 분화구인 알봉[卵峰]이 있고, 분지 주변에 송곳산 · 형제봉(兄弟峰) · 미륵산 · 성인봉 등이 외륜산을 이루며, 해안은 급격한 낭떠러지이다.

총 경지면적은 5.01㎢로 경지 중 밭농사의 비중이 절대적으로 크다. 주요 농산물은 옥수수 · 감자 등의 잡곡, 마늘 · 고추 · 약초 등 생산한다. 천부항 · 현포항에서 오징어 · 명태 · 꽁치 등을 잡는다.

송곳산 아래 추산마을에 추산수력발전소가 있다. 도로는 해안을 따라 울릉도를 일주하는 지방도가 있으며, 육지와의 연결은 울릉읍 도동리를 통한다.

문화유적으로는 천부리의 고분, 관음도와 관음굴 · 삼선암 · 공암 등의 해식 지형과 해안의 절경, 현포리의 고분 등이 있다. 나리분지는 성인봉의 원시림 · 너와집 · 투막집 등이 있다. 나리마을 북쪽 끝에 신령수가 있다.

문화유적은 현포리의 고분군과 성지(城址) · 누석총(累石塚) 등의 출토품으로 미루어 고대 우산국의 도읍으로 추측된다.

3. 서면(西面)

면의 동쪽과 북쪽은 향목령(香木嶺)·초봉(草峰)·미륵산(彌勒山)·성인봉(聖人峰)·가두봉(可頭峰)을 연결하는 산릉이 에워싸고, 남쪽은 태하천(台霞川)·남서천(南西川)·남양천(南陽川) 등이 있다. 밭농사 주요 농산물은 옥수수·감자·마늘 등이며, 당귀·천궁·질경 등 생산. 어업으로는 오징어·명태·꽁치 등이 주 어획물이며, 태하리·남양리에 양항이 있다.

해안을 따라 일주도로가 있으며, 문화유적은 남서리의 고분군·거북바위가 있다.

자연환경

주도(主島)인 울릉도와 부속도서로 관음도(觀音島)·죽도(竹島)·독도(獨島) 및 여러 개의 암도(岩島)로 이뤄져 있다.

백두화산맥이 남동쪽으로 길게 뻗어 동해상에 울릉도를 솟게 하고, 그 여세를 몰아 동남해상에 독도를 비롯한 많은 화산을 분출시켰다. 울릉도 중앙에 성인봉聖人峰 (984m)이 있고, 미륵산(901m)·초봉(608m)·형제봉(712m)·향목령(297m), 관모봉(586m)·망향봉(317m) 등이 있다.

나리분지羅里盆地는 동남부·서남부가 높이 500m 안팎의 단애에 둘러싸이고 북부가 200m 이하의 낮은 산지로 막혀 있는 울릉도의 유일한 평야이다.

독도는 국토 최동단에 위치한 외딴 섬이다. 울릉도에서 동남쪽으로 92㎞ 떨어진 독도는 동도(東島)와 서도(西島)를 중심으로 가재바위·구멍바위 · 지네바위 등 34개의 돌섬과 암초들로 구성되어 있다. 동도에는 화산분화구가 있고 절벽이 솟아 있어 배를 대기가 어렵다. 독도를 지키는 경비대가 있다.

교육 · 문화

1882년(고종 19) 울릉도가 개척되기 전까지는 교육기관은 없었다. 학교로서의 면모는 1908년 심능익(沈能益)이 관어학교를 설립하였으나 1909년 휴교하였다. 그 뒤 1913년에 울릉공립보통학교로 다시 개교하였다.

1910년 신명학교(新明學校), 1911년에는 울릉사립보통학교가 설립되었다. 1946년 울릉중학교가 설립되었으며 1952년 홍순엽(洪淳曄)이 설립한 사립학술강습회 '울릉고등학원'이 1954년에 울릉수산고등학교로, 1970년에 울릉종합고등학교로 발전하여 현재에 이른다.

2015년 현재 교육기관으로는 초등학교 4개교, 중학교 4개교, 고등학교 1개교가 있다.

문화시설로는 복지회관과 울릉읍 저동리에 경상북도립 울릉공공도서관이, 도동리에는 울릉학생체육관과 국내 유일의 영토박물관인 독도박물관이 있다. 문화행사로 우산문화원은 매년 10월 초에 우산문화제(于山文化祭)를 개최하고 있으며, 단오에는 민속 그네뛰기 대회가 열리고 있다. 그밖에 태화성하신당제, 오징어 축제 및 낚시축제가 있다.

생활 · 교통

1개의 수산업협동조합 연쇄점, 3개의 농업협동조합 연쇄점 및 수산업협동조합 저동리위판장이 개설되었다. 아직 시장이 형성되지는 않았고 11개 도매상이 육지로부터 가져오는 각종 물자를 가맹소매점에 공급한다. 오징어 · 약초 · 산나물이 육지로 반출되고 각종 농수산물과 공산품 · 생활용품이 반입된다.

교통은 지방도가 섬 해안을 따라 개설되었으며, 육지와는 도동~포항, 도동~묵호, 저동~후포 간 여객선이 운항된다.

독도獨島

독도 박물관 전시실

독도는 행정구역상 경상북도 울릉군 울릉읍 독도이사부길 55, 천연기념물 제336호(1982.11.16. 지정)로 천연보호구역이다.

우리나라 가장 동쪽 끝에 있는 섬으로 동도는 동경 131도 52, 북위 37도 14 그리고 서도는 동경 131도 51, 북위 37도 14에 있다. 비교적 큰 두 개의 섬과 작은 바위섬으로 이루어진 화산섬이다. 바다제비, 슴새, 괭이갈매기 등 희귀한 해조류들이 살고 있다.

동해의 맑은 바다에 외로이 떠 있는 섬과 해조류들이 어우러져 매우 아름다운 섬이다. 독도는 그동안 문화재보호법 제33조에 근거하여 일반인의 자유로운 입도를 제한해 왔으나, 2005년 3월 24일 정부 방침이 변경됨에 따라 제한지역(동도, 서도) 중 동도에 한하여 일반인의 출입이 가능하도록 공개 제한지역에서 해제되었다. 그리고 입도 허가제를 신고제로 전환하였으며, 2009년 6월 기존의 1일 입도제한 인원(1,880명)을 폐

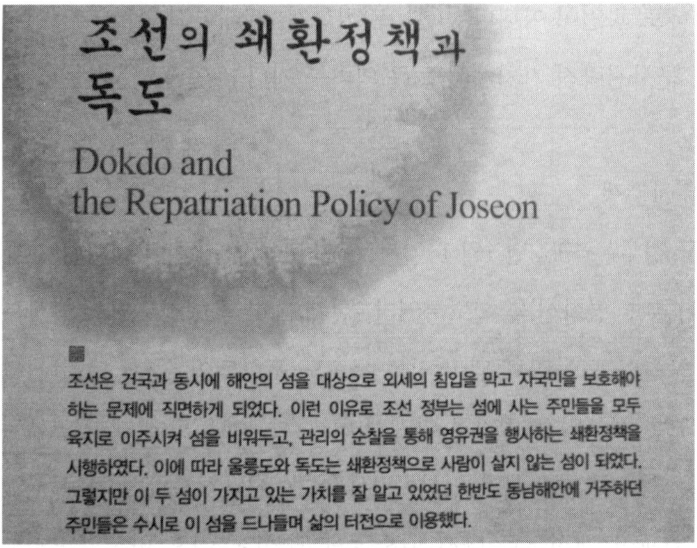

지하였다. 동남쪽에 있는 동도는 높이 98.6m, 둘레 2.8km, 면적 73,297㎡로 유인 등대를 비롯한 대부분의 해양수산시설이 설치되어 있으며, 500톤급 선박이 접안할 수 있는 동도 선착장(1,945㎡(588평))이 마련되어 있어 매일 독도를 찾는 관광객들을 맞이하고 있다. 또한, 빗물과 담수화 시설을 마련해 하루 1,500ℓ 정도 식수를 생산하고 있어 엄연한 대한민국 국민들의 삶의 터전임을 보여주고 있다. 서북쪽에 위치한 서도는 높이 168.5m, 둘레 2.6km, 면적 88,740㎡로 정상부가 험준한 원추형을 이루고 있다. 1,945㎡(588평) 현재 주민숙소가 들어서 있어 어민들이 비상시에 대피소로 사용하고 있다. 이외에 부속도서의 면적은 25,517㎡이고, 가재바위, 독립문바위, 촛대바위, 얼굴바위 등 각양각색의 모양을 한 부속도서들이 있다. 이러한 독도의 인근 해역은 청정수역으로 한류와 난류가 만나 연안 어장과 대화퇴어장이 형성되어 있어 황금어장을 이루고 있다 해도 과언이 아니다. 또한, 지질학적, 생태학적, 사회학적인 가치는 물론, 군사전략적 가치에서도 큰 의미를 지니고 있다.

영유권분쟁

한국 정부는 1952년 1월 18일자로 '인접 해양의 주권에 관한 대통령 선언', 이른바 '평화선'을 선포하였다. 현재의 한국 행정구역상 경상북도 울릉군 울릉읍 도동리로 되어 있는 독도도 포함되어 있다. 그러나 일본 정부가 같은 해 1월 28일자로 다케시마[竹島], 즉 독도에 대한 영유권을 주장하는 외교문서를 한국 정부에 보내옴으로써 '독도문제'가 한 · 일 양국간의 외교상 쟁점으로 다시 떠오르게 되었다. 이후 한 · 일 양국정부는 독도에 대한 자국의 영유권을 주장하거나, 상대국 주장에 항의 · 반박하는 내용의 외교문서를 교환하면서 오늘에 이르고 있다.

일본측은 1905년 시마네현[島根縣] 고시(告示)를 독도에 대한 영유권 주장의 근거로 삼고 있다. 이는 시기적으로 보아 한반도 침략을 목적으로 한 영토 편입 형태로, 1905년 이전에도 일본이 독도를 배타적으로 영유하였다는 근거가 없는 한 독도에 대한 일본의 영토 편입은 무효가 될 수밖에 없다. 독도문제를 해결하기 위해서는 외교적 교섭 이전에 1905년 이전의 역사를 재점검해 볼 필요가 있다.

역사적 배경

울릉도에 대한 초기의 역사는 자료가 없지만, 『삼국지』 위서 동이전 옥저조에 기록은 3세기경 함경남도 지방에 있던 옥저국 사람들이 배를 타고 물고기를 잡으러 갔다가 표류하여 수십 일 만에 이 섬에 닿았다고 한다.

그들에 의하면 이 섬에 사람이 살고 있으나 언어는 알 수 없었고, 풍속으로는 7월에 동녀(童女)를 구하여 바다에 집어넣는 해신제(海神祭)를 지냈다고 한다. 그 뒤의 생활상은 알 수 없지만 일찍부터 소국(小國)을 형성하여 나름대로 발전을 거듭하고 있었던 것 같다. 독도는 오랫동안 무인도로 있었으며, 울릉도(鬱陵島)의 부속 섬이었다. 울릉도에 세워진 우산국은 512년에 하슬라주 군주(何瑟羅州軍主) 이찬(伊飡) 이사부(異斯夫)에게 정벌 된 후부터 신라 · 고려와 조공 관계를 맺고 토산물을 바쳐왔다. 11세기 초 동북여진족(東北女眞族)의 침략을 받은 뒤부터 우산국은 급격하게 쇠퇴하여 12세기 중엽부터 사람이 살지 않는 무인도가 되었다.

우산국(于山國)

512년(지증마립간 13)에 신라에 복속되었다. 〈삼국사기〉에 의하면 이전에 우산국은 지형이 험준하다 하여 신라에 복속하지 않았다. 그러던 것을 이찬 이사부가 하슬라주(지금의 강릉) 군주가 되어 우산국을 병합할 것을 계획했다. 그러나 "우산국 사람들은 어리석고 사나워 위세로 복종시키기는 어려우니 계교로 항복시켜야 하겠다"라고 하여 나무로 사자를 만들어 전선에 싣고 해안에 이르러 "너희들이 만약 항복하지 않으면 이 맹수를 풀어놓아 밟아 죽이겠다"라고 했다. 그러자 그 나라 사람들이 무서워 항복했다고 한다.

우산국은 신라에 복속된 뒤 해마다 토산물을 바쳤는데 이렇듯 정기적으로 공납을 바치는 관계가 된 것을 통해 삼국이 집권 국가로 발전하는 과정에서 주변 지역과 맺은 복속 관계의 내용을 알 수 있다.

〈고려사〉지리지(地理志)의 동계(東界) 울진현조(蔚珍縣條)에 비록 '혹 이르기를'이라는 단서가 붙기는 했지만, 무릉(울릉도)과 함께 우산(독도)이 있음을 확인하면서부터이다. 1432년(세종 14)에 편찬된 〈세종실록(世宗實錄)〉 지리지 강원도 울진현조에서도 "우산 · 무릉 두 섬이 (울진) 현 전동(正東) 바다 한가운데 있다" 하여, 동해상에 무릉과 우산의 두 섬이 있다는 것을 더욱 분명히 했다.

1531년(중종 26)에 편찬된 〈신증동국여지승람(新增東國輿地勝覽)〉은 〈세종실록〉 지리지의 기록을 계승하면서도, 일설에는 "우산과 무릉은 본디 한 섬이라고 한다"라는 단서를 붙이고 있다.

그러나 조선왕조의 공도정책(空島政策)은 울릉도와 독도를 조선 초기 태종(1401~18 재위) 때부터 내륙으로부터의 피역민(避役民)을 쇄환(刷還)하거나 왜구의 침입을 예방하기 위하여 관원을 파견하여 도민을 철수시켰다. 이곳이 왜구의 거점이 된다하여 조정에서는 쇄환정책(刷還政策)을 계속 시행하였다. 그렇지만 몰래 들어가 사는 백성들이 많았다.

울릉도 분쟁과 독도

울릉도와 독도가 다시 주목받은 것은 17세기 말 안용복(安龍福) 사건이 일어나면서부터였다.

경상도 동래 출신 어부 안용복이 1693년(숙종 19) 봄 울릉도에 출어(出漁)했다가 일본으로 납치되었는데, 그는 현지에서 일본 어민들이 조선 영토인 울릉도에 출어하는 데 대하여 항의했다. 안용복의 항의가 있자, 대마도주(對馬島主)는 조선 어민들의 일본령 죽도 출어를 금지해 달라는 서계(書契, 외교문서)를 예조로 보내왔다. 죽도는 울릉도에 대한 일본 측 호칭이었다.

조선 측은 마찰을 피하고자 하여 죽도 출어는 금지하되, 울릉은 조선 영토임을 밝히는 세계를 대마도로 보냈다. 대마도주는 1694년 다시 서계를 보내어, 조선 측 서계에 있는 '울릉' 두 자의 삭제를 요청 해왔다. 조선 측에서도 죽도, 즉 울릉도는 조선의 판도로서 〈여지승람(輿地勝覽)〉에 실려 있다 하고, 앞으로 일본 어민들의 왕래를 금한다는 내용의 서계를 대마도로 보냈다.

일본 바쿠후(幕府)는 1696년에 죽도가 조선 영토임을 인정하여 어민들의 도해금지령(渡海禁止令)을 내렸다. 또 그해 여름 다시 울릉도에 출어했

독도에서 태극기를

던 안용복은 일본 어선을 추격하여 자산도(子山島), 즉 독도를 거쳐 일본 백기주(伯耆州)에 당도하여, 울릉도에 출어했던 일본 어민들의 처벌을 주수(州守)로부터 약속받고 돌아왔다. 대마도주도 1697년 동래부로 서계를 보내어, 일본 어민들의 울릉도 어채(漁採)를 금한다는 막부의 결정을 알려와서 조 일간 울릉도 영유권 분규가 타결을 보게 되었다.

울릉도 영유권 분규가 매듭지어지자, 조선정부는 그해(1697)에 3년에 1번씩 삼척영장(三陟營將) 등이 울릉도를 순찰하는 울릉도 수토제도(搜討制度)를 정식화했는데, 그 기원은 울릉이 곧 조선판도라는 서계를 대마도로 보낸(1694) 직후에 있었던 삼척첨사(三陟僉使) 장한상(張漢相)의 울릉도 순찰에서 찾을 수 있다. 수토가 정기적으로 실시됨에 따라 동해의 지리가 밝혀졌다.

독도 문제

일본인들의 울릉도 왕래가 19세기 중엽부터이지만, 그것이 조선측 수토관에 의하여 확인된 것은 1881년(고종 18)에 이르러서였다. 이에 조선측에서는 일본 외무성으로 서계를 보내어 항의하는 한편, 부호군(副護軍) 이규원(李奎遠)을 울릉도 검찰사(檢察使)에 임명, 현지에 파견하기로 결정했다. 이는 개척 여부의 조사를 겸한 것으로, 이제까지의 공도정책의 수정을 시사하는 것이었다.

검찰사 이규원은 1882년 울릉도를 검찰하고 돌아와 그 결과를 국왕에게 보고했다. 개척이 가능하며 현재도 많은 사람들이 살고 있다는 것이었다. 이에 따라 다음해부터 희망자를 모집 입거(入居)시키기 시작했다.

그리하여 점차 민호(民戶)가 불어남에 따라 1895년 초에는 약 200년간 계속되어 오던 울릉도 수토제도를 폐지했고, 이어 도감제(島監制)를 설치하여 도민 중에서 도감을 임명하게 되었다.

울릉도에 지방관이 파견되기 시작한 것은 1900년(광무 4) 내부시찰관(內部視察官) 우용정(禹用鼎)이 현지를 시찰하고 돌아온 뒤의 일이다. 정부는 10월 칙령 제41호로 '울릉도를 울도(鬱島)로 개칭하고 도감을 군수로 개정한 건'을 제정 · 반포, 관할구역으로 울릉전도(鬱陵全島) · 죽도(竹島)와 함께 석도(石島)를 규정하고 있다. 죽도는 지금의 죽도[竹嶼], 울릉 '전도'는 울릉도와 이에 부속된 섬과 암초의 통칭이며, '석도'는 독도를 가리킨다. 석도를 훈독(訓讀)하면 '독섬' 혹은 '돌섬'이라 부르고 있다.

일본 메이지 정부도 량고시마가 한국 영토라는 사실을 확인하고 있었다. 그럼에도 불구하고 일본 정부는 러시아와 전쟁 중인 1905년 2월 돌연 량고시마를 다케시마로 명명, 시마네현 고시 제40호로 그 영토를 편입시켰다. 그것은 일본의 국운을 걸었다고 하는 '동해해전'(東海海戰)을 얼마 앞둔 시기로 대(對)러시아 전쟁 수행과 깊은 관련이 있는 것이었다. 영토 편입 고시 절차가 비밀스러웠던 것도 그 때문이었다.

한국 측이 일본의 독도영토 편입을 알게 된 것은 1906년 4월 초였다. 참정대신(參政大臣) 박제순(朴齊純)은 이해 5월 20일자 지령 제3호를 통하여 독도의 일본영토 편입을 부인했다. 그러나 그 뒤의 한 · 일 양국 간 독도 영유권과 관련된 교섭 기록은 찾아볼 수 없다. 이에 대하여 한국 정부의 외교권이 1905년 11월부터 일본에 접수되었다는 사실을 기억할 필요가 있다.

참고문헌

한국민족문화대백과사전

외교부 독도문서

- 『울릉군통계연보』(울릉군, 2008)
- 『경상북도사』(경상북도사편찬위원회, 1983)
- 『개척백년 울릉도』(울릉군, 1983)
- 『한국지명요람』(건설부국립지리원, 1982)
- 『울릉도』(울릉군, 1981)

조택수가 걸어온 길

학력

정우초등학교. 신태인중학교. 이리농림고등학교 농토과 졸업

전북대학교 대학원 (농학석사) 졸업. 고려대학교 경영대학원 수료

경력

現 (사)정읍사문화제 제전위원회 이사장(현)

성균관 부관장(현)

무성서원 개발위원회 부회장(현)

前 성균관 유도회 총본부 부회장

전라북도 향교재단전교협의회장.이사

성균관 태인향교 전교

전라북도 향교재단전교협의회장.이사

정읍충렬사보존회 회장

정읍문화원 향토문화연구소장

정읍수필문학회 회장

수상

2021정읍시민의장 문화장, 신태인읍민의장, 정읍시장상, 국무총리상

서울특별시장상, 전북특별자치도지사상, 전북농협지부장상, 전주지방검찰청장상

映畫部門, 映畵監督

–작품명 〈回想〉으로 정읍 전국실버영화제 최우수상 수상,
서울노인영화제 서울시장상

–작품명 〈尹老人〉으로 정읍 전국실버영화제 최우수상.

營業 指導書

제1권 『일할때는 남같이 쉴때는 님같이』 (학예사,2009)

제2권 『남에게는 봄바람 자신에게는 가을서리이여라』 (학예사 2012)

제3권 『사람과 사람사이』 (학예사 2013)

제4권 『무지러진 몽당연필』 (학예사 2014 초판, 2015 증판)

季刊 文化誌

『샘고을』 창간 (2016~ 2025 정읍문화원, 향토문화연구소장)

邑面誌 · 學校誌 發刊 參與

2015 『신태인백년사』 編纂委員

2018 『정우면100년사』 編輯委員

2022 『이리농림100년사』 編輯委員

2014~2024 井邑文化 寄稿

조택수 산문집

잡동사니

인쇄 2025년 12월 13일
발행 2025년 12월 16일

지은이 조택수
발행인 서정환
펴낸곳 신아출판사
주소 전북 전주시 완산구 공북 1길 16(태평동 251-30)
전화 (063) 275-4000
팩스 (063) 274-3131
이메일 sina321@hanmail.net
출판등록 제465-1984-000004호
인쇄·제본 신아문예사

ISBN 979-11-24068-29-8 03810
값 18,000원

Printed in KOREA